近代漢語語彙詁釋

근 대 한 어 어 휘 고 석

— 譯學書를 중심으로 —

이육화(李陸禾) 著

你這月盡頭到的北京麼, 到不得?
:네 ·이 ·ᄃᆞᆳ ·그·믐·ᄢᅴ, 北京의 갈·가, 가·디 :몯 ᄒᆞᆯ·가

知他,
모·로·리로·다

那話怎敢說?
그 :마·ᄅᆞᆯ :엇·디 니ᄅᆞ·리·오

天可憐見, 身已安樂時, 也到。
하ᄂᆞᆯ·히 :어·엿·비 너·기·샤, ·모·미 편안ᄒᆞ·면, 가·리·라

신아사

머리말

≪原本老乞大≫[1]·≪老乞大≫·≪重刊老乞大≫·≪老乞大新釋≫과 ≪飜譯朴通事≫·≪朴通事諺解≫·≪朴通事新釋(諺解)≫·≪華音啓蒙諺解≫ 등, 이른바『老乞大·朴通事』系列書는 高麗 末부터 朝鮮朝에 이르기까지 약 500여 년 동안 中國語학습을 위해 편찬된 중국어회화 教材이다.

『老乞大·朴通事』系列書는 高麗末부터 朝鮮時代에 이르기까지 약 500여 년 동안 중국어학습을 위해 편찬된 중국어회화 教材이고, 中國의 元·明·淸의 여러 時代를 거치면서 그 時代가 가지는 언어의 환경과 변화에 따라 여러 차례 改修刊行되어 다른 문헌에서는 그 類例를 찾아 볼 수 없는 독특한 성격의 것으로 무한한 가치를 가진 소중한 우리의 문헌이다. 동일한 내용을 가지고 일정한 시기를 두고 여러 차례 改修를 하고 간행이 이뤄졌기 때문에 近代漢語史 연구에 중요한 자료인 동시에 漢語原文을 當時의 한글로 表音하고 對譯文을 병기한 諺解書들은 國語史 연구 자료이고 또한 近代漢語 口語연구에도 많은 가치를 지닌 중요자료로 평가 받고 있다.[2]

---

1) ≪原本老乞大≫는 1998년 경북대학교 南權熙교수가 최초로 古本≪老乞大≫를 發見 한 후, 정리를 거쳐 2000년 경북대학교 출판부에서 ≪元代漢語本老乞大≫라는 서명으로 출판되었고, 같은 해 北京外語教學與研究出版社에서 ≪原刊老乞大研究≫이라는 書名으로 각각 출판되었다. 2002년에 北京外語教學與研究出版社에서 修訂本(鄭光 主編)을 다시 出版하면서 ≪原本老乞大≫라고 改名을 하였다. 또한 鄭光은 ≪原本老乞大≫(2004년, 김영사)라는 書名으로 解題와 譯註를 하였고, 또 다시 수정판의 ≪(譯註)原本老乞大≫(2010년, 박문사)를 다시 출판하고 있음을 볼 수 있다.

2) 예를 들면 蔣紹愚는 ≪朝鮮時代漢語教科書叢刊≫(2005)의 序文에서『老乞大』의

그러나 아직도 일부에서는『老乞大·朴通事』의 가치를 폄하하려는 시각을 볼 수 있고,[3] 또한『老乞大·朴通事』에서 쓰이고 있는 語彙와 語法들은 일부 특정지역에서 통용되었고 심지어는 실제로 사용되지 않았던 蒙文直譯體라는 것이다. 예를 들면 志村良治는 그의 저서에서[4]『≪老乞大≫·≪朴通事≫두 책의 언어는 주로 大都를 중심으로 한 山東·河北·遼寧 등의 북방 緣海地域에서 통용되었다. '知他' '因此上' 등의 용법 외에도 過去 漢語에서 본적이 없는 이른바 蒙文直譯體의 언어현상들이 나타나고 있다』고 하면서 個別的 事例를 들고 있다.

이에 본 연구자는 志村良治가 提示한 십여 개의 個別的 事例에서 '知他'·'因此上'·'人名+上'·'怎麽'·'根底' 등의 語彙를 선택하여 당시의 다른 문헌에서 쓰이고 있는 用例들과 상호 비교 등의 고증을 통하여 ≪老乞大≫에서 쓰이고 있는 語彙와 語法들은 이른바 蒙文直譯體의 현상이 아닌 그

가치를 다음과 같이 말했다:「… 研究近代漢語的學者常常爲語料問題苦惱: 在唐宋時期, 反映口語的材料實在太少, 那些比較接近口語的材料也往往是文白攙雜。元明清時期反映口語的材料逐漸增多, 但像元代白話碑·≪元典章≫這樣的材料內容比較單一, 而≪紅樓夢≫·≪兒女英雄傳≫這樣的作品也幷非全是口語。從這方面講, 這套朝鮮時代漢語教科書對近代研究有其無可取代的價值。」

3) 近來 先學들의 활발한 연구에 老乞大·朴通事에 대한 評價는 提高되고 있으나, 아직도 일부에서는 '실제로 사용되지 않았던 蒙文直譯體'라는 등의 老乞大·朴通事를 貶下하는 視覺을 볼 수 있다. 鄭光 譯註解題≪原本老乞大≫(04年)의 序文에서 그러한 시각을 볼 수 있다 :「…또 한 분의 토론자인 나카시마 교수가 <老乞大>의 中國語가 蒙文直譯體의 문장이어서 실제 회화에는 쓰이지 않았다는 주장이 있는데 그에 대한 필자의 생각을 묻는 질문이 있었다. 이것은 3년 전에 일본 경도에서 <노걸대>에 대하여 발표할 때에 이미 거론이 되었다. …」

4) 志村良治 著, 江藍生 白維國 譯, ≪中國中世語法史研究≫:「兩書的語言主要通用于北方以大都爲中心的山東·河北·遼寧等靠海的地區進行考證工作。除了'知他' '因此上'等說法之外, 也出現了過去漢語裏沒有見過的所謂蒙文直譯體的語法進行考證工作。」(中華書局, 382쪽)

當時에 大都를 중심으로 北方地域에서 널리 쓰였던 漢語口語임을 증명하고자 하였고, 또한『老乞大』와『朴通事』가 反影하는 漢語의 성격을 규명하여 漢語史에서의 위치를 提高시키고자 하는 목적으로 일련의 연구를 시도하였다. 本 硏究書은 바로 이러한 시도의 결과물이다.

우리는 近代漢語의 여러 문헌을 대하면서 현재 우리가 알고 있고, 또한 구사하고 있는 現代漢語의 지식으로 近代漢語의 여러 현상들을 이해하고 해석하려는 경향이 있고, 또한 후세의 우리는 崔世珍 등이 언해한 諺解類의 자료에 대하여 전해져 내려오는 그대로의 모습을 무조건 신뢰하고 있다는 점이었다. 예를 들어 ≪朴通事諺解≫에서 볼 수 있는 '覓死' 一句가 하나의 事例일 것이다.

1) 河邊兒窺魚的是無數目的水老鴉, 撒網垂鉤的是大小漁艇, 弄水穿波的是覓死 的魚蝦。(≪朴通事諺解≫ 上卷 62a)
믈 ㅅㄱ의 고기 엿ᄂᆞᆫ 거슨 이 수없슨 가마오디오, 撒網垂鉤 ᄒᆞᆫ 거슨 이 大小漁艇이오, 弄水穿波ᄒᆞᄂᆞᆫ 거슨 이 覓死ᄒᆞᄂᆞᆫ 魚蝦오.

2) 飛來飛去的是鷗鶩, 睡着站着的是鷗鷺, 穿波逐浪的是魚兒, 撒網垂鉤的是大小漁船。(≪朴通事新釋諺解≫ 卷二 6a)

위의 장면은 당시 北京 西湖의 아름다움 물가의 풍경을 그린 한 장면이다. 한 수의 詩句처럼 아름다운 호수의 풍경을 그리다가 殺風景한 "覓死的魚蝦"라는 一句의 출현이다. '覓死'는 '求死, 尋死'의 뜻을 가지는 어휘인데, 물고기가 자살을 하려고 하거나 죽을 곳을 찾는다면 몰라도 앞뒤의 문맥으로 보아 "覓死"가 아니고 '覓食'[5]이여야 된다고 본다. '死(sǐ)'와 '食(shí ; sì ; yì)'은 그 소리가 비슷하기 때문에 얼마든지 誤寫의 가능성이 있고, 글자가 틀려도 소리가 같으면 뜻이 같은 通假의 현상을 近代

5) "覓食" 一詞에 대해「尋找食物」이라는 설명을 찾을 수 있다. (漢語大詞典)

漢語에서는 이러한 用例를 얼마든지 볼 수가 있다. 어떤 이유에서인지는 알 수는 없지만, 위의 예문 2)번에서처럼 改修本인 ≪朴通事新釋諺解≫에서는 '覓死' 一詞가 삭제되어 있음을 볼 수가 있다.

≪朴通事諺解≫에서는 「覓死ᄒᆞᄂᆞᆫ 魚蝦오」라고 諺解되어 있음을 볼 수 있고, ≪飜譯朴通事≫에서도 「이 주글듸 얻ᄂᆞᆫ 고기와 새요 왜오」라고 풀이하고 있음을 볼 수 있는데, 몇 백 년이 흐른 지금의 譯註論文이나 근래 간행된 書冊에서도 당시의 誤寫나 誤譯을 그대로 답습하여 오류를 범하고 있음을 볼 수 있다. 아무리 문학적 요소가 없는 會話教習書일지라도 호수의 아름다움을 노래하는 전체적인 틀에서 본다면 '죽음을 찾는 물고기들'이라는 묘사는 맞지 않는다고 본다. 이에 '覓食'의 誤寫로 보고 「弄水穿波的是覓食的魚蝦。」로 고쳐 「물결을 가르며 노니는 것은 먹을거리를 찾는 물고기들」이라고 번역함이 옳고 또한 이러한 잘못된 오류를 지적했어야 했다.

이러한 연구는 2008년부터 2014년 현재까지 '中國語文論叢', '中國學論叢', '中國語文論譯叢刊' 그리고 '中國人文科學' 등의 여러 학회지에 <老乞大語彙考>, <朴通事語彙考釋> <華音啓蒙語彙考釋> 등의 이름으로 발표된 20여 편에 달하는 논문을 재편집하여 '近代漢語語彙詁釋'이라는 書名으로 출간하였다.

老乞大·朴通事系列書는 老乞大朴通事時代를 代表하는 當時의 漢語의 口語이고, 近代漢語의 變遷과 發展過程을 研究하는 資料로서 그 가치를 충분히 인정받아야 할 것이다. 현재의 우리가 700년의 時空을 넘어 그 당시의 언어를 정확하게 이해할 수 어렵겠지만, 崔世珍이 그러했듯이 앞으로도 이러한 연구가 계속되어야 할 것이다.

2015年 光州 大洲軒에서

五垠 李陸禾 識

일러두기

≪近代中國語(漢語)語彙詁釋≫ 一書는 앞의 서언에서 말한 바처럼 2008년부터 2014년 현재까지 '中國語文論叢', '中國學論叢', '中國語文論譯叢刊' 그리고 '中國人文科學' 등의 여러 학회지에 ＜老乞大語彙考＞, ＜朴通事語彙考釋＞ ＜華音啓蒙語彙考釋＞ 등의 이름으로 발표된 20여 편에 달하는 논문의 결과물이기 때문에 특히 註釋 부분에 설명이 중복되는 형상을 볼 수 있다. 또한 각 논문에 실려 있던 語彙들을 찾아보기 쉽게 漢語拼音의 어순으로 재배열하였기 때문에 중복 처리된 註釋을 볼 수 있다.

본서는 ≪原本老乞大≫와 ≪朴通事諺解≫ 그리고 ≪華音啓蒙諺解≫에서의 語彙를 선택하여 考證을 하였다. 저본은 鄭光 역주해제 ≪原本老乞大≫(김영사, 2004年)와 汪維輝 編 ≪朝鮮時代 漢語敎科書叢刊≫(中華書局, 2005년)本을 택하였다.

本文과 譯註에 자주 등장하는 書名은 다음과 같은 약호를 사용하였다.

≪原本老乞大≫는 ≪原老≫

≪朴通事諺解≫는 ≪朴諺≫

≪飜譯老乞大≫는 ≪飜老≫

≪華音啓蒙諺解≫는 ≪華諺≫

≪老乞大新釋≫는 ≪老新≫

≪重刊老乞大≫는 ≪重老≫

≪重刊老乞大諺解≫는 ≪重諺≫

鄭光 譯註·解題 ≪原本老乞大≫는 ≪鄭光≫으로 약칭하였다.

목 차

近代漢語語彙詁釋

— 譯學書를 중심으로 —

1. 壁

아래의 예문 1)번의 우리말 번역은 ≪박통사 원나라 대도를 거닐다≫[1]의 것을 그대로 옮겨놓은 것이다.

1) 橋上丁字街中間正面上, 有官裏坐的地白玉石玲瓏龍床, 西壁廂有太子坐的地石床, 東壁也有石床。… 北岸上有一座大寺, 內外大小佛殿, 影堂, 串廊, 兩壁鐘樓。(≪朴通事諺解≫ 上 61a)
다리위의 정(丁)자 모양의 길 중간 정면에는 황제께서 앉는 백옥(석)으로 영롱하게 (장식)한 용상(龍床)이 있어, 서쪽 벽 행랑칸(西壁廂)에는 태자가 앉는 '석상(石床)'이 있고, 동쪽 벽에도 석상이 있지. … 북쪽 언덕 위에는 큰 절이 있는데, 안팎에 크고 작은 불당과 탱화를 모신 당(堂)과 관랑(串廊, traboulet)과 양쪽 벽 종루(鐘樓)와 …

≪朴通事諺解≫(이하 ≪朴諺≫)[2]에서 '壁'字의 출현은 총 16번으로, 그 가운데 '울타리' 또는 '벽'의 의미로 쓰인 用例는 5번(아래 예문 2번)을 볼 수 있고, 별자리 이름으로 쓰인 경우가 1번(예문 6번)이였다. 나머지는 方位詞 '邊(面)'의 用例(위의 1번과 아래의 4번)와, 그리고 '동작의 동시진행' 즉 現代漢語의 '一邊… 一邊'의 의미를 가지는 用例(아래의 5번)를

1) 정승혜 등 (박문사, 2011년, 329쪽)

2) ≪朴通事諺解≫는 上中下 3卷(상권 76장, 중권 61장, 하권 62장)으로 肅宗 3년(1677년)에 邊暹·朴世華 등 12명이 편찬한 판본이다. 李聃命의 序文에 의하면 ≪老乞大諺解≫가 ≪飜譯老乞大≫를 참조하여 편찬한 것과는 달리, ≪朴通事諺解≫은 ≪飜譯朴通事≫를 직접 보지 못하고『老朴集覽』에만 의거하여 ≪朴通事≫漢語文에 대한 諺解(번역)와 註釋의 작업을 진행했음을 알 수 있다. 원본은 현재 奎章閣(奎1810)에 소장되어 있다.

볼 수가 있다. 그리고 아래의 用例 3)번에서처럼 '間壁'라는 어휘를 볼 수 있는데, 여기서의 '間壁'는 現代漢語에서의 '隔壁(이웃; 이웃집)'라는 의미를 가진다.

2) 看那人家墻壁都倒了。你家牆如何? (≪朴諺≫ 上 10a)
   다른 집의 담이 무너졌는데, 仁兄집 담장은 어떻습니까?
3) 小人在那東角頭堂子間壁下着裏。(≪朴諺≫ 上 51b)
   저는 저 동쪽 길모퉁이에 있는 목욕탕 바로 옆집에 묵고 있습니다.
4) 紫蘇這廝好吃, 把那叶兒摘了, 着線串上, 吊在一壁廂, 一冬裏熬吃好。(≪朴諺≫ 中 34a)
   자소는 맛있지요, 잎을 따서, 실에 꿰어, 한 쪽에 매달아두었다가, 겨울에 삶아 먹으면 좋습니다.
5) 你將那白麵來, 捏些匾食, … 一壁廂熬些細茶。(≪朴諺≫ 中 6b)
   당신은 그 하얀 밀가루를 가져다, 편수만두를 빚으면서 동시에 葉茶를 좀 끓여 주십시오.
6) 今日是乙丑日斗星日。… 角安, … 壁翼護財 …。(≪朴諺≫ 中 54a)
   오늘은 乙丑날 斗星日이다. 角(宿)은 安이요, … 壁(宿)과 翼(宿)은 護財이니….

朴通事時代의 近代漢語에서 '壁'字가 '邊(面)'의 의미로 쓰인 用例는 다른 문헌에서도 얼마든지 볼 수가 있다.

7) 文官每這壁, 武官每那壁, 斟玉液進金杯。(≪鳳雲會≫ 四折)
   文官들은 이쪽에서, 武官들은 저쪽에서, 술을 붓고 마시고 한다.
8) 軍過盡後, 有人拆其橋, 兩壁火起。(≪三國志平話≫ 卷下)
   군사들이 지나가자, 어떤 사람이 다리를 부수자, 양쪽에서 불길이 올랐다.
9) 一會家心焦懆, 四壁廂秋蟲鬧。(≪梧桐雨≫ 四折)
   별안간 마음이 불안해지는데, 사방에서는 가을벌레가 울어댄다.
10) 寶玉一壁走, 一壁看。(≪紅樓夢≫ 七十回)

寶玉은 걸으면서 쳐다본다.

11) 誰知朝廷黃榜招賢, 郡中把我名字保申上司去了, 一壁廂已有吏來辟召。(≪琵琶記≫ 第四出)
賢者를 구한다는 조정의 방이 붙자, 고을(郡)에서는 내 이름을 위로 천거를 하였고, 그와 동시에 벼슬 임용을 알리는 아전의 벽소(辟召)가 있었다.

'壁'字는 '廂'字와 같이 쓰이는 경우가 있다. 여기서의 '廂'字 또한 '邊' 또는 '一側'의 의미를 가진다(아래의 12번). 그러므로 '壁廂'과 같이 '壁'字와 '廂'字가 같이 쓰인 用例(아래의 예문 13번)를 흔히 볼 수가 있다.

12) 史進在牢裏, 不敢輕出; 外廂的人, 又不敢進去。(≪水滸全傳≫ 六九回)
史進은 감옥 안에서 경솔하게 밖으로 나갈 수 없었고, 밖에서도 감히 들어가질 못했다.

13) 左壁廂唱的, 右壁廂舞的, 這其間辭酒杯。(張養浩 ≪胡十八≫ 曲)
좌측에는 창을 하는 사람, 우측에는 춤을 추는 사람, 그 사이에는 이별의 술잔을 나눈다.

그러므로 앞의 예문 1)번에서처럼 「서쪽 벽 행랑칸(西壁廂)에」, 「동쪽 벽에도」, 「양쪽 벽 종루(鐘樓)와」 등으로 번역이 되고 있는데, 이렇게 번역될 수 있는 이유는 '吊在一壁廂(앞의 예문 4번)'에 대해서 「ᄒᆞᆫ ᄇᆞ람 ᄀᆞ석 뫼ᄃᆞ랏다가(한 벽에 매달다)」로 諺解되고 있고, '一壁廂熬些細茶(앞의 예문 5번)'은 「ᄒᆞᆫ ᄇᆞᄅᆞᆷ 구석의셔 젹이 細茶ᄅᆞᆯ 달히라 (한 벽 구석에서 좀 細茶를 달여라」로, '西壁廂'은 그대로 「西壁廂에」 등으로 잘못 풀이되고 있는 諺解를 여과 없이 그대로 인용했기 때문으로 본다. 그러므로 예문 1)번은 다음과 같이 번역이 되어야 할 것이다.

橋上丁字街中間正面上, 有官裏坐的地白玉石玲瓏龍床, 西壁廂有太子坐的地石床, 東壁也有石床。… 北岸上有一座大寺, 內外大小佛殿､影堂､串廊, 兩壁鐘樓。

다리위의 정(丁)자 모양의 길 중간 정면에는 황제께서 앉는 백옥(석)으로 영롱하게 (장식)한 용상(龍床)이 있어, 태자(太子)가 앉으시는 석상(石床)이 있고, 쪽에도 석상(石床)이 있다. … 북쪽 언덕 위에는 큰 절이 있는데, 안팎에 크고 작은 불당과 탱화를 모신 당(堂)과 관랑(串廊, trabouler)과 양쪽의 종각(鐘閣)과 …

2. 偏背(偏)

"偏背" 語彙는 ≪原本老乞大≫[1](이하 ≪原老≫)와 ≪飜譯老乞大≫(이하 ≪飜老≫)[2]에서 각각 한 차례의 用例를 찾아 볼 수가 있다. 아래 예문 1)번은 ≪原老≫에서 사용된 "偏背" 用例이고, 예문 2)번은 ≪飜老≫에서도 똑 같은 장면에서 여전히 쓰이고 있는 "偏背"의 用例이다.

1) ≪原本老乞大≫는 1998년 경북대학교 南權熙교수가 최초로 古本≪老乞大≫를 發見 한 후, 정리를 거쳐 2000년 경북대학교 출판부에서 ≪元代漢語本老乞大≫라는 서명으로 출판되었고, 같은 해 北京外語教學與研究出版社에서 ≪原刊老乞大研究≫이라는 書名으로 각각 출판되었다. 2002년에 北京外語教學與研究出版社에서 修訂本(鄭光 主編)을 다시 出版하면서 ≪原本老乞大≫라고 改名을 하였다. 이에 或者는 "舊本老乞大" 또는 "元本老乞大", "古本老乞大" 등으로 부르고 있는데, 최근 발견된 ≪原本老乞大≫가 이른바 崔世珍이 ≪老乞大集覽≫等에서 언급한 "古本", "舊本"인지는 알 수가 없고, 또한 ≪老乞大≫의 최초의 原本인지도 알 수는 없다. 다만 鄭光이 최근 중국과 한국에서 각각 ≪原本老乞大≫라고 書名으로 解題와 譯註를 하였고, 본 논문도 鄭光 譯註解題의 ≪原本老乞大≫(2004년, 김영사)에서 原文과 譯註를 참고하였음으로 이에 ≪原本老乞大≫라는 書名을 쓰기로 하였다.

2) ≪飜譯老乞大諺解≫는 ≪老乞大≫를 中宗10년(1515년) 崔世珍이 諺解한 것으로上下 兩卷으로 名稱은 원래 그대로 ≪老乞大≫로 되어 있으나 그렇게 되면 漢語本의 名稱과 구별이 되지 않고, 그렇다고 ≪老乞大諺解≫로 하면 重刊本과의 혼란이 생기므로 이에 四聲通解에 붙어있는「飜譯老乞大朴通事凡例」란 기록에 의지하여 ≪飜譯老乞大≫로 通稱하게 된 것이다. ≪老乞大≫를 諺解한 또 다른 ≪老乞大諺解≫本(1670年)이 있으나, 漢語本文의 내용은 일부 字形을 제외하고는 내용이 거의 ≪飜譯老乞大≫와 일치한다고 한다. 이에 本稿는 ≪老乞大≫의 漢語原文이 그대로 보존되어 있으며 또한 最初의 諺解本이고 원문의 번역이나 이해에 참고를 위하여 ≪飜譯老乞大諺解≫本을 藍本으로 택하였다.

1) 漢 : 小人姓王, 在東京城裏閣北街東住。哥哥因事到東京, 不棄嫌小人呵, 是必家裏來。

소인은 왕(王)이라 하옵고 동경성의 閣北街 동쪽에 살고 있습니다. 아저씨께서 무슨 일로 동경에 오실 일이 있고 만일 소인을 싫어하지 않으신다면 꼭 저희 집에 들러주십시오.

主: 那般者。去時節, 便尋恁家裏去。

그럽시다. 혹시 간 일이 있을 때에는 댁을 찾아가도록 하겠습니다.

漢: 俺偏背你那。(≪原老≫ 13a)

설마 모르는 척은 안 할 것입니다.

2) 小人姓王, … 若能勾去時節, 便尋你家裏去。

小人·의 : 셩·은 王 : 개로 니 … : 힝·혀 유·여·히 갈 시·져·리·면·곧 네 집·ᄎ·자 : 가·마.

소인은 왕가이옵고, … 혹시 여유가 있어 갈 때에는 꼭 당신 집을 찾아가겠습니다.

我偏背你。(≪飜老≫ 45a)

·내·라·독·벼·리 너를 ᄇ·리·려.

내가 특히 당신을 버리겠습니까?

의의 예문 1)번의 번역은 鄭光 역주·해제 ≪原本老乞大≫[3]에서 그대로 옮겨 적은 것이고, 2)번의 굳은 서체의 諺解와 아래의 번역은 鄭光 지음 ≪譯註 飜譯老乞大와 老乞大諺解≫[4]에서 그대로 옮긴 것이다. 여기서 논의하고자 하는 것은 '偏背'에 대한 해석이다. '偏背'에 대해서 崔世珍은 '독벼리(따로)'라고 諺解하고 있음을 볼 수 있고, 鄭光 또한 '偏背' 一詞에 대해서 별도의 註釋을 달지 않고, 위의 예문의 번역에서처럼 '설마 모르는 척은 안 할 것입니다', '내가 특히 당신을 버리겠습니까'라고 통틀어 번역하고 있음을 볼 수 있다.

---

3) 鄭光 역주해제, ≪原本老乞大≫(太學社, 1995年, 147쪽)

4) 鄭光, ≪역주번역노걸대와노걸대언해≫(신구문화사, 2006年, 163~164쪽)

現代漢語에서는 '偏背'에 대한 用例를 찾아 볼 수는 없지만, 그러나 元明淸時代의 文獻에서는 '偏背'의 用例를 흔히 찾을 수가 있다.

3) 小弟偏背不多時, 你飢渴了自吃。(明 施耐庵 ≪水滸後傳≫一回)
제가 방금 전 먼저 먹었습니다, 배가 고픈 것이니 혼자서 드시지요.
4) 三人輪流取樂, 不許偏背。(明·湯顯祖 ≪南柯記≫三七【劉潑帽·前腔】白)
세 사람이 돌아가면 즐겨야지, 독점해서는 아니됩니다.
5) 賺了錢不可偏背, 大家八刀才好。(淸·孔尙任 ≪桃花扇≫十七【錦上花】白)[5]
돈을 벌어 혼자 차지해서는 아니되고, 모두가 공평하게 나눠야지요.

위의 예문 3)번의 '偏背'는 謙讓語로서 '밥을 먼저 먹어서 죄송합니다'라고 의미를 가지는 것으로, 즉 現代漢語로는 '先用了飯了'의 의미인 것이다. 예문 4)번과 5)번도 '搶先享用'의 의미를 가지고 있고, 예문 6)번은 '獨自占有'의 뜻을 가진다. '偏背'는 문장에 따라 해석이 약간은 다르지만, 전체적으로 본다면 '私利를 圖謀하다', '不公平하다' 등이 '偏背' 語彙가 가지는 本來의 의미인 것이다.

'已先用膳', '占先' 등의 의미를 가지는 '偏背'는 '偏倍'[6]로 쓰이기도 하고, 외자인 '偏'만[7] 쓰이기도 한다. "偏"의 이와 같은 용법은 現代漢語詞典[8]에서도 그 쓰임을 볼 수가 있다.

---

5) 王學奇 王靜竹 撰著, ≪宋金元明淸曲辭通釋≫(語文出版社, 2002年, 816쪽)

6) 偏倍, 同"偏背"。「我只有這一件偏倍得你們些子, 你却恁地吃不得。」(≪警世通言≫37卷) (許少峯 主編, ≪近代漢語詞典≫, 團結出版社, 1997年, 864쪽)

7)「金吾不禁馳銀箭, 一任驂游步街, 此夜歡呼輿獨偏。」(明 缺名 ≪四賢記≫三出)「鳳姐正吃飯, 見他們來了, 笑道: 好長腿子, 快上來罷。寶玉道 : 我們偏了。鳳姐道: 在這邊外頭吃的, 還是那邊吃的?」(≪紅樓夢≫十四回)。(許少峯 主編, ≪近代漢語詞典≫, 團結出版社, 1997年, 864쪽)

8) 中國社會科學語言硏究所詞典編輯室編 ≪現代漢語詞典≫:「偏, 客套話, 表示先

이와 같이 '謙讓語'로서의 '偏背', '偏倍'은 元代에서 淸代에 이르기까지 '已先用膳', '占先' 등의 의미로 보편적으로 쓰이고 있었던 그 당시의 語彙인 것이다. 그러므로 '偏背'에 대한 ≪飜老≫의 諺解는 잘못 번역되었다고 보는 것이고, 그러한 諺解를 응용하여 '내가 특히 당신을 버리겠습니까?' 등으로 번역한 것도 문제가 있다고 보는 것이다. 이에 아래의 例文은 ≪原老≫에서 쓰이고 있는 '偏背'에 대하여, 本義에 따라 번역을 해본 것이다.

商人: 主人家哥, 俺幾箇行路的人, 還早晩不曾喫早飯, 前頭又無甚店子, 俺特的來, 怎生糴與些米做飯喫。
주인장! 우리 일행들은 여태까지 아침을 먹지 못했습니다. 앞에는 또 다 른 주막도 없어서, 이렇게 찾아왔습니다. 부디 쌀을 파시고 밥을 지어 먹을 수 있도록 해주시오.

主人: 索甚麽糴米? 俺的飯熟也, 客人每喫了過去。… 恁外頭更有伴當麽? …
쌀을 팔 필요가 있겠습니까? 우리 밥이 다 되어가니, 손님들은 먹고 가시오. … 밖에 또 다른 동료가 있소? …

商人: 小人姓王, 在東京城裏閣北街東住。哥哥因事到東京, 不棄嫌小人呵, 是必家裏來。
저는 王씨데, 遼東城에서 살고 있습니다. 張社長께서 제가 있는 곳에 볼 일이 있어 오시고, 소인이 싫지 않으시면 제 집에 꼭 들러주십시오.

主人: 那般者。去時節, 便尋恁家裏去。
그렇게 하겠습니다. 가게 된다면, 형씨 집에 꼭 찾아가겠습니다.

(일행이 기다리는 곳에 와서)

商人: 俺偏背你那。兀那人家, 俺恰纔糴米去來, 不肯糴與, 他每做下的見飯, 與俺喫了。又與你將來。
(동료가 기다리고 있는 곳에 돌아와서)제가 먼저 배를 채웠습니다. 저 집으로, 내가 조금 전에 쌀을 팔러 갔었는데, 우리에게 팔려고 하지 않고, 그들은

用或已用過茶飯等(多接用"了"字)。我偏過了, 你請吃飯。」(商務印書館(修訂本), 2001年)

지어진 밥을, 우리에게 먹도록 하였고, 또 당신한데도 가져다 주도록 주셨습니다.

'길을 가는 상인들이 어떤 마음씨 고운 사람을 만나 밥을 공짜로 얻어 먹게 되고 또한 그 자리에 없는 동료의 밥까지 챙겨주어 고마움을 표하고 기다리는 일행에게 돌아와 먼저 요기를 했음을 미안해 하면서 전후사정을 알리는' 흐뭇한 줄거리를 가진 이야기이다.[9]

≪原老≫에서 '偏背'의 '偏'을 포함하여 '偏'字의 用例를 총 7차례를 볼 수가 있었는데, 아래 예문 6)번에서처럼 '偏'이 反語副詞의 의미로 쓰인 用例가 한 차례이고,[10] '頗, 甚'의 의미로 쓰인 경우가 3차례(아래 예문 7번), 또한 '正, 恰'의 의미로 쓰인 用例(아래 예문 8번)는 모두 2차례가 출현되어 쓰이고 있음을 볼 수가 있었다.

6) 窄呵偏爭甚麽? 也一般賣了。(≪原老≫ 37a)
(천이)작다고 뭘 또 따지시오? (다른 베와) 똑같이 팔면 되지요.

7) 爲甚麽有這般的歹人? 恁偏不理會的。從年時天旱, 田禾不收, 飢荒的上頭, 生出歹人來。(≪原老≫ 8a)
어떠한 이유로 이러한 나쁜 사람들이 있을까요? 여러분들은 잘 알지 못할 것입니다. 해가 바뀌고부터 날이 가물어, 곡식을 거두지 못하고, 기황이 들어, 흉한 사람들이 생겨난 것입니다.

8) 休那的說, 偏俺出外呵, 頂著房子行那? 也索投人家尋飯喫裏! (≪原老≫ 12b)
그런 말은 마시오, 나라고 해서 밖에 나가면, 집을 이고 다니겠습니까? 남의 집에 투숙하고 밥을 얻어 먹어야겠지요!

---

9) ≪老乞大新釋≫(1761年)과 ≪重刊老乞大≫(1795年)에서는 ≪原老≫에서의 '俺偏背你那'句節을 '我肯忘了你麽'로 改修되고 있음을 볼 수 있는데, 이는 '偏背'에 대한 해석을 잘못한 결과라고 본다.

10) '俺偏背你那'의 '偏'을, '豈', '難道'의 反語副詞로 풀이하고 있는 경우를 "李泰洙, ≪老乞大四種版本語言硏究≫(語言出版社, 2003年, 63쪽)"一書에서도 볼 수 있다.

3. 不定

≪漢語大詞典≫[1] '不定'條에 「(1) 不安定; 不穩定。(2) 沒有一定。(3) 不住; 不止。(4) 副詞, 表示數量大, 說不淸。」라는 설명과 아래의 用例(43번~47번)를 각각 例示하고 있음을 볼 수 있다.

1) 純白不備, 則神生不定; 神生不定者, 道之所不載也。(≪莊子·天地≫)
心地가 순수하지 못하면, 心神이 안정되지 못한다; 心神이 안정되지 못하면, 자연의 이치를 깨닫지 못한다.
2) 此杖輕重不定。(≪洛陽伽藍記·宋雲惠生使西域≫)
이런 지팡이의 무게는 일정치가 않다.
3) 依舊回廊新月生, 不定竹聲撩亂。(淸 納蘭性德 ≪金縷曲≫)
회랑의 달은 여전한데, 대숲의 요란한 바람소리는 멈추질 않는다.
4) 她知道老人在這幾天不定算盤了千次萬次, 怎麽過生日, 可是故意的說不要賀生。(老舍 ≪四世同堂≫八十)
그녀는 노인네가 요 며칠 수 천 수 만 번 헤아릴 수 없을 정도로 생일을 어떻게 지낼까 주판알을 튕기고 있지만, 그러나 고의로 축하인사를 받지 않겠다고 말을 하고 있음을 알고 있었다.
5) 人家剛吃飯, 又問吃不吃東西, 一天不定問幾遍, 要把人家撑死不成。(楊朔≪三千里江山≫第一段)
금방 밥을 먹었는데도 또 뭘 먹고 싶냐 물어보고 하루에도 몇 번이고 물어보니 정말 내가 배 터져 죽는 꼴을 보겠다는 말인가!

위의 예문 1)번~3)번의 '一定'은 각각 動詞로 쓰이고 있고, 4)번과 5)번은 動詞 앞에서 副詞로 쓰이고 있음을 볼 수 있다. '一定' 一詞에 대해 ≪現

1) ≪漢語大詞典≫(漢語大詞典出版社, 1991年)

代漢語詞典≫[2]에서도 설명과 함께 用例(아래의 6번~9번)를 볼 수 있다.

6) 孩子不定又跑哪兒去了!
아이들이 어디로 도망쳤는지 모르겠어.
7) 一天他不定要問多少回!
하루에도 그가 몇 번이나 물었는지 모르겠어.
8) 我下星期還不定走不走!
난 다음 주에 갈지 말지 잘 모르겠다!
9) 這場球賽不定誰輸誰贏呢!
이 시합은 누가 이기고 누가 질지는 모르겠어.

≪現代漢語詞典≫에서는 '一定'에 대해「副詞, 表示不肯定, 後面常有表示疑問的詞或肯定和否定相疊的詞組。(부사로서 단정을 내리지 못함을 나타낸다. 뒤에는 의문을 나타내는 詞語 또는 긍정과 부정이 병렬이 되어 있는 詞組가 온다)」라는 설명을 볼 수 있다.

副詞 '不定'에 대한 두 詞典의 설명은 비슷하다. '어떤 행위에 대해서 단정을 내리지 못함을 나타낸다', 즉 中國語로 '說不淸'의 의미를 나타내는 副詞인 것이다.

그런데 ≪現代漢語詞典≫은 ≪漢語大詞典≫에서와는 달리 '不定' 一詞가 副詞로서 쓰이고 있는 用例와 說明만을 提示하고 있고, 動詞로 쓰이고 있는 用例는 볼 수가 없다. ≪漢語大詞典≫에서 例示하고 있는 用例(本文의 例文 1번~5번)를 살펴보아도 '不定' 一詞가 動詞로 쓰인 用例는 古代나 近代의 作品이고, 副詞의 用例로 提示되고 있는 用例(4번과 5번)는 現代文學作品에서 引用한 것이다.

2) ≪現代漢語詞典(修正本)≫(中國社會科學院語言研究編纂室編, 商務印書館, 2001年)

앞의 두 詞典에서처럼 '不定' 一詞가 動詞 또는 現代漢語에서처럼 動詞 뒤에서 補語로서 쓰이고 있는 用例는 近代漢語作品 어디에서도 쉽게 접할 수가 있지만,[3] '不定' 一詞가 副詞로 쓰인 用例를 近代漢語詞典에서 그 用例를 찾을 수가 없고, 다만 近代漢語時期에서에서 現代漢語時期로 접어드는 ≪華音啓蒙諺解≫時代[4]에 '不定' 一詞가 副詞로 쓰이는 用例를 찾을 수 있다.

≪華音啓蒙諺解≫(이하 ≪華諺≫)[5]는 1883년(고종 20년)에 당시의 역

---

3) 예를 들어, 아래 예문에서의 ≪董西廂≫ (1209~1307年)은 金代의 작품이고, ≪水滸傳≫은 元末明初의 작품이며, ≪醒世姻緣傳≫은 清代初期의 近代漢語時代의 作品들이다.

* 老夫人哀聲不住。那君瑞醮台兒旁立地不定, 瞑子裏歸去。(≪董西廂≫ 卷一)
  노부인의 탄식소리는 멈추지 않았다. 君瑞도 단상 옆에서 안절부절 못하더니, 슬그머니 돌아간다.
* 林冲道 : "不知幾時回來?" 庄客道 : "說不定"。(≪水滸傳≫ 第9回)
  임충은 묻는다: '언제 돌아올지 모르시오?' 농장 사람이 말한다: '단정할 수가 없습니다.'
* 因見天氣陰晴不定, 未曾起程。(≪水滸傳≫ 第32回)
  날씨가 어떨지 단정할 수가 없어, 출발을 못했다.
* 天下的事料不定。(≪醒世姻緣傳≫ 第80回)
  세상일은 예상할 수 없다.
* 狄員外就象臥不定的兔兒一般。(≪醒世姻緣傳≫ 第67回)
  狄員外는 마치 눕지 못하는 토끼와 같다.

4) ≪華音啓蒙諺解≫의 刊行 時期 1883年이다. 이는 清朝(1636~1912年) 末期에 해당한다. 漢語의 발전단계를 上古, 中古, 近代 그리고 現代로 나누고 있다. 즉 先秦兩漢을 上古로 보고 魏晉南北朝를 中古로 唐에서 清初까지를 近代로 보고 있으며, 清中葉부터 현재까지를 현대로 나누다(漢語分爲上古, 中古, 近代和現代。上古指先秦兩漢時期, 中古爲魏晉南北朝時期, 近代是唐至清初, 現代爲清中葉以後直到現在)。(孫錫信 著, ≪近代漢語語氣詞≫, 語文出版社, 1999年, 4쪽)

5) 本 硏究에서는 汪維輝 編, ≪朝鮮時代漢語教科書叢刊≫(中華書局, 2005年)本의 校訂本과 影印本을 참고 引用하였다.

관이었던 李應憲[6]이 편찬한 ≪華音啓蒙≫을 諺解하여 간행한 중국어 會話教材이다.[7] ≪華音啓蒙≫은 從來의 ≪老乞大≫·≪朴通事≫·≪譯語類解≫ 등의 中國語는 시대가 흐름에 따라 中國語와 發音이 현실과 맞지 않음을 보고, 이에 현실에서 통용되는 실용적인 중국어를 채택하고 당시의 燕京語로 표기한 이른바 '常行實用之語', 즉 현지에서 실제로 통용되었던 순수한 口語를 채택하여 표기를 했다고 尹泰駿이 序文에서 밝히고 있다.[8]

---

6) 장서각에 소장되어 있는 다른 異本인 ≪華音啓蒙諺解≫에 '光緒九年癸未(1883年)印出'이라는 刊記가 붙어있는 것으로 보아 ≪華音啓蒙≫을 편찬한 李應憲이 同一한 時期에 諺解하여 펴낸 것으로 推定된다. (디지털 한글박물관(연규동) '문헌자료와 해제'에서 拔萃)

7) ≪華諺≫은 서(序)와 발(跋)이 없으며, ≪화음계몽≫의 본문만 언해되어 있다. 회화체로 된 백화문 아래에 권점을 하고 한글과 한자를 혼용하여 언해하는 체재로 이루어져 있는데, 이 형식은 16세기 ≪飜譯老乞大≫ 이래 전통적으로 지켜온 것이다. 백화문의 한자에는 당시의 북경음이 한글로 달려 있다. 일반적으로 우리나라에서 펴낸 중국어 교과서에는 각 한자마다 아래에 좌측에는 속음이, 우측에는 당시 중국현실음을 기록하는 방식이 하나의 전통이 되어 왔는데, ≪華音啓蒙諺解≫에서 이 전통은 지켜지지 않고 각 한자마다 한글로 하나의 한자음만을 기록하고 있다. 언해문의 한자에 한자음은 달려 있지 않다. 이 책은 전사자(全史字)의 고활자(古活字)로 이루어진 2권 1책의 책으로, 비슷한 시기에 간행된 것으로 보이는 어휘집 ≪화어유초≫와 한 질을 이루고 있는 것으로 보인다. 이와 같은 방식은 이전에 간행된 역학서인 노걸대류와 유해류의 관계에서도 찾아볼 수 있는데, 이 책의 내용 일부가 목판본 ≪화어유초≫에 '화음계몽언해상'이라 하여 동일한 형식으로 실려 있다. …언해문에는 한문 원문의 한자어가 번역되지 않고 그대로 사용되는 경우가 빈번하게 나타나며(예: 너의 老爺들이 下次의도 우리게 照顧ᄒᆞᄂᆞᆫ거시 맛치 좃타), 원문이 직역되어 자연스럽지 않은 한국어의 예도 자주 보인다(예: 오기를 몟날이나 ᄒᆞ엿ᄂᆞ냐). (디지털 한글박물관(연규동) '문헌자료와 해제'에서 발췌)

8) 舊有≪老乞大≫ ≪朴通事≫ ≪譯語類解≫等書, 而華語之各省或異, 古今亦殊, 使驟看者轉相訛誤, 恐不無鼠璞之混, 燭盤之謬矣。今李知樞應憲, 取常行實用

≪華諺≫에서 '不定' 一詞의 출현은 총 5번인데, 이 5번 모두가 動詞 앞에서 副詞로 쓰이고 있음을 볼 수 있다.

10) 別說你們這樣小河, 連有名的大河也不定走過幾會呢。(≪華諺≫上 24b)
너의 이런 젹은 ᄀᆡ울은 니ᄅᆞ지 말고 有名ᄒᆞᆫ 큰 ᄀᆡ울도 몃번 단닌지 아지 못ᄒᆞᆯ 깃다.

11) 他拿錢換命, 不定化多少銀子咧。(≪華諺≫上 36a)
졔 돈을 가져 命을 밧구니 언마 銀을 썻ᄂᆞ지 모ᄅᆞ러라.

12) 放在青㟝山上以來, 不定有多少的輪廻!…" (≪華諺≫下 28b)
青㟝산 우희 노아오므로 언마 輪迴가 잇셧ᄂᆞ지 定치 못ᄒᆞᆫ다.

13) 那一陣狂風惡雨, 把這隻船兒不定刮到甚麽地方去咧! (≪華諺≫下 32b)
그 一陣狂風과 사오나온 비의 이 ᄇᆡ롤다기 어ᄂᆡ 地方의 부러갈지 아지 못ᄒᆞᆯ 깃시니.

14) 等着貴國人再來的時候兒, 教我咳要買兩副呢, 不定有沒有那樣的麽! (≪華諺≫下 22b)
貴國사ᄅᆞᆷ이 다시 올 ᄯᅢ를 기다려 날로 ᄒᆞ여곰 ᄯᅩ 두 幅을 사고져 ᄒᆞ니 아지 못게라 그런 거시 잇ᄂᆞ냐 업ᄂᆞ냐.

앞의 예문 10)번~14)번에서 볼 수 있는 ≪華諺≫에서의 '不定'一詞의 用例는 ≪現代漢語詞典≫에서 설명하고 있는 副詞 '不定'의 설명과 일치한다. 즉 副詞 '不定' 뒤에 疑問詞(幾, 多少, 甚麽)가 오고, 긍정과 부정(有沒有)이 병렬되어 나타나고 있음을 볼 수 있는 것이다. 그런데 앞의 두 詞典에서 提示하고 있는 副詞 '不定'의 用例(4번~9번)는 모두 平敍文인데 반하여, ≪華諺≫의 例文(10번~14번)은 反語法의 문장인 것이다.

之語, 累加編輯, 名之曰≪華音啓蒙≫。若千字文, 百家姓, 并用燕京話, 譯之以東諺, 開卷瞭然, 如置莊嶽而求齊語。(≪華音啓蒙≫序)

≪華諺≫에서의 '一定'은 反問을 강조하는 語氣副詞의 역할을 하고 있다. 예를 들면, 위의 예문 10)번에서 反語副詞 '一定'을 빼면「別說你們這樣小河, 連有名的大河也走過幾會呢(당신들의 이런 작은 강물은 말할 것도 없고, 그 유명한 큰 강물도 몇 차례나 건너다녔습니다).」와 같이 平敍文이 되고, 反語副詞 '一定'을 그대로 두면「당신들의 이런 작은 강물은 말할 것도 없고, 그 유명한 큰 강물도 몇 차례나 건너다녔는지 모릅니다.」 즉「난 이 강의 물길을 잘 알고 있다」라고 강조하고 있는 것이고, 11)번은「목숨 값으로 돈을 얼마나 썼는지 모르다」는「목숨 값으로 돈을 많이 썼다」의 의미를 가지는 反語文인 것이다. 그 나머지의 예문(12번~13번)들도 같은 경우이다.

그런데 ≪華諺≫의 用例가운데 14)번의 경우, 앞의 두 詞典에서 제시하고 있는 副詞 '不定'의 用例와 같은 平敍文이다.「等着貴國人再來的時候兒, 教我咳要買兩副呢, 不定有沒有那樣的麽!」 一句를 現代中國語로 변환시킨다면「等到貴國人再來到這裏時候, 教我還要買兩副呢, 但是不知道有沒有那樣(同樣)的呀!(귀국의 그분이 다시 이곳에 오신다면, 저한테 글씨 두 폭을 더 사달라고 하셨는데, 그런 글씨가 또 있을지는 잘 모르겠습니다.)」가 될 것이다.

그런데 ≪華諺≫에서 '不定'에 대한 對譯文을 살펴보면 대체적으로 '아지 못ᄒᆞ깃다(알지 못하겠다)' '모ᄅᆞᆯ러라(모른다)' '定치 못 ᄒᆞᆫ다(정하지 못했다)' 등으로 설명되고 있음을 볼 수 있다. ≪華諺≫ 이러한 諺解, 즉 위의 10)번에서 14)번의 例文에 대한 諺解의 풀이는 앞뒤의 문맥으로 보아 잘못 풀이된 것으로 보인다.

아래의 用例는 1984년 周立波의 장편소설 ≪暴風驟雨≫에서 발췌한 副詞 '一定'의 用例이다. ≪暴風驟雨≫에서 副詞 '不定'의 用例는 총 6번

이다.

15) 他想韓老六拉過大排, 一定有大槍, 趙玉林單槍匹馬地衝去, 不定要吃虧。(第一部 六篇)
그는 韓老六가 큰 부대를 지휘한 적이 있기 때문에 반드시 총을 가졌을 것이기 때문에 趙玉林이 단신으로 쳐들어가면 화를 부를지도 모른다는 생각이 들었다.

16) 反動派心裏有你, 不定放毒藥藥你, 得加點小心。(第二部 二九篇)
반동들이 마음속으로 널 점찍어두고, 어쩌면 독약을 풀지도 모르니 좀 더 주의를 해야 한다.

17) 掃堂子這話的意思, 他是明白的, 跳大神的掃淸家宅的孤魂野鬼, 叫掃堂子。他尋思民信屯的人敢來掃堂子, 不定咱們屯子幹錯了事了。(第二部 十一篇)
'掃堂子'란 말을 잘 알고 있었다. 무당이 집안의 寃鬼들을 깨끗이 쓸어 없애 버리는 짓을 일컬어 '掃堂子'라 하는 것이다. 그는 民信屯 사람들이 감히 (이곳을) 쓸어버리겠다는 것은, 어쩌면 우리 마을이 무슨 잘못을 하지 않았을까 하는 생각을 해보았다.

위의 예문의 副詞 '一定'은 앞의 두 詞典의 用例(4번~9번)에서처럼 '說不淸'의 의미가 아닌, 추측의 의미를 가지는 '說不定(也許)'의 의미로 쓰이고 있음을 볼 수가 있고, 전체의 문맥 또한 ≪華諺≫에서처럼 反語文의 형식은 아니다.

아래의 例文은 ≪華諺≫(1883년)의 前後時期에 出刊된 小說 ≪紅樓夢≫(1791년)과 ≪兒女英雄傳≫(1821 1850년)에서 찾을 수 있는 副詞 '不定'의 用例다.

18) 所以我這一段事也不願世人稱奇道妙, 也不定要世人喜悅檢讀。(≪紅樓夢≫ 第一回)

그래서 나의 이 일이 세상 사람들에게 회자되는 것을 바라지도 않고, 세상 사람들이 사랑을 해주고 읽어달라고 하지도 않는다.

19) 那張金鳳更哭的哽噎難言, 忍淚向十三妹說道:「姐姐, 你我此一别, 不知幾時再得見面?」十三妹道:「若論我, 你今生見得著我也不定, 見不著我也不定。但是萬事都有個定數, 事由天定, 豈在人爲!」(≪兒女英雄傳≫ 第十 回)
張金鳳은 너무 울어 목이 막혀 말을 할 수가 없었다. 억지로 눈물은 참으면서 十三妹에게 말을 한다: "언니. 우리가 이렇게 헤어지면 언제 다시 또 만날 수 있을까요?" 十三妹가 말한다: "그대가 이 생애에서 날 또 볼 수도 있고, 보지 못할 수도 있을 것이요. 그러나 모든 일은 다 정해진 운수가 있는 법이고, 모든 일은 하늘이 정한 것인데, 어찌 사람의 힘으로 할 수 있다는 말이요!"

위의 예문 18)번의 경우, '不定'은 使役動詞 '要' 앞에서 '不一定'의 의미를 나타내고, 19)번의 경우, '你今生不定見得著我, 也不定見不著我'의 문장에서 '不定'一詞를 文尾에 倒置시키는 강조문의 형식을 취하고 있음을 볼 수 있다.

지금까지 現代漢語의 分岐點이라고 볼 수 있는 ≪紅樓夢≫과 ≪華諺≫ ≪兒女英雄傳≫ 그리고 近來의 ≪四世同堂≫과 ≪暴風驟雨≫ 등에서 찾을 수 있는 副詞 '不定'의 用例를 살펴보았다. 副詞 '不定'은 現代漢語詞典에서의 說明처럼, 기본적으로 '어떤 행위(또는 동작의 횟수)에 대해서 단정을 내리지 못함'을 나타내고 있음을 볼 수 있다. 즉 '說不淸'이나 '說不定'의 의미가 그것이다.

≪華諺≫에서 '不定'의 쓰임도 다른 文獻에서의 쓰임과 똑 같다. 즉 例文 10)번~12)번은 '說不淸'의 의미를, 例文 13)번은 '不知道~'의 의미를, 14)번은 '說不定'의 의미를 가진다. 단지 10)번~12)번의 경우, 의문을 나타내는 詞語와 함께 쓰여서 反語文을 이루고 있는데, 副詞 '不定'을 써서 反語文을 만드는 이러한 用例는 다른 文獻에서 보이지 않는다.

4. 藏藏昧昧

'藏藏昧昧' 一詞는 ≪朴通事諺解≫(이하 ≪朴諺≫)[1]에서 딱 한 번의 用例를 볼 수가 있는 語彙인데, 改修本인 ≪朴通事新釋諺解≫(이하 ≪朴新≫)[2]에서는 '藏藏昧昧' 一句의 用例가 몽땅 삭제되어 있음을 볼 수 있다.

1) 一冬裏踢建子。開春時, 打毬兒, 或是博錢拿錢。一夏裏藏藏昧昧。咳, 小厮們倒聒噪, 按四時耍子。(≪朴諺≫, 17b)[3]
   ᄒᆞᆫ겨ᄋᆞᆯ은 뎌기ᄎᆞ기 ᄒᆞ고, 開春ᄒᆞ면, 댱방울 티기 ᄒᆞ고, 혹 돈터ᄂᆞ기 ᄒᆞ며 쌍블잡기 ᄒᆞ고. 여름은 수뭇져기 ᄒᆞᄂᆞ니라.
2) 到冬寒臘月裏, 不是顚錢便是踢建子。咳這些小厮們, 無識無知, 無憂無慮。比我們老人家快活得多哩。(≪朴新≫, 21a)[4]

---

1) ≪朴通事諺解≫는 上中下 3卷(상권 76장, 중권 61장, 하권 62장)으로 肅宗 3년(1677년)에 邊暹·朴世華 등 12명이 편찬한 판본이다. 李聃命의 序文에 의하면 ≪老乞大諺解≫가 ≪飜譯老乞大≫를 참조하여 편찬한 것과는 달리, ≪朴通事諺解≫은 ≪飜譯朴通事≫을 직접 보지 못하고『老朴集覽』에만 의거하여 ≪朴通事≫漢語文에 대한 諺解(번역)와 註釋의 작업을 진행했음을 알 수 있다. 원본은 현재 奎章閣(奎1810)에 소장되어 있다.
2) ≪朴通事新釋諺解≫는 金昌祚 등이 본래의 ≪朴通事≫를 대폭 수정하여 ≪朴通事新釋≫을 만들고, 이를 諺解하여 1765년(英祖41년) 3권 3책의 목판본으로 간행한 책이다. 이 책에는 序文이나 跋文 그리고 刊記는 보이지 않는다. 그러나「通文館志」卷八「什物」續條에「朴通事新釋諺解」와 동일한 것으로 보이는「新釋朴通事諺解」에 대하여 다음과 같은 記錄이 보임으로 해서 이 책의 著者와 刊年을 알 수 있다.『新釋朴通事諺解板』·『訓長金昌祚等修整 乾隆乙酉箕營刊板』즉 金昌祚 등이 修整하여 1765년(乾隆乙酉)에 平壤(箕營)에서 刊行하였다는 것이다. ≪朴通事新釋諺解≫는 서울대 一簑文庫, 舊藏書閣(現 韓國精神文化硏究院) 등에 소장되어 있다.
3) 汪維輝, ≪朝鮮時代漢語教科書叢刊≫(中華書局, 2005年, 三冊)
4) ≪飜譯老乞大·朴通事(影印本)≫(서울대 一簑文庫本)

'藏藏昧昧' 一詞에 대해 ≪朴諺≫에서 '수뭇져기(숨바꼭질)'라는 풀이가 없었다면, '藏藏昧昧'는 現代漢語에서 '숨바꼭질'이라는 놀이의 의미를 가지는 '捉迷藏'[5]과 '藏猫兒'[6]과는 같은 의미를 가진다는 연관성을 찾기가 어려웠고, 또한 '동사+명사'의 형식을 가진 '捉迷藏'과 '藏猫兒'의 詞語의 排列과 構造 등으로 보았을 때, '藏藏昧昧'가 '숨바꼭질'이라는 뜻을 가진 어휘로 보기는 어려웠을 것이다. 또한 무엇보다도 많은 종류의 近現代漢語詞典에서도 '藏藏昧昧'一詞의 用例를 찾을 수가 없었기 때문이다.

다음의 글은 정승혜 등이 엮고 지은 ≪박통사 원나라 대도를 거닐다≫[7]에서 '藏藏昧昧'에 대해 설명을 그대로 옮겨놓은 것이다.

> 16세기에 최세진이 당시의 우리말로 번역해 놓은〈박통사〉에서는 우리말에 '숨바꼭질'에 해당하는 원나라 놀이를 '藏藏昧昧 / :창; 창 · 믜 · 믜'(현대 중국어 발음으로는 장장메이메이(cángcángméiméi)로 기록하고 있다. 이 단어는 현대 북경어에서는 '쭈오미장(捉迷藏; zhuōmícáng)' 또는 '쭈오마마오(捉猫猫; zhuōmāo · māo)'라고 한다. 그런데 이 말은 중국 방언에 '장멍멍걸(藏蒙哥兒 / 藏門哥兒 / 藏蒙格兒; cángménggēr)', '장멍멍걸(藏蒙蒙兒 / 藏朦格兒; méng · mengēr)', '장미거(藏覓歌)〔cángmìgē〕', '장마오마오(藏猫猫)〔cángmāo · mao〕', '장마올(藏猫兒 / 藏悶兒)〔cángmāor〕' 같은 말로 남겨져 있는데 대부분의 단어 몽고를 나타내는 '蒙'자가 남겨져 있는 것을 보면, 이 단어가 본래 원나라 때 유입된 몽고식 단어

---

5) 捉迷藏 : 兒童遊戲, 一人蒙住眼睛, 摸索着去捉在他身邊來回躱避的人。(中國社會科學院, ≪現代漢語詞典(修訂本)≫, 商務印書館, 2001年)

6) 現代漢語詞典에서 '藏猫兒'條를 찾아보면 '捉迷藏'이라는 풀이를 볼 수 있다. 또 다른 백과사전 등에서는「藏猫猫是指一種小孩子們通常玩的游戲, 通稱捉迷藏。」,「捉迷藏又叫藏猫兒, 藏模糊, 藏蒙哥兒, 蒙老瞎等, 是少年兒童最普遍的游戲。」이라는 설명을 볼 수 있다.

7) (박문사, 2011년, 99쪽)

> 일 가능성을 말해 주고 있으며, 아울러 원나라 때의 놀이문화가 현대 중국의 놀이 문화에 얼마 큰 영향을 미치고 있는지를 간접적으로 말해주고 있다.[8]

위의 인용문에서 나열되고 있는 '捉迷藏'에서부터 方言인 '藏悶兒'까지의 모든 어휘는 대체적으로 "동사+명사"의 구조를 이루고 있음을 볼 수 있다.

'藏'이라는 詞語는 '숨다(隱藏), 피하다(躱避)'의 의미를 가지지만, '昧昧'는 '어둡다(昏暗貌), 흐릿하다(模糊不淸)' 등의 의미를 가지기 때문에 「一夏裏, 藏藏昧昧」 一句만을 놓고 본다면 '숨바꼭질', '숨바꼭질하다'의 의미로 다가오지 못한다고 본다. 즉 詞語의 排列이나 構造的인 면에서 名詞나 動詞로 볼 수는 없는 것이다.

---

8) 여기에서 나열된 '藏蒙哥兒/藏蒙格兒/藏蒙蒙兒/藏朦格兒'에서의 '蒙'字는 몽고(蒙古)를 나타내는 '蒙'字가 아니다. 현대 중국어에 있어 '蒙(méng)'字가 第1聲 발음되는 경우에는 '속이다(欺騙)', '혼미하다(昏迷), 정신이 맑지 못하다(神志不淸)' 등의 의미로 쓰이고, '蒙(méng)'字가 第2聲 발음되는 경우에는 '가리다(遮蓋),' '받다(受)' '어리석고 사리에 어둡다(蒙昧)' 등의 의미로, 또한 '蒙(méng)'字가 第3聲 발음되는 경우에만 몽골(蒙古)과 관련된 어휘에 쓰이고 있음을 現代漢語詞典에 찾아볼 수 있다. '藏蒙哥兒' 등의 경우, 第2聲으로 발음이 되고 '덮다, 가리다' 등의 의미를 가진다. 그래야 만이 '도망가는 도둑이 숨고(藏), 술래의 눈을 가리고(蒙)' 등의 의미를 가질 것이다. 최소한도 '숨바꼭질' 같은 단순한 어린이 놀이는 그 기원이 '몽골'은 아닐 것이다. 아래의 글에서도 알 수 있듯이 '숨바꼭질'과 같은 놀이는 이미 오래전부터 아이들뿐만 아니라 어른들까지도 널리 즐기는 놀이였음을 알 수가 있다. 「捉迷藏 - 歷史演變 : 捉迷藏民俗學家通過對文學作品的考證, 認爲捉迷藏爲民間兒童游戲, 且早已形成 ; 因其娛樂性, 還受到了成人的歡迎。自唐代起, 就有了正式的文字記載。沒有記載的, 可能更早。元人伊世珍在≪琅繯記≫卷中引用≪致虛閣雜組≫記載了唐明皇和楊貴妃玩此游戲的場景。唐代詩人元稹在≪雜事≫詩中描寫了他與崔鶯鶯晚間捉迷藏的場景。五代時的花蕊夫人在≪宮詞≫中記載了"內人深夜學迷藏, 繞遍花叢水岸旁 …"。宋代司馬光砸缸的故事足以反映出捉迷藏在當時很盛行。」(百度에서 발췌인용)

그러나 '捉迷藏'을 또 '藏猫兒/藏猫猫'이라고 부른다면, 위에서 열거한 「藏猫猫/藏猫兒/藏悶兒/藏蒙哥兒/藏門哥兒/藏蒙格兒/藏蒙蒙兒/藏朦格兒/藏覓歌」를 音讀을 하면, 소리가 비슷하게 들린다는 것을 알 수 있다. 즉 '蒙·門·朦·覓·悶'은 聲母가 같음으로 얼마든지 通假[9]가 가능한 것이다. '藏猫猫'는 '捉迷藏'의 다른 이름이고, '藏悶兒/藏蒙哥兒' 등은 '藏猫兒/藏猫猫' 놀이가 중국의 각 지역으로 흘러들어가서 만들어진 通假音의 글자라고 할 수 있을 것이다. '藏藏昧昧'에서의 '昧' 또한 '蒙門悶'과 같은 聲母를 지닌 것으로 音近義近의 의미를 가진다고 볼 수 있다.

李行健 主編의 ≪河北方言詞匯≫[10]에는 '河北'지역에서 쓰이고 있는 '捉迷藏'과 '藏老蒙兒'에 대한 方言을 총망라해 놓고 있음을 볼 수 있다. '捉迷藏'은 「藏猫兒猫兒/藏藏迷兒/藏沒兒("沒"音"mu")/藏老埋埋/逮悶兒悶兒」 등을 포함하여 총 88개의 語彙를 열거하고 있으며, '藏老蒙兒'은 「藏蒙哥兒/藏蒙馬兒/藏摸摸兒/藏藏摸摸兒」 등 총 35개의 語彙를 볼 수가 있다. 同書에서는 '捉迷藏'[11]을 우리나라의 '까막잡기'[12]와 비슷한 놀이로 설명하고 있고, '藏老蒙兒'[13]에 대해서는 '숨바꼭질'놀이로 설명하고 있음을 볼 수가 있다.

---

9) 聲母나 韻母가 같거나 비슷한 글자를 차용하여 본래 글자를 대신하는 것을 '雙聲通假' 또는 '疊韻通假'라고 한다.

10) (商務印書館, 1995年, 573~575쪽)

11) 捉迷藏 : 「一種兒童遊戲, 原來一人用手帕蒙上兩眼, 摸索着去捉在他身邊來回躲避的人, 後來玩法飜新, 就不限于這種玩法了。」(李行健 主編, ≪河北方言詞匯≫, 商務印書館, 1995年, 573쪽)

12) 술래가 수건 따위로 눈을 가리고 다른 사람을 잡는 놀이. 잡힌 사람이 그다음 술래가 된다. '술래잡기'는 까막잡기, 숨바꼭질 등을 통틀어서 이르는 말이다.

13) 藏老蒙兒 : 「兒童遊戲的一種。幾個人藏起來, 一個人去尋找。」(李行健 主編, ≪河北方言詞匯≫, 商務印書館, 1995年, 574쪽)

'숨바꼭질' 또는 '까막잡기' 놀이에 해당하는 '藏猫兒'나 '藏老蒙兒'가 각 지역에서 각각 '藏摸摸兒 / 藏藏摸摸 / 藏猫兒猫兒 / 藏沒兒 / 藏老埋埋 / 逮悶兒悶兒' 등으로 소리 내고 表記했던 것처럼, ≪朴諺≫의 '藏藏昧昧'도 朴通事時代에서는 '藏猫兒'나 '藏老蒙兒'를 '藏藏昧昧'로 소리를 내고 또한 그렇게 表記를 했을 것이다.

5. 處

≪老乞大≫에서는 "處"字의 쓰임은 아래의 用例(아래 예문 1~5번)에서와 같이 "場所"나 "所在" 등을 나타내거나, 다른 詞語와 함께 應用되어 쓰이는 경우를 흔히 볼 수 있다.

1) 但是遼東去的客人們, 別處不下, 都在那裏安下。(≪飜老≫上 11b)
2) 主人家點箇燈來, 我整理睡處。(≪飜老≫上 25a)
3) 火伴中間, 自家能處休說, 休自夸, 別人落處休笑。(≪飜老≫下 43b)
4) 我是高麗人, 都不會炒肉。有甚麼難處? (≪飜老≫上 21a)
5) 這裏定害, 有甚麼定害處。(≪飜老≫上 43b)

그러나 여기서 짚고 넘어가야 할 것은 "處"字가 "行爲나 動作 發生의 狀態 또는 時間"을 나타내는 의미로 쓰이고 있는 경우다. 近代漢語에서 "處"字는 場所를 나타내는 詞語가 時間을 나타내는 의미로 쓰이는 경우를 흔히 볼 수 있다.

6) 門開處, 早有人出來。(≪水滸≫ 73回)
7) 行者正然偸看處, 忽聽後文內有脚步之聲。(≪西遊記≫ 23回)
8) 行處莫敎高聲道, 恐驚林外野人家。(≪宦門子弟錯立身≫ 三出)
9) 咱們做奴婢的人, 跟着官人們行時, 這裏那裏下馬處, 將官人的馬牽着, 好生拴着。(≪飜老≫下 45a)
   ·우리 죵 도의여 잇ᄂᆞᆫ :사ᄅᆞ·ᄆᆞᆫ, 노·연·네 조·차 ᄃᆞᆫ·닐·제, 여·긔 뎌·긔 ᄆᆞᆯ ᄇᆞ·린·ᄃᆡ, 노·여·늬 ᄆᆞ·ᄅᆞᆯ 잇·거다·가, :됴·히 ᄆᆡ·오。

위의 예문의 6~8)번은 다른 문헌에서 볼 수 있는 "處"字가 "~時候", "~情況下" 등의 의미로 쓰이고 있는 用例이고, 예문 9)번은 ≪老乞大≫

에서 딱 하나 찾아낸 "處"가 "時"의 의미로 쓰이고 있는 用例다. 물론 諺解를 보면 "장소"로 풀이하고 있지만, "咱們做奴婢的人, 跟着官人們行走, 他們在這裏那裏下馬的地方, 把官人的馬牽來拴着"라고 해석되는 것보다 "咱們做奴婢的人, 跟着官人們行走, 他們在這裏那裏下馬的時候, 把官人的馬牽來拴着"라고 해석하는 것이 漢語의 語法과 논리에 맞을 것이다.

"處"字의 이와 같은 쓰임은 ≪朴通事≫에서도 딱 한 차례(아래 예문 10번) 볼 수 있다.

10) 你待買甚麽本事的馬? 我要打圍處騎的快走的馬。(≪朴諺≫上 55a)
네 므슴 징고 조엣ᄆᆞᆯ을 사고져 ᄒᆞᄂᆞᆫ다, 내 산영ᄒᆞᄂᆞᆫ 고ᄃᆡ롤 잘ᄃᆞᄂᆞᆫ ᄆᆞᆯ을 사고져 ᄒᆞ노라。[1]

11) 五錢銀子買一个羊腔子, 做人情去, 饋他補生日, 有甚么遲處? 常言道: "有心拜節, 寒食不遲。(≪朴諺≫上 59a)
닷 돈 은에 ᄒᆞᆫ 양의 얼골을 사, 人情을 삼아 가, ᄃᆞ롤 주어 生日을 다느림 ᄒᆞ면, 므슴 터딘 곳이 이시리오: 常言에 닐오ᄃᆡ: 節에 拜홀 ᄆᆞᄋᆞᆷ이 이시면, 寒食아라도 더듸 아니타 ᄒᆞᄂᆞ니라。

위의 例文 10)번의 諺解에서는 "處"를 장소로 풀이하고 있지만, 앞뒤의 문맥으로 보아 "你待買甚麽本事的馬? 我要(買)打圍時候騎的快走的馬"라고 풀이하는 것이 타당하지 않을까 한다. 이 외에도 ≪朴通事≫에는 "處"가 어기조사"呵", "呢"[2]로 쓰이고 있는 用例(위의 예문 11번)를 딱 한 차례 볼 수 있는데, 諺解에서는 역시 "므슴 터딘 곳이 이시리오"라고 해석되고 있음을 볼 수 있다.

---

1) ≪朴通事諺解≫, 奎章閣叢書第八(京城帝國大學法文學部, 影印本)

2) 顧學頡 王學奇, ≪元曲釋詞≫卷二:「≪拜月亭≫二【鬥蝦蟆】白 : 父親不知, 本人於您孩兒有恩處。… 以上各"處"字, 均爲語氣詞, 相當現代漢語的"呵", "呢"之類。」(中國社會科學出版社, 1984年, 288쪽)

6. 從

'從'字는 본래 '跟隨(뒤 따르다)', '順從(복종하다)', '參與(참가하다)' 등의 의미를 가지는 動詞이나 ≪原本老乞大≫(이하 ≪原老≫)[1]에서 찾을 수 있는 총 14번의 '從'字 用例에서, 12번이 介詞로 쓰이고 나머지 2번이 副詞로 쓰이고 있는 用例를 찾을 수 있다.

아래의 예문(11번 17번)은 장소나 시간을 나타내는 詞語 앞에서 동작의 起點이나 經由를 나타내는 介詞로 쓰이고 있는 用例들이다. 動作의 起點이나 經由를 나타내는 介詞 '從'은 古代漢語(아래 예문 1번)에서뿐만 아니라 近代漢語(예문 2번)에서 널리 쓰이고 있었고, 現代漢語(예문 3, 4번)에서도 여전히 쓰이고 있는 詞語이다.

1) 晏子爲齊相, 出, 其御之妻從門間而窺其夫。(≪史記 晏平仲傳≫)
晏子가 齊나라 재상이 되어 외출할 때, 마부의 아내가 문틈에서 마부의 행동을

---

1) ≪原本老乞大≫는 1998년 경북대학교 南權熙교수가 최초로 古本≪老乞大≫를 發見 한 후, 정리를 거쳐 2000년 경북대학교 출판부에서 ≪元代漢語本老乞大≫라는 서명으로 출판되었고, 같은 해 北京外語教學與硏究出版社에서 ≪原刊老乞大硏究≫이라는 書名으로 각각 출판되었다. 2002년에 北京外語教學與硏究出版社에서 修訂本(鄭光 主編)을 다시 出版하면서 ≪原本老乞大≫라고 改名을 하였다. 이에 或者는 "舊本老乞大" 또는 "元本老乞大", "古本老乞大" 等으로 부르고 있는데, 최근 발견된 ≪原本老乞大≫가 이른바 崔世珍이 ≪老乞大集覽≫ 等에서 언급한 "古本", "舊本"인지는 알 수가 없고, 또한 ≪老乞大≫의 최초의 原本인지도 알 수는 없다. 다만 鄭光이 최근 중국과 한국에서 각각 ≪原本老乞大≫라고 書名으로 解題와 譯註를 하였고, 본 논문도 鄭光 譯註解題의 ≪原本老乞大≫(2004년, 김영사)에서 原文과 譯註를 참고하였음으로 이에 ≪原本老乞大≫라는 書名을 쓰기로 하였다.

엿보고 있었다.

2) 若去打華陰縣時, 須從史家村過。(≪水滸傳≫ 第二回)
만일 華陰縣을 치려고 한다면 반드시 史家村을 지나가야 한다.

3) 從今以後, 誰也不能遲到。
오늘부터 누구도 지각해서는 안 된다.

4) 從窓縫裏往外望。
문틈으로 밖을 살피다.[2]

5) 伴當, 恁從那裏來? 俺從高麗王京來。(≪原老≫ 1a)
이보시오 형씨들은 어디서 오시는 것입니까? 우리는 고려의 개경에서 왔습니다.
→ 大哥, 你從那裏來? 我從高麗王京來。(≪飜老≫上 1a)
⇒ 阿哥, 你打那裏來? 我從朝鮮王京來。(≪老新≫ 1a)

6) 你這幾箇伴當從那裏廝合將來? (≪原老≫ 5b)
함께 오신 여러분들은 어디서부터 함께 만나서 오시는 것입니까?
→ 你這幾箇火伴從那裏合將來? (≪飜新≫上 17b)
⇒ 你這幾箇火伴從那裏同來的? (≪老新≫ 6a)

7) 從年時天旱, 田禾不收, 饑荒的上頭, 生出歹人來。(≪原老≫ 8a)
지난해부터 날이 가물어, 곡식을 거두지 못하고, 기근이 들어, 흉한 사람들이 생겨난 것입니다.
→ 從年時天旱, 田禾不收, 饑荒的上頭, 生出歹人來。(≪飜新≫上 27a)
因去年年成荒旱, 田禾沒有收成上頭, 就生出這些歹人來了。(≪老新≫ 9a)

위의 예문 5)번에서 7)번은 ≪原老≫에서, 총 7번의 用例를 찾을 수 있는 동작의 起點이나 經由를 나타내는 介詞 '從'의 쓰임이다. 위의 예문에서처럼 介詞 '從'은 改修本인 ≪飜譯老乞大≫(이하 ≪飜老≫)[3]이나 ≪老乞

2) 예문 3)번과 4)번은 ≪現代漢語詞典≫(商務印書館, 2001年, 210쪽)에서 인용.

3) ≪飜譯老乞大諺解≫는 ≪老乞大≫를 中宗10년(1515년) 崔世珍이 諺解한 것으로上下 兩卷으로 名稱은 원래 그대로 ≪老乞大≫로 되어 있으나 그렇게 되면 漢語本의 名稱과 구별이 되지 않고, 그렇다고 ≪老乞大諺解≫로 하면 重刊本과의 혼란이 생기므로 이에 四聲通解에 붙어있는「飜譯老乞大朴通事凡例」란 기록에 의지하여 ≪飜譯老乞大≫로 通稱하게 된 것이다. ≪老乞大≫를 諺解한 또 다른

大新釋≫(이하≪老新≫)[4]에서도 대체적으로 '從'字가 변화 없이 그대로 쓰이고 있었지만, 5)번의 ≪老新≫('⇒표')에서는 '從'字가 같은 의미를 가지는 介詞 '打'字로 改修되어 있음을 볼 수 있고, 7)번의 ≪老新≫에서는 아예 삭제되어 있음을 볼 수가 있다.

近現代漢語에서 '打'字는 동작의 起點이나 經由를 나타내는 詞語로 쓰이고 있음을 볼 수 있지만, ≪原老≫나 ≪飜老≫에서는 단 한 차례도 '打'字가 介詞 '從'의 의미로 쓰인 用例는 찾을 수는 없었다.[5]

≪老乞大諺解≫本(1670年)이 있으나, 漢語本文의 내용은 일부 字形을 제외하고는 내용이 거의 ≪飜譯老乞大≫와 일치한다고 한다.

4) ≪老乞大新釋≫(1761年)은 ≪老乞大≫의 改修本이다. ≪老乞大≫ 이후 약 300년 만에 改修되어 편찬된 ≪老乞大新釋≫本은 상당한 語彙의 변화가 보이므로 이 또한 연구의 藍本으로 삼았다. ≪老乞大新釋≫보다 약 40년이 늦은 시기에 編纂된 ≪重刊老乞大≫(1795年)本은 일부의 語彙가 ≪老乞大≫시대로 回歸된 측면이 보인다는 견해가 있다.

5) ≪原老≫에서 '打'字의 출현은 총 48번인데, 모두「定然喫打三下(반드시 세 대를 얻어맞다)」등의 動詞로 쓰이고 있을 뿐, '打'字가 經由를 나타내는 등의 介詞로 쓰이는 用例는 찾을 수가 없고, 改修本인 ≪飜新≫에서도 그 用例가 보이지 않는다. 馬貝加는 ≪近代漢語介詞≫에서「'打'字가 經由를 나타내는 介詞로 쓰이기 시작한 것은 宋代부터이고 元曲에서는 많은 쓰임을 볼 수 있다」(中華書局, 2002年, 94쪽)라고 하였는데, 그러나 ≪原老≫나 ≪飜老≫에서의 用例에서처럼 近代漢語에서 介詞 '打'字의 쓰임은 '從'字에 비해서 그다지 보편적이지 않은 것으로 보인다. 예를 들면 ≪水滸傳虛詞計量硏究≫一書에서도 다음과 같은 분석을 볼 수 있다:「≪水滸傳≫에서 經由를 나타내는 介詞 '從'의 用例는 총 81번인데, 介詞 '打'字의 用例는 9번, 그 가운데 '打'가 단독으로 쓰인 경우가 3번이고, 介詞 '打'와 介詞 '從'이 같이, 즉 '打從'이 經由의 介詞로 쓰인 用例가 6번이다. (介詞"從"表示經由, 在≪水滸傳≫中共有81例, 占其介詞用例的14.89%, 也是介詞"從"比較重要的用法之一。…"打"在≪水滸傳≫中主要用作動詞, 介詞的用例不多, 在"打"的1, 710個用例中作介詞的只有9例, 都表示經由。而且, 在這9例表示經由的介詞"打"中, 有6例是介詞"打"和介詞"從"連用構成"打從"表示經由。」(趙煒 等著, 暨南大學出版社, 2009年, 26~27쪽)

아래의 예문은 '從'字가 동작의 발생 장소나 시간을 나타내는 의미로 쓰이고 있는 用例들이다. ≪原老≫에서는 총 6번의 이와 같은 用例를 찾을 수 있다.[6]

8) 傅說呵在版築處生, 伊尹呵從稼穡中長。(關漢卿 ≪玉鏡台≫一 天下樂)
宰相 傅說은 공사판에서 태어났고, 宰相 伊尹 또한 農奴신분에서 자랐다.

9) 我從未拔白悄悄出城來。(關漢卿 謝天香)
난 날이 밝기도전에 살며시 성을 빠져 나왔다.

10) 從三歲上亡了他母親。(關漢卿 竇娥冤)[7]
세 살 때 그의 어머니를 잃었다.

---

6) 이 밖에도 介詞 '從'이 동작의 대상(指向)을 나타내는 '向', '跟' 또는 동작의 방향(朝向)을 나타내는 '朝', '往' 등의 의미로도 쓰이고 있지만, ≪原老≫에서는 단 한 차례도 이와 같은 쓰임을 찾을 수가 없다. 兪光中 植田均, ≪近代漢語語法硏究≫(學林出版社, 2000年, 379쪽)에서 '從'字의 '向', '跟' 쓰임과 '朝', '往' 쓰임의 用例를 볼 수 있다:「從表示動作之"指向", 相當于"向", "跟", …起始于漢代, 宋元以後少見。例如: 晋公子重耳失國, 乏食于道, 從耕者乞食。≪論衡 第六十四紀妖≫(진나라 공자 重耳는 나라를 잃고 길에서 밥을 먹고 농부들에게 걸식을 하였다) 有一異兒, 長四尺餘, 年可六七歲, 衣靑衣, 忽來從群兒戱。≪搜神記≫卷八 (키는 4척 정도에 나이는 여섯 일곱 살쯤 먹어 보이고 파란 옷을 입은 한 아이가 갑자기 나타나더니 군중들을 향하여 재주를 부리는 것이었다.) … 表示動作方位上的"朝向", 相當于"朝", "往"。宋元明時期有見, 但出現不多, 到了普通話則已完全消亡。例如: 又如人捉賊, 走東去, 合從東去捉, 却教它走從西去, 如何捉得。≪朱子語錄≫卷四十三(예를 들어 사람이 도둑을 잡을 때, 도둑이 동쪽으로 도망가면 동쪽으로 잡으러 가야하는데 그들에게 서쪽으로 달려가 잡으라 한다면 어찌 잡을 수 있겠는가?) 王臣問道: "可見一野狐從那裏去了?" 瞎道人把手指道: "向東邊去了。"≪醒世恒言≫卷六 (왕신이 물었다: "들 여우 한 마리가 어디로 갔는지 보았습니까?" 눈먼 도인 손을 들어 가리키다: "동쪽으로 갔습니다.")

7) 예문 9)번과 10)번의 예문은 程湘淸 主編, ≪宋元明漢語硏究≫(山東敎育出版社, 1992年, 78쪽)에서 재인용

11) 俺從早起喫了些飯, 到這早晚不曾喫飯裏, 好生的饑也。(≪原老≫ 15a)[8]
우리는 아침에 밥을 좀 먹고, 지금까지 밥을 먹지를 못하여, 무척 배가 고픕니다.
→ 我從早起喫了些飯, 到這早晚不曾喫飯裏, 好生的饑了。(≪飜老≫上 53a)
⇒ 我們從早起吃了些飯, 到這時候不曾吃些甚麽, 肚裏好饑餓。(≪老新≫ 17a)

12) 俺從年時正月裏, 將馬和布子到大都賣了。(≪原老≫ 5a)
나는 지난 정월에 말과 베를 북경에 가지고 가서 다 팔았습니다.
→ 我從年時正月裏, 將馬和布子到京都賣了。(≪飜老≫上 15a)
⇒ 我從年時正月裏, 將馬匹與布到京都賣了。(≪老新≫ 5a)

13) 眞箇在前曾見人打水, 終不曾學, 從今日理會得也。(≪原老≫ 10b)
정말 요전에 사람들이 물 긷는 것을 본적이 있었습니다만, 결국은 배우지 않았었지요, 오늘에서야 (요령을)깨우쳤습니다.
→ 眞箇在前曾見人打水, 不曾學, 從今日理會得了。(≪飜老≫上 35b)
⇒ 向來常見人打水, 從不曾試, 今日却會了。(≪老新≫ 11b)

14) 你從幾時離了王京? 俺七月初頭離了。(≪原老≫ 21a)
→ 從幾時離了王京? 我七月初頭離了。(≪飜老≫下 3a)
⇒ 你多站從王京來的? 我從七月初頭起身離家的。(≪老新≫ 23b)

위의 예문에서의 '從'은 동작의 발생 장소와 시간을 나타내는 介詞 '在'의 용법과 비슷하게 쓰이고 있음을 볼 수 있다. 이와 같은 사실은 위의 예문 8)번 '在版築處'의 對應句인 '從稼穡中'의 用例에서 '從'이 '在'와 같은 의미를 가지는 介詞로 쓰이고 있는 것에서도 알 수가 있다.

위의 예문 11)~14)번에서 볼 수 있는 것처럼 ≪原老≫에서 동작의 장소와 시간을 나타내는 介詞 '從'은 改修本인≪飜老≫나 ≪老新≫에서도 여전히 쓰이고 있음을 알 수 있고, 다만 13)번 ≪老新≫('⇒표')에서 介詞

8) 예를 들어 본문 11)번의 例文이「俺從早起到這早晚不曾喫飯裏(우리는 아침부터 지금까지 밥을 먹질 못했다)」처럼 중간에 '喫了些飯'一句가 없었다면, '從~到~'의 형식이 되므로 이에 '從'字는 動作의 起點이나 經由를 나타내는 介詞 '從'이 되었을 것이다.

'從'이 삭제되고 대신 '從'字가 '從來(여태껏, 지금까지)'의 의미를 가지는 副詞로 쓰이고 있음을 볼 수 있다. 그리고 14)번 ≪老新≫(你多站從王京來的? 我從七月初頭起身離家的)의 경우처럼, 두 개의 '從'은 각각 출발의 起點을 나타내는 介詞와 발생의 시간을 나타내는 介詞로 추가되어 쓰이고 있음을 볼 수 있다.

이처럼 동작 발생의 장소와 발생의 시간을 나타내는 介詞 '從', 즉 발생의 장소나 시간을 나타내는 介詞 '在'와 비슷한 기능을 하는 從'의 이러한 쓰임은 漢代에 이미 출현되어 쓰이고 있었고, 元明이후에서는 점차 그 쓰임이 줄어들면서 결국은 소멸되었다고 볼 수 있을 것이다.[9]

앞에서 이미 ≪原老≫에서 '從'字가 介詞로 쓰이고 있는 用例는 총 14번임을 밝혔는데, 그 가운데에 4번의 用例에서 介詞 '從'이 處所詞를 나타내는 詞語를 취하고 있음을 볼 수 있었고, 나머지 10번이 위의 예문 21)~24)번의 '從早起', '從年時正月裏', '從幾時' 등에서처럼 '從'字가 時間詞를 취하고 있다는 사실이다.[10] 이에 ≪原老≫나 ≪飜老≫에서 볼 수

9) 兪光中 植田均, ≪近代漢語語法硏究≫(學林出版社, 2000年, 378쪽): 「表示動作發生的處所或發生時間, 相當于"在"。這一用法兩漢時期就已出現。例如: △ (灌夫)從坐上語侵之(승상이 일어나지 않자, 灌夫 돌아와 자리에서 욕을 하였다. ≪史記 魏其武安侯列傳≫)。△ 神明從胸腹中聞知其旨(神은 마음속에서 사람의 생각을 이해한다. ≪論衡 第七十一 卜筮≫)。直到元明以後纔逐漸少用, 以至于消亡。不同時期的例子: △ 宣武取筆欲除, 郗不覺竊從帳中與宣武言(宣武가 붓을 들어 삭제하려고 하자, 郗超는 참지 못하고 아무도 모르게 살며시 軍幕에서 宣武에게 말을 하였다. ≪世說新語 雅量第六≫)。… △ 我從今年正月十三日, 提得一籃兒雪梨, 我去尋西門慶大郎掛一勾子(나는 올해 정월 십삼일 배 한 바구니 들고 西門慶 어른을 찾아가 안면을 트고자 하였다. ≪水滸全傳≫二十六回)。」

10) ≪原老≫에서 '在'字의 쓰임은 총 37번인데, 그중 動詞로 쓰인 用例가 6번이고, 나머지 대부분이 동작 발생의 장소나 시간을 나타내는 전형적인 介詞 '在'의 用例들이기 때문에 本稿에서는 論議 대상에서 제외하였다. 다만 ≪原老≫에서 쓰

있는 介詞 '從'字가 時間詞를 介詞의 賓語로 취하는 이러한 쓰임은 元明時代에서는 보편적으로 이루어졌던 현상으로 보인다.[11]

이고 있는 介詞 '在'의 用例 대부분은 處所詞를 賓語로 취하고, 반면에 時間詞를 賓語로 취하고 있는 경우는 약 3개의 用例에 불과하다. ≪原老≫에서는 '從'字가 介詞 '在'의 역할을 대신하고 있다고 보여진다.

11) 程湘清은 저서 ≪宋元明漢語硏究≫(山東敎育出版社, 1992年, 78쪽)에서「≪世說新語≫와 ≪變文≫에서의 '從'은 處所詞의 쓰임이 다수를 점하고 있는데, ≪戲曲≫에서는 時間詞의 쓰임이 많다(≪世說新語≫和≪變文≫中的"從"引進處所的用法都占多數, 而≪戲曲≫中却多用于引進時間)고 하면서 例文을 제시(本文에서 제시하고 있는 예문 19와 20번을 포함한 총 5개의 用例)하고 있다. 앞의 주석 3)번 ≪近代漢語語法硏究≫에서 제시하고 있는 '從'字의 用例 4개 가운데 3개가 場所를 취하고 있는 用例들인데, 이 3개는 모두는 ≪世說新語≫와 그 이전(唐宋)의 문헌에서 발췌한 用例들이고, 1개가 時間詞를 취한 用例로서 明代의 ≪水滸全傳≫에서 발췌한 用例이다.

7. 從頭

'從頭' 一詞는 近現代漢語에서 아래의 예문 1)번과 2번)에서처럼 '從最初(처음부터)' 또는 '重新(다시, 새로이)'[1] 등의 의미로 쓰이고 있는 副詞이지만, 近代漢語에서는 現代漢語에서와는 다르게 아래의 예문 3)번에서처럼 '全部; 統統(전부, 모두 다)', '一一(하나하나씩)'의 의미로 쓰이거나, 4)번에서와 같이 '仔細(자세히) 등의 다양한 의미로 쓰이고 있음을 볼 수 있다.

1) 從今打破風流陣, 一句句從頭自忖。(元 王元鼎 ≪雁傳書≫套曲)
오늘부터 풍류의 정을 끊어버리고, 한마디 한마디를 처음부터 곰곰이 헤아려 볼 것이다.
2) 小夫人把適來說的話, 從頭細說一遍。(≪警世通言 小夫人金錢贈年少≫)
작은 마님은 조금 전에 했던 말을 재차 상세하게 설명을 하였다.
3) 你將這連天的宅憎嫌小, 負郭的田還不好, 一張紙從頭兒賣了, 不知久後栖身何 處着? (≪東堂老≫ 一【賺殺】)
끝없이 이어지는 이 저택이 작다고 하고, 이 기름진 옥답이 좋지 않다고 하여, 수표 한 장에 전부를 팔아버리면 앞으로는 어디서 몸을 누이고 살아갈 것인가?
4) 人家一領簇新的衣, 你去那典場上你便從頭的覷。(≪劉弘嫁婢≫一【油葫 蘆】)
다른 사람의 새 옷을 전당포에서는 (실눈을 뜨고)세세히 살펴본다.
5) 這馬裏頭各自有數目, 你從頭寫我的馬契。(≪原老≫ 24a)
이 말들은 각자 자신들의 몫이 있습니다. 중개인께서는 우리들의 계약서를 한 장 한 장 써주세요.

---

1) ≪現代漢語詞典≫(商務印書館, 2001年)에서'從頭(兒)'는 '從最初(做)' 또는 '重新(做)'로 풀이하고 있음을 볼 수 있고, 예문으로는 '從頭兒做起(처음부터 하다)', '從頭兒再來(다시 또 하다)'를 제시하고 있다.

→ 各自有數目, 你從頭寫我的馬契。(≪飜老≫下 15b)
⇒ 各自有數目, 你先寫我的馬契。(≪老新≫ 27b)

위의 예문 5)번은 ≪原老≫에서 볼 수 있는 '從頭'의 用例이다. ≪原老≫에서 단 한 차례 찾을 수 있는 '從頭' 一詞에 대해 ≪飜老≫의 諺解는 '첫 그투로'이고, ≪老乞大≫ 또한 '첫머리로' 諺解되고 있음을 볼 수 있다. 또한 정광 역주 해제의 ≪原本老乞大≫(이하 ≪鄭光本≫)[2]에서도 「각자가 말 몇 마리씩 갖고 있어요. 당신은 맨 처음에 내 계약서를 먼저 쓰시오」라는 번역을 볼 수가 있다.

위의 예문(1～4번)에서처럼 近代漢語에서 '從頭'가 '從最初' 또는 '重新'으로 그리고 '全部'나 '仔細' 등의 의미로 쓰인다면 ≪飜老≫의 諺解나 ≪鄭光本≫에서처럼 '첫 번째' 또는 '맨 처음'으로 번역할 수는 없다고 본다. '내 계약서를 맨 먼저 쓰시오' 등의 의미를 가지려고 한다면 위의 예문 5)번의 改修本 ≪老新≫에서처럼 「你先寫我的馬契」, 즉 '從頭'가 '先'으로 바뀌져야 할 것이다. 副詞 '先'은 어떤 일에 앞서서 '먼저'의 의미로 '나중에'의 의미를 가지는 '後'의 반대되는 의미를 가지므로, 전체의 문맥은 「你先寫我的馬契, 然後寫別人的馬契」 일 것이다.

'從頭'는 본래 '처음부터 하다(從最初做起)'의 의미를 가지는 의미에서 '차례대로 하나하나(逐一)'의 의미를 내포하고, 또 '전부 다(전부; 통통)'의 의미로 확대되어 결국은 '자세히(仔細)' 등의 의미로 확대 응용되어 쓰이고 있는 어휘이긴 하지만,[3] 諺解나 ≪鄭光本≫에서처럼 '나 먼저'의 의미

2) 鄭光 역주 해제 ≪原本老乞大≫(김영사, 2004年, 264쪽)

3) 董志翹 蔡鏡浩 著, ≪中國虛詞語法例釋≫ (吉林教育出版社, 1994年, 82쪽) : 「袁賓 ≪禪宗著作詞語匯釋 : "'從頭'本有'從最初(做起)'之義, 既是從最初做起, 則往往隱含依着次序逐一去做, 做到結束的意思, 如此便引伸出 '一一, 全部'之義"」

를 풀이로 할 수는 없다고 본다.

≪詩詞曲語辭集釋≫[4]에서도 '從頭'에 대하여 많은 用例를 제시하면서 '從頭'一詞는 '全部, 一一'의 의미를 가진다는 설명을 볼 수 있다. '從頭'一詞에 대한 많은 用例가운데「待從頭收拾舊山河, 朝天闕」(岳飛 ≪滿江紅≫詞)가 그것인데, 여기서의 '從頭'가 '全部, 一一'의 의미를 가진다면「내 하나하나 (오랑캐에게 잃은)옛 산하를 수습하여 천자를 알현하리라」라고 번역할 수 있을 것이고, '從頭'가 現代漢語에서 풀이되고 있는 '重新'이라고 해석되어도「내 다시 잃어버린 옛 산하를 회복시켜 천자를 뵈리라」라고 번역할 수 있을 것이다. 그러나 '從頭'를 '처음으로'나 '첫 번째' 또는 '먼저' 등으로 풀이를 한다면, 앞의 예문 2~4)번에서 제시되고 있는 用例은 물론이고, 위의 岳飛의 ≪滿江紅≫詞 조차도 엉뚱한 번역이 될 것이다.

그러므로 앞의 예문 5)번 '這馬裏頭各自有數目, 你從頭寫我的馬契'一句에 대해 '我'를 복수로 보고,「이 말들은 주인이 각각 다르기 때문에 한 장 한 장 소상히 써주시오」라고 번역을 해야 하고, 여기서의 '從頭'는 '全部, 一一'의 의미를 가지는 副詞로 해석되어야 할 것이다.

---

4) 王鍈 曾明德 著(語文出版社, 1991年)

8. 道

≪原老≫[1]에서 '道'字의 출현 횟수는 총 47번이다. 그 중에서 '道'가 '說', '講述'의 의미로 쓰인 用例는 25번을 찾을 수가 있었고(아래 예문 1~3번), 量詞의 쓰임으로는 7차례(예문 4번), 助詞의 쓰임이 4차례(예문 5번), '是'[2]로 풀이되는 경우가 1차례(예문 6번), 그리고 아래 예문 7)번에서 볼 수 있는 것처럼 '道'字가 '道路'나 '道理' 등의 의미로 쓰이고 있는 경우를 4차례가 출현되고 있음을 볼 수가 있었다.

1) 你道的是, 我也心裏那般想著有。(≪原老≫ 3b)[3]

---

1) ≪原本老乞大≫는 1998년 경북대학교 南權熙교수가 최초로 古本≪老乞大≫를 發見 한 후, 정리를 거쳐 2000년 경북대학교 출판부에서 ≪元代漢語本老乞大≫라는 서명으로 출판되었고, 같은 해 北京外語教學與研究出版社에서 ≪原刊老乞大研究≫이라는 書名으로 각각 출판되었다. 2002년에 北京外語教學與研究出版社에서 修訂本(鄭光 主編)을 다시 出版하면서 ≪原本老乞大≫라고 改名을 하였다. 이에 或者는 "舊本老乞大" 또는 "元本老乞大", "古本老乞大" 等으로 부르고 있는데, 최근 발견된 ≪原本老乞大≫가 이른바 崔世珍이 ≪老乞大集覽≫等에서 언급한 "古本", "舊本"인지는 알 수가 없고, 또한 ≪老乞大≫의 최초의 原本인지도 알 수는 없다. 다만 鄭光이 최근 중국과 한국에서 각각 ≪原本老乞大≫라고 書名으로 解題와 譯註를 하였고, 본 논문도 鄭光 譯註解題의 ≪原本老乞大≫(2004년, 김영사)에서 原文과 譯註를 참고하였음으로 이에 ≪原本老乞大≫라는 書名을 쓰기로 하였다.

2) "道", 猶是也。≪董西廂≫一 :「不惟道生得箇龐兒美, 那堪更小字兒稱愜人意。」按小字指鶯鶯之名。不惟道, 猶云不惟是或不但是也。(張相, ≪詩詞曲語辭匯釋≫, 中華書局, 1991年, 465쪽)

3) 여기서의 "原老 3b"라고 함은, ≪朝鮮時代漢語教科書叢刊≫(汪維輝편, 中華書局, 2005年)二冊에 수록되어 있는 ≪(原本)老乞大≫影印本 3쪽 b면을 말함이다.

당신의 말씀이 맞습니다, 나도 마음속으로 그렇게 생각했습니다.

2) 主人家哥! 小人更有一句話, 敢道麽? (≪原老≫ 15b)
주인어르신! 저도 할 말이 있는데, 말씀을 드려도 되는지요?

3) 若是似往年好收時, 休道恁兩三箇人, 便是十數箇客人, 也都與茶飯喫。(≪原老≫ 15b)
예년의 호시절 같으면, 당신들 둘 셋이 아니라, 수 십 명의 손님일지라도, 모두 식사를 제공했을 것입니다.

4) 咱每做漢兒茶飯者。頭一道細粉, 第二道鮮魚湯。(≪原老≫ 29b)
우리 漢族의 음식을 만듭시다. 첫 번째 요리는 細粉이고요, 두 번째 음식은 鮮魚湯입니다.

5) 明星高也, 天道待明去也。(≪原老≫ 16b)
샛별이 높이 떴습니다, 하늘이 밝아 올 것입니다.

6) 安樂最直錢。怪殺今日早起喜鵲兒噪, 更有噴嚔來, 果然有親眷來, 更有書信, 却道"家書直萬金"。(≪原老≫ 21a)
평안함이 제일 값어치가 있지요. 어쩐지 오늘 아침에 까치가 울고, 연신 재채기가 터지더라고요, 과연 반가운 친척이 오시고 더욱 서찰을 가져오셨으니, '家書直萬金'이라는 말이 딱 맞습니다.

7) 你這小孩兒若成人呵, 三條道兒中間裏行者。(≪原老≫ 31a)
어희들은 성장하여 어른이 되면, 세 개의 길 간운데 치우치지 않는 가운데 길로 가야 한다.

≪原老≫에서의 '道'字의 쓰임은 앞에서 제시한 用例말고도, '道'字가 추측의 의미를 가지는 '以爲, 想, 料' 등의 의미로도 쓰이고 있음을 볼 수가 있다. 이와 같이 '道'字가 '추측'[4]의 의미로 쓰이고 있는 用例는『老乞大』時代의 다른 文獻에서도 흔히 찾아 볼 수가 있다.[5]

---

4) 張相, ≪詩詞曲語辭匯釋≫:「道, 估量之辭, 猶料也; 想也。曹松≪南海旅次≫詩: "爲客正當無雁處, 故園誰道有書來." 誰道, 猶云誰料也。」(中華書局, 1991年, 468쪽)

5) 現代漢語에서도 '我道是誰呢? 原來是你'처럼, '道'가 '以爲, 認爲'의 의미로 쓰이고 있다.

8) 我只道你文學海洋深, 誰知你色膽有天來大。(≪西廂記≫ 三本三折【雁兒落】)
난 네가 학문의 깊이만을 있는 줄 알았는데, 너의 여색을 탐하는 마음이 이렇게 큰 줄은 누가 알았겠는가?

9) 衆人都見他忽笑忽悲, 只道是他的舊病。(≪紅樓夢≫ 一一六回)
사람들은 그가 웃다가 슬퍼하는 것을 보고, 그의 옛 병이 도졌다고 여겼다.

10) 甚麼人喚門哩? 我開開這門。我道誰, 元來是劉二公。(元·無名氏 ≪漁樵記≫ 楔, 白)
누가 문을 두드릴까? 난 문을 열었다. 난 또 누구시라고, 劉二公이시군요.

11) 昨日盈盈枝上笑, 誰道, 今朝飛去落誰家。(≪樂府雅詞≫, 魏夫人 ≪定風波≫ 詞)
어제는 아름다운 자태로 나뭇가지에서 웃고, 오늘 아침에는 또 누구의 집으로 날아가 앉을지, 그 누구도 모른다.

12) 誰便道, 昨夜雪中開了。(元·李俊民 ≪謁金門·探梅≫ 詞)
어제 저녁 눈 속에서 (매화가) 피었음을 그 누구도 생각하지 못했다.

위의 用例는 '道'字가 '추측'의 의미, 즉 '以爲', '想', '料' 등으로 해석되는 '道'字의 用例들이다. ≪原老≫에서도 '道'字의 이러한 쓰임을 4차례를 찾을 수가 있었다. 아래의 13)~15)번의 예문이 바로 ≪原老≫에서 "以爲', '想', '料' 등의 의미로 쓰이는 '道'字의 用例이다. 아래에 제시된 例文은 最古의 ≪原老≫에서부터 最近의 ≪重刊老乞大≫(1795年)까지 '道'字의 이러한 쓰임이 어떤 變化가 있었는지를 살펴본 것이다. 또한 諺解에서는 어떻게 해석되어 있고, 근래에는 또 어떻게 번역되고 있는지를 살펴본 것이다.

13) 有一箇客人纏帶裏裝著一卷紙, 腰裏拴著, 在路傍樹底下歇凉睡。被一箇賊到那裏見了, 則道是腰裏纏帶裏是錢物, 生起歹心來。(≪原老≫ 8b)
어떤 나그네가 혼자 전대에 종이 한 두루마리를 넣고 허리에 찬 채, 길가의 나무 밑 서늘한 곳에서 쉬면서 자고 있었습니다. 거기에 강도가 나타나서 그것을 보고 허리에 찬 전대는 틀림없이 돈이라고 지레짐작했는가 봐요. 나쁜 마음이 생겨서. (≪鄭光≫)[6]

→ 被一箇賊到那裏見了, 只道是腰裏纏帶裏是錢物, 生起歹心來。(≪飜老≫)

(강도가) 거기와 보고 말하기를 "허리의 전대에 돈이구나" 하고 모진 마음을 내어. (≪鄭光≫)

(1) ᄒᆞᆫ 도ᄌᆞ·글 맛·나, 게·와 보·고 닐·오·ᄃᆡ 허·리·옛·젼·대·예 : 쳐·니·라 ᄒᆞ·고 (≪飜老≫)

(2) ᄒᆞᆫ 도적을 만나 게와 보고 그저 니로ᄃᆡ 허리 젼대옛 거시 이 錢物이라 ᄒᆞ여(≪老諺≫)

⇒ 被一箇賊到那裏看見了, 只道是腰裏帶的是錢物, 生起歹心來。(≪重諺≫ 25a)

ᄒᆞᆫ 도적이 게와 보믈닙으니, 그저 니ᄅᆞ되 허리에 쏀거. 이 전물이라 ᄒᆞ여 사오나온 ᄆᆞᄋᆞᆷ내여

14) 那賊將那客人脊背上射了一箭, 那人倒了, 那賊則道是死了, 便赶著那驢往前行。(原老 8b)

그 강도가 나그네의 등에 화살 하나를 쏘아서 나그네는 꺼꾸러졌습니다. 도독은 틀림없이 죽었을 것이라고 여기고 그 당나귀를 끌고 앞으로 가버렸습니다. (≪鄭光≫)

→ 那賊只道是死了。(≪飜老≫)

도독이 말하기를 "죽었구나" 하고 (≪鄭光≫)

(1) 그 도즈·기 닐·오·되 주·그니·라 ᄒᆞ·고. (≪飜諺≫)

(2) 그 도적이 닐오ᄃᆡ 주그니라 ᄒᆞ고. (≪老諺≫)

⇒ 那賊只道是死了。(≪重諺≫ 26b)

그 도적이 그저 니ᄅᆞ되이 죽으니라ᄒᆞ여

15) 却怎麽那般打水? 我不理會得·我則道是和我這裏一般打水有。(原老 11a)

저런, 어찌 그렇게 물을 길을 수가 있단 말이요? 글쎄 모르겠습니다. 나는 당연히 이쪽과 물 긷는 것이 똑같다고 생각했네.

→ 我只道是和我這裏一般打水 … (≪飜老≫)

---

6) 鄭光 譯註·解題 ≪原本老乞大≫(太學社, 2004年)

나는 그저 말하기를 우리의 이쪽과 한가지로 물 긷는다고 말했네. (≪鄭光≫)

(1) ·내 그저 닐·오·딕·우·리 예 ᄒᆞᆫ 가·지·로·믈 :긷·ᄂᆞ·다·ᄒᆞ·야 니ᄅᆞ·노·라. (≪飜諺≫)

(2) 내 그저 닐오ᄃᆡ 우리 여긔 ᄒᆞᆫ가지로 믈 깃ᄂᆞᆫ가 ᄒᆞ더니라. (≪老諺≫)

⇒ 我們只道, 與我這裏一般打水。

우리 그저 니ᄅᆞ되, 우리 여귀와 ᄒᆞᆫ가지로 믈 깃ᄂᆞᆫ가 ᄒᆞ더니라. (≪重諺≫ 33a)

위에 나열된 3개의 例文에 있어, 最古의 ≪原老≫에서 最近의 ≪重老≫이 이르기까지 '道'字의 쓰임은 변화가 없고, 언해 또한 ≪飜老≫에서 ≪重老≫에 이르기까지 '道'字를 말하다(닐으다, 니르다)'로 새기고 있음을 볼 수 있다. 다만 제시된 3개의 例文가운데 鄭光의 ≪原老≫에서 '則道是腰裏纏帶裏是錢物'구절을 '틀림없이 돈이라고 지레짐작했는가 봐요(위의 예문 13번)'라고 번역하고 있고, '那賊則道是死了'를 '도둑은 틀림없이 죽었을 것이라고 여기고(예문 14번)', '我則道是和我這裏一般打水有'를 '나는 당연히 이쪽과 물 긷는 것이 똑같다고 생각했네(예문 15번)'로 번역하고 있음을 볼 수 있다.[7]

참으로 어색한 번역이고 사리에 맞지 않은 諺解라는 생각이다. 위의 例文에서의 '道'字는 '여기다', '생각하다', '짐작하다'로 새겨야 전체의 문맥이 맞아떨어지고 모두가 공감할 수 있는 번역이 된다고 본다. 한 마디로 '도둑은 돈이 든 전대라고 여겼고', '화살을 맞아 죽었다고 생각하였고', '고려 사람들도 중국 사람처럼 똑 같은 방법으로 물을 긷는다고 짐작하였다'라고 새겨야 앞뒤의 정황이 맞는 것이다. 강도가 혼자 '중얼거리고

7) 제시된 例文에서 알 수 있듯이 鄭光 지음, ≪역주 번역노걸대와 노걸대언해≫ 一書(신구문화사, 2006년)에서 '道'字의 이러한 쓰임을 '말하다'로 번역하고 있음을 볼 수 있다. 鄭光 역주해제, ≪原本老乞大≫本에도 '道'자에 대한 "註"는 없고, 본문의 예문 13~14)번과 같은 번역문만을 볼 수 있다.

나쁜 마음이 일었다', '내 화살에 맞아 죽었다고 말하고, 말 타고 가버렸다'라는 등의 번역은 '道'를 잘못 해석한 결과로 보는 것이다. 例文에서의 '道'를 '以爲', '想', '料想' 등으로 바꿔 넣는다면 조금도 어색하지 않는 現代漢語가 될 것이다. 예를 들면 '那强盜只以爲纏帶裏的是錢物, 就生起歹心來' 등이 바로 그것이다.

16) 恁這月盡頭到的大都那到不得? 知他, 那話怎敢道, 天可憐見, 身已安樂呵, 也到得有。(≪原老≫ 1a)
당신들, 이 달 말에 大都에 도착할 수 있겠소? 어떻게 할 수 있습니까? 그런 것은 감히 말할 수 없겠지요. 하늘이 돌봐주시어 몸이 건강하면 아마도 도착할 수 있겠지요. (≪鄭光≫)

→ 那話怎敢說? 天可憐見, 身已安樂時, 也到。(≪飜老≫)
그런 말을 어떻게 할 수 있겠습니까? 하늘이 불쌍히 여겨서 몸이 괜찮으면 가겠지요. (≪鄭光≫)

(1) 그 :마·를 :엇·디 니르·리·오? 하늘·히 :어·엿·비 너·기·샤,·모·미 편안ᄒᆞ·면, 가·리·라. (≪飜老≫)

(2) 그 말을 엇디 니르리오 하늘이 어엿비 너기샤 몸이 편안ᄒᆞ면 가리라. (≪老諺≫)

⇒ 這話我不能料, 萬一天可憐見, 身子平安, 想來也可到了。(≪重諺≫ 2a)
이 말을 내 能히 혜아리지 못하니라. 萬一 하늘이 어엿비 너기샤 몸이 平安ᄒᆞ면, ᄉᆡᆼ각건대또 可히 가리로다.

위의 例文 16)번 '那話怎敢道'의 '道'字 또한 앞의 例文 13)~15)번처럼, '道'字가 '추측'의 의미로 쓰이고 있다고 보는 것이다. 다만 例文 16)번을 이렇듯이 별도로 떼어내어 논의하고자 하는 것은, ≪老乞大≫系列書에서 '道'字가 추축의 의미로도 쓰이고 있었음을 알 수 있는 확실한 事例이기 때문이다.

즉 위의 例文 16)번 ≪原老≫에서 '那話怎敢道'의 '道'字는 ≪飜老≫에

서는 '說'字로 나타나 있지만(아래 16번 예문의 → 표), 그러나 ≪重老≫에 이르러서는 다시 추측의 의미를 나타내는 '料'字로 改修되고 있음을 볼 수가 있다. 諺解 또한 '헤아리다'로 풀이되고 있는 것이다(아래 16번 ⇒ 표의 예문).[8] 즉 ≪原老≫에서 '那話怎敢道'의 '道'字가 ≪重老≫에 이르러서 '料'字로로 改修되고 있다는 사실이다.

아래의 예문 17)번은 바로 앞에서 논의한바 있는 '話'字의 指代詞 用法, 즉 '話'字의 隱語的 쓰임과 추측의 의미를 가지는 '道'字의 쓰임에 맞춰 번역을 해보았다.

17) 恁這月盡頭到的大都那到不得? 知他, 那話怎敢道, 天可憐見, 身已安樂呵, 也到得有。(≪原老≫ 1a)
이달 말에 大都에 도착할 수 있을까요 없을까요? 모르겠습니다. (천지신 명이 하는 일인데) 그것을 어찌 감히 예측할 수가 있겠습니까, 다만 하늘이 어여삐 여기시고 몸이 성하면 도착할 수도 있을 것입니다.
→ 那話怎敢說? 天可憐見, 身已安樂時, 也到。(≪飜老≫)
그것을 어찌 말로 할 수가 있다는 말이요? 다만 하늘이 어여삐 여기시고, 몸이 성하면 도착할 수도 있을 것입니다.
⇒ 這話我不能料, 萬一天可憐見, 身子平安, 想來也可到了。(≪重諺≫ 2a)
이러한 것은 예측할 수는 없습니다, 다만 하늘이 어여삐 여기시고, 몸이 성하면, 아마도 도착할 수는 있을 것입니다.

8) ≪老乞大新釋≫本에서도「你這箇月底, 能到北京麽? 到不得呢, 這話我不能料, 萬一天可憐見, 身體平安, 想來也可到了。」처럼, '헤아리다'의 의미를 가지는 '料'字로 改修되어 있음을 볼 수 있다.

9. 底似

'底似' 一詞는 ≪原老≫에서 총 6번의 用例를 찾을 수가 있으나, ≪飜老≫에서 '底似'가 사용된 用例는 단 한 차례도 찾을 수가 없었다. 이러한 사실은 ≪老朴集覽≫[1]의『底似, ㄱ丶장 又너므 今不用』(累字解2-1)이라고 설명한 대목에서도 그러한 사실을 뒷받침한다.[2]

아래에 제시한 예문(1번에서 6번)이 바로 ≪原老≫에서 볼 수 있는 '底似'의 用例이고, 바로 밑의 번역은 鄭光의 譯註書[3](이하 ≪鄭光≫)에서의 原文을 그대로 옮긴 것이다. 또한 "⇒"표의 例文은 ≪原老≫의 刪改本이라고 할 수 있는 ≪飜老≫의 原文과 諺解이고, 바로 아래 굳은 서체의 한글은 鄭光 ≪역주 번역노걸대와 노걸대언해≫[4](이하 鄭光 ≪飜老≫)의 번역을 그대로 옮겨놓은 것이다.

---

1) 본고에서는 奎章閣叢書第八(제446號)에 수록된 老乞大集覽(上下)와 單子解(影印本)를 참고로 하였고, 鄭監 監修, 國語史資料硏究會譯註≪譯註飜譯老乞大≫(太學社, 1995年)에 정리된 老乞大集覽을 主原典으로 삼았다. 同書凡例에는 다음과 같이 설명되어 있다:「1. 原典(text)으로는 李丙疇 編校의 ≪老朴集覽考≫를 사용했고 보조 자료로 台北 聯經出版公司에서 펴낸≪老乞大諺解 朴通事諺解≫에 들어있는 ≪老乞大集覽(上下)≫와 單子解를 참조하였다. 2. ≪老朴集覽≫중 單子解, 累字解, 그리고 老乞大集覽의 중국어 어휘들을 모아 가나다 順으로 정리하였다. …」이에 본고에서 인용한 ≪老朴集覽≫은 "태학사(1995年)"本이다.

2) 그러나 ≪朴通事諺解≫에서, 아래의 예문에서처럼 '底似'가 사용된 用例를 딱 한 번 찾을 수가 있다.

* 紐子不要底似大恰好着。(≪朴通事諺解≫ 中, 5쪽)

돌마기를 너모 크게 말고 마치 됴케 ᄒᆞ라

3) 鄭光 역주·해제, ≪原本老乞大≫(太學社, 1995年)

4) 鄭光 지음, ≪역주 번역노걸대와 노걸대언해≫(신구문화사, 266年)

1) 買著一斤猪肉者。休要底似肥的, 帶脇條肉買者。大片兒切著將來爨者。(≪原老≫ 6b)

고기 한 근만 사다주시게. 비계가 많은 것은 필요 없고 뼈가 붙은 갈비살 사서 크게 잘라 볶아주게. (≪鄭光≫ 79쪽)

⇒ 買一斤猪肉着, 休要十分肥的, 帶肋條的肉買着。大片兒切着, 炒將來着。(≪飜老≫)

ᄒᆞᆫ 근 고·기·를:사·ᄃᆡ ᄀᆞ·장·ᄉᆞᆯ·지·란:말:오·녑·발·치 조·ᄎᆞᆫ 고·기·를: 사·다가·편:굵·게 사·ᄒᆞ·라 봇·가·오·라.

한 근 고기를 사되 거의가 비계인 것은 말고 갈비 살로 깨끗한 고기를 사다가 크게 썰어서 볶아주게. (鄭光 ≪飜老≫104쪽)

2) 你底似的休早行, 俺聽得前頭路澁有。(≪原老≫8a)

그렇게 일찍 가시는 것은 제발 그만두십시오. 잘은 모르겠으나 그 쪽 길은 위험하다고 들었습니다. (≪鄭光≫ 94쪽)

⇒ 你十分休要早行, 我聽得, 前頭路濇。(≪飜老≫)

:네 ᄀᆞ·장·일·가·기 말·라.·내 드·르·니 앏·픠:길 어·렵·다·ᄒᆞᄂᆞ·다.

당신들 그렇게 일찍 가지 마시오. 내가 듣은 바로는 앞으로 가는길이 위 험하다고 합니다. (鄭光 ≪飜老≫ 118쪽)

3) 他見將文引, 赶著高麗馬, 投大都做買賣去。底似的漢兒言語說不得的上頭, 不敢言語, 他每委實不是歹人。(≪原老≫ 14b)

사실 확실한 통행증을 가지고 고려의 말을 끌면서 대도로 물품장사하러 가는 겁니다. 중국어를 유창하게 못하니까 말을 안 하는 것이지 수상한 놈은 아닙니다. (≪鄭光≫166쪽)

⇒ 他漢兒言語說不得的, 因此上, 不敢說語, 他們委實不是歹人。(≪飜老≫)

:제 漢語·를 니ᄅᆞ·디:몯·ᄒᆞᆯ·ᄉᆡ·이:런 젼·ᄎᆞ·로:말 니ᄅᆞ·디:몯·ᄒᆞ·ᄂᆞ·라. 저희·네·ᄂᆞᆫ진·실·로·잡:사·ᄅᆞᆷ 아·니·랑ᄒᆞ마.

저희들이 한아언어를 못하므로 이런 이유로 말을 하지 못하는 것입니다. 저희들은 정말로 수상한 놈은 아닙니다. (鄭光 ≪飜老≫ 182쪽)

4) 俺更有人蔘, 毛施, 明日打聽價錢去來, 有價錢時賣了者, 怕底似的賤時, 且停些時。(≪原老≫ 20a)

우리에게는 또 인삼과 모시와 삼베의 천도 있어요. 내일은 그쪽 값을 물으러 갑시다. 값이 좋으면 팔고, 만일 너무 싸면 잠시 놔둡시다. (≪鄭光≫ 219쪽)

⇒ 怕十分的賤時。且停些時。(≪飜老≫)

ᄀᆞ·장·디·거·든 안·직 머·추·워·두·어·든.

만일 너무 싸면 아직 멈추어 두겠소. (鄭光≪飜老≫229쪽)

5) 伴當每, 恁底似的休多索, 恁兩箇枉了, 成合不得。我是箇牙人, 也不向買主, 也不向賣主。(≪原老≫ 23a)

이보시오 손님들, 당신은 너무 많이 받으려고 하는 게 아닙니다. 두 분 모두 헛수고를 하는 것이고 상담은 성립되지 않습니다. 나는 중개인이니까 사는 사람의 편도 파는 사람의 편도 들지 않겠습니다. (≪鄭光≫ 252쪽)

⇒ 客人們, 你不要十分多討, 你兩箇枉自成不得。(≪飜老≫)

나·그·내:네:네 ᄀᆞ·장 너므 바·도려:말·라. 너희:들·히·쇽·졀:업·시 일·우·디:몯 ᄒᆞ·리로·다.

손님들, 당신은 너무 많이 받으려고 하지 마시오. 당신들 두 분이 헛되게 이루지 못할 것이오. (鄭光, ≪飜老≫ 260쪽)

6) 我曾打聽得高麗田地裏賣的行貨, 底似十分好的倒賣不得, 則宜夠子行貨, 倒著主兒快。(≪原老≫ 38a)

내가 전에 얻어듣기로는 고려 땅에서 팔리는 물품으로는 너무 좋은 것이 오히려 안 팔리고 조악(조악)한 물건이 반대로 살 사람이 생긴다고 하데. (≪鄭光≫ 402쪽)

⇒ 我曾打聽得高麗田地裏賣的貨物, 十分好的, 倒賣不得。(≪飜老≫)

·내:어·ᄅᆡ 으:로·ᄃᆡ 高麗ㅅᄯᅡ·해·ᄑᆞ·ᄂᆞᆫ·황·희 ᄀᆞ·장:됴·ᄒᆞᆫ 거·슨 도ᄅᆞ·혀·ᄑᆞ·디:몯ᄒᆞ·고.

내가 전에 듣기로는 고려 땅에서 팔리는 물품으로는 너무 좋은 것이 오히 려 안 팔리고. (鄭光, ≪飜老≫ 411쪽)

鄭光의 譯註書에는 '底似'에 대한 상세한 풀이와 설명을 볼 수가 있다. 위의 예문 1)번의 '底似'에 대하여 鄭光의 譯註書에는『'底似'는 "대단히, 상당히"라는 뜻으로, 원래는 '抵死'라고 쓴다. '抵死'는 본래 '필사적으로'이라는 의미의 뜻이었으나, 거기서 정도가 심하다는 것을 뜻하게 되어, 宋詞 등에서는 '底死'라고도 쓰인다. 그러나 '底似'라고 쓴 예는 ≪原老≫ 이

외에는 발견되지 않는다.』[5]라고 설명하고 있음을 볼 수 있다. 또 위의 예문 2)번의 '底似'에 대해서는『원문 '底似'는 "그와 같이, 그렇게"의 뜻이다. … 다만 15화와 '底似'의 위치가 다르다. 여기서도 "休底似的早行 - 그렇게 일찍 가지마라"의 뜻으로 쓴 것으로 보인다.』[6]라고 풀이를 하고, 또한 예문 3)번의 '底似'에 대해서는『여기서 '底似'는 부사적으로 쓰인 것이 아니라 다음에 오는 '漢兒言語'를 형용하여 "유창한 중국어"라는 의미를 나타내는 것 같다.』[7]라고 설명하고 있으며, 예문 6)번의 '底似'에 대해서는『원문 '底似'는 "대단히, 상당히"란 뜻이다.』[8]라는 鄭光의 註釋을 볼 수가 있다.

앞에서 이미 언급한 바처럼 '底似'와 같은 형태의 語彙는 ≪原老≫외의 다른 어느 문헌에서는 그 用例를 찾을 수가 없다. 그러나 鄭光의 譯註書에서도 설명한 것처럼 '底似'의 원형은 '抵死'로, '底似'의 원형은 '抵死'로, 당시의 다른 문헌에서는 '底死, 底死的, 抵死裏' 등으로 쓰이고 있는 用例를 쉽게 찾아볼 수가 있는 것이다. '似'는 '死'의 借音字로서 近代漢語에서 흔히 볼 수 있는 同音通用의 현상이다.

'抵死'는 원래는 '至于死罪', '判處死刑'[9]의 의미를 가지고 있었으나, 그

---

5) 鄭光 역주·해제, ≪原本老乞大≫, 80쪽 주 17)번. (太學社, 1995年)

6) (同前書, 94쪽 주 4번)

7) (同前書, 166쪽 주 5번)

8) (同前書, 402쪽 주 4번)

9) 王學奇 王靜竹 撰著, ≪宋金元明清曲辭通釋≫:『考此語已見漢唐。≪漢書·文帝記≫: "此細民之愚, 無知抵死。" 顔師古注: "低, 觸也, 亦至也。" 此謂觸犯刑律, 至于死罪。≪新唐書·裵耀卿傳≫:「夷州勅使王浚以贓抵死, 有詔杖六十, 流古州。」此謂判處死刑。兩例雖皆與曲意不侔, 然亦可窺其淵源所自也。』(語文出版社, 2002年, 288쪽)

쓰임이 확대되어 '抵死'는 '一死兒地', '拼命', '終究'[10]와 '分外', '急急', '老是'[11] 등의 다양한 의미로 쓰이고 있음을 볼 수 있다. 아래의 예문(7번 14번)은 바로 '抵死(底死)'의 다양한 用例들이다.

7) 去雁無憑傳錦字, 春泥抵死汚人衣。(宋·辛棄疾 ≪浣溪紗·別杜叔高≫詞)
날아가는 기러기는 쓸데없이 그리움을 전해주고, 봄의 흙먼지(봄비의 흙먼지)는 언제나 사람의 옷을 더럽힌다.

8) 甚不肯承當, 抵死諱定, 只管厮瞞昧。(金·董解元, ≪西廂記≫卷六【中呂調·牧羊關】)
어찌하여 책임을 지려하지 않고, 결사코 인정하려 하지 않고, 속이려고만 하는가!

9) 我被那惡兄弟每抵死的留着吃酒。(李文蔚 ≪燕青博魚≫二【醉中天】白)
난 저 고약한 형제들에게 한사코 잡혀 술을 마셨소.

10) 待閻王道俺無凭准, 抵死謾生斷不定, 也不共他爭, 我專指着伊家做照證。(金·董解元 ≪西廂記≫卷五【南呂調·尾】)
염라대왕이 증거가 없다고 하고, 최선을 다해도 밝혀지지 않는다면, 그와 다투지 않고, 난 오로지 그대를 증좌로 내세울 것이요.

11) 想咱這世間人, 無錢的可又難過; 抵死積攢的多了, 却又于身無益。(元·無名氏 ≪劉弘嫁婢≫一 白)
생각건대 세상을 살아가면서, 돈이 없는 사람은 살기가 어렵고; 목숨을 걸고 있는 힘을 다해 돈을 모았지만 이내몸에는 아무런 쓸모가 없다.

12) 無才者抵死要做官, 有才者抵死不做官。(≪老殘游記≫ 第六回)
무능한 자는 한사코 벼슬을 하려고 하고, 재능이 있는 자는 한사코 벼슬을 하려하지 않는다.

13) 莫憂拒(懼), 待交我尋活路。嗔不肯, 止不過將我打着皮肉。吾怕底死難煞 他, 掙揣不去, 刀自抹, 繩自繫, 覓個死處。(金 ≪劉知遠諸宮調≫卷二【中呂調·木

---

10) 高學頡, ≪元曲釋詞(一)≫: 『抵死(抵死的, 抵死裏): 一謂一個勁地, 一死兒地, 死氣白賴地; 二謂拼命; 三謂終究。』(商務印書館, 2001年, 443쪽)

11) 張相, ≪詩詞曲語辭匯釋≫: 『抵死, 猶云分外也; 急急或竭力也; 亦猶云終究或老是也。』(中華書局, 1991年, 91쪽)

笪綏】)

걱정하지 마세요, 만일 나에게 改嫁의 새로운 길은 찾으라고 한다면, 난 따르지 않을 것이고, 기꺼해야 피터지게 때리기나 하겠지요. 내가 만일 끝내 참지 못하고 버티지 못한다면, 차라리 자진을 하겠어요.

14) 抵死也不承認。[12]

죽어도 인정하지 않는다.

위의 用例에서 볼 수 있듯이 '抵死'系列의 語彙는 宋代에서 淸代에 이르기까지 近代漢語에서 보편적으로 쓰이고 있었을 뿐만 아니라, 위의 예문 14)번에서처럼 '抵死'는 現代漢語에서도 그 쓰임을 찾을 수가 있다.

우리는 위의 예문(7번 14번)에서 볼 수 있는 '抵死, 抵死的, 底死' 등의 語彙는 現代漢語로는 '一死兒地', '拚命', '終究', '分外', '急急', '老是' 등의 의미를 가지고 있다. 이에 대한 우리말의 번역은 관점에 따라 약간의 차이는 있을 수는 있겠지만 대체적으로 '언제나 늘', '결사코', '목숨을 걸고, 죽을힘을 다해', '필경, 아무든', '특히' 등으로 번역할 수가 있을 것이다. 또한 '抵死'는 動詞나 形容詞를 修飾하는 語氣副詞 등으로, 문장 안에서는 '狀語' 등의 역할을 하고 있음을 볼 수 있다.

그렇다면≪原老≫에서 쓰이고 있는 '底似'句에 대한 기존의 註釋이나 諺解 등은 재검토의 필요가 있다고 본다. 즉 앞에서 제시한 바처럼「你底似的休早行」에 대해 鄭光의 譯註書에서는『원문 '底似'는 "그와 같이, 그렇게"의 뜻이다. … 다만 15화와 '底似'의 위치가 다르다. 여기서도 "休底似的早行-그렇게 일찍 가지마라"의 뜻으로 쓴 것으로 보인다.』라는 등의 풀이와 그러한 見解는 좀 무리가 있다고 보는 것이다.

12) ≪現代漢語詞典(修訂本)≫:『抵死, 拚死(表示態度堅決): 抵死也不承認。』(商務印書館, 200年)

앞에서 제시한 예문 1)번의 「休要底似肥的」는 現代漢語로 「休要分外肥的」로 풀이할 수 있을 것이고, 2)번의 「你底似的休早行」은 「你急急地不要早行」으로, 3)번의 「底似的漢兒言語說不得的上頭」는 「畢竟說不出漢語的緣故」로, 4)번의 「怕底似的賤時」는 「如果格外便宜的話」로 풀이할 수가 있고, 5)번의 「恁底似的休多索」는 「你們一死兒地不要多要」라고 풀이할 수 있을 것이며, 마지막으로 「底似十分好的倒賣不得」는 「總是十分好的却販賣不了」로 풀이할 수 있을 것이다. 아래의 예문은 바로 近代漢語에서 쓰이고 있는 '底似'의 다양한 쓰임에 맞춰≪原老≫의 '底似'句를 번역을 해보았다.

* 買著一斤猪肉者。休要底似肥的, 帶脇條肉買者。(≪原老≫ 6b)
돼지고시 한 근을 사주시오. 너무 비계가 붙은 것은 말고, 갈빗살이 붙은 고기로요.

* 你底似的休早行, 俺聽得前頭路澁有。(≪原老≫ 8a)
당신들은 급하게 서둘러서 일찍 가지는 마시오, 내가 듣기로 길이 험하다고 합니다.

* 底似的漢兒言語說不得的上頭, 不敢言語, 他每委實不是歹人。(≪原老≫ 14b)
(그들은 고려인이기 때문에)필경 중국어를 잘 못하는 관계로, 말을 하려하지 않는 것이지, 저들이 정말 나쁜 사람들은 아닙니다.

* 有價錢時賣了者, 怕底似的賤時, 且停些時。(≪原老≫ 20a)
가격이 되면 팔고, 만일 너무 싸다면, 좀 더 기다리겠습니다.

* 伴當每, 恁底似的休多索, 恁兩箇枉了, 成合不得。(≪原老≫ 23a)
이보시오 형씨들, 댁들은 한 치의 양보도 없이 고집스럽게 (값을)많이 부르지 마시오, 두 분은 헛수고만 하시고, 거래를 하지 못할 것이오.

* 我曾打聽得高麗田地裏賣的行貨, 底似十分好的倒賣不得, 則宜豹子行貨, 倒著主兒快。(≪原老≫ 38a)
나도 듣기로는 고려 땅에서 팔리는 물건들은, 아무튼 엄청 좋은 것들은 판매할 수가 없고요, 좀 싼(가짜) 물건들이 오히려 주인을 빨리 찾는다더군요.

이렇게 ≪原老≫에서 빈번하게 쓰였던 語彙 '底似'는 刪改本이라고 할 수 있는 ≪飜老≫에 이르러서는 '底似'의 用例를 단 한 차례도 찾아볼 수가 없었고, '底似'가 쓰였던 자리에 대신 '十分'으로 改修되어 있음을 볼 수 있다.

즉 앞에서 제시한 예문 1)번 5)번 가운데, 3)번을 제외한 나머지 4개의 例文에서 '底似' 대신에 '十分'으로 바꿔져 있었다. 예문 3)번의 '底似'는 ≪飜老≫에 이르러서는 삭제되어「他漢兒言語說不得的, 因此上, 不敢說語, 他們委實不是歹人」로 改修되었고, 語彙 '十分' 또한 보이지 않는다. 또 한 가지 특이한 사실은, 앞의 예문 6번에서 볼 수 있듯이 는 것처럼, ≪原老≫에서 '底似'와 '十分'이 同時에 출현되어 쓰이고 있다는 사실이다.「底似十分好的倒賣不得」가 바로 그것인데, '底似'를 情態副詞 '畢竟'으로, '十分'을 程度副詞 '很(極)'으로 보고「아무튼 엄청 좋은 것은 판매할 수 없다」라고 새길 수도 있고, '底似'와 '十分'을 '很'의 의미로 聯用되어 쓰이고 있다고 볼 수도 있다고 본다.

10. 敢

≪原老≫에서 '敢'字의 출현은 총 24번인데, 그 중에서 8번이 추측의 의미로 쓰인 用例를 찾을 수 있다. 다음은 조선시대 崔世珍이 편찬한 ≪老朴集覽≫[1]에서 '敢'字에 대한 설명이다.

> ≪老朴集覽·單字解≫ :「敢 忍爲也。你敢那 네 구틔여 그리홀다 又疑似也 敢知道 아는 둧ᄒ다. (敢, 억지로 하다. 예: '你敢那 당신은 구태여 하겠는가? 그런 것 같다. 예: 敢知道 알고 있는 것 같다.)」

위의 ≪老朴集覽≫의 설명으로 보아 近代漢語에서 '敢'字가 추측의 의미로도 쓰이고 있었음을 알 수가 있다. 現代漢語에서 '敢'字는 일부 方言[2]에서 '敢'字가 추측의 의미로 쓰이고 그 흔적을 찾을 수 있을 뿐이다. 近代漢語에서는 '敢'字가 "莫非, 怕是, 敢是" 등의 추측의 의미로도 널리 쓰이고 있음을 ≪原老≫와 당시의 다른 문헌에서도 그 用例(아래 1~6번)를 통해서 확인할 수가 있다.[3]

---

1) 본고에서는 奎章閣叢書第八(제446號)에 수록된 老乞大集覽(上下)와 單子解(影印本)를 참고로 하였고, 鄭監 監修, 國語史資料硏究會譯註≪譯註飜譯老乞大≫(太學社, 1995年)에 정리된 老乞大集覽을 主原典으로 삼았다. 同書凡例에는 다음과 같이 설명되어 있다:「1. 原典(text)으로는 李丙疇 編校의 ≪老朴集覽考≫를 사용했고 보조 자료로 台北 聯經出版公司에서 펴낸≪老乞大諺解 朴通事諺解≫에 들어있는 ≪老乞大集覽(上下)≫와 單子解를 참조하였다. 2. ≪老朴集覽≫중 單子解, 累字解, 그리고 老乞大集覽의 중국어 어휘들을 모아 가나다順으로 정리하였다. …」이에 본고에서 인용한 ≪老朴集覽≫은 "태학사(1995年)"本이다.

2) ≪現代漢語詞典(修正本)≫(商務印書館) :「敢: <方> 莫非; 怕是; 敢是」

3) 太田辰夫 著, 蔣紹愚, 徐昌華 譯, ≪中國語歷史文法≫:「"敢"在古代漢語中就用。

1) 姐姐, 你看月闌, 明日敢有風也! (明・王實甫≪西廂記≫二本四折)
아가씨 저 달의 그림자를 보세요, 내일 바람이 불 것 같아요!
2) 馬敢喫了草也, 飲去來。(≪原老≫ 10a)
말들이 풀을 먹었을 것이니, 물 먹이러 갑시다.
3) 咱每都去了時, 這房子裏沒人, 敢不中。留一箇看房子, 別箇的牽馬去來。(≪原老≫10a)
우리가 다 가면, 이 방에는 사람이 없게 되니, 좋지는 않을 것 같습니다. 한 사람이 남아 방을 지키고, 다른 사람들은 말을 끌고 갑시다.
4) 索甚麽糴米, 俺的飯熟也, 客人每喫了過去。這般時, 敢少了恁飯? (≪原老≫ 11b)
쌀을 팔 필요가 없습니다, 우리의 밥이 다 되어가니, 손님들은 먹고 떠나시오. 그리하시면, 주인장의 식사가 혹시나 부족하지나 않을까요?
5) 有箇後生來, 這裏不見也, 敢出去了。(≪原老≫ 20b)
어떤 젊은이가 있었는데, 여기는 보이지 않는 것을 보니, 아마도 외출한 모양이요.
6) 委實沒若干料鈔, 敢則到的三百定料鈔, 那零一十定與恁上等擇鈔如何?
사실 그 만큼의 料鈔은 없고, 아마 料鈔로 300定 정도가 될 것입니다, 나머지 10定은 上等의 擇鈔로 드리면 어떻습니까?

≪原老≫에서는 近代漢語의 다른 문헌에서 쓰이고 있는 '敢'字의 또 다른 쓰임을 찾을 수가 있다. 아래의 예문은 ≪原老≫에서 '敢'字가 "豈敢(어찌 감히~하겠는가)" 즉 "不敢(감히 못하다)"의 의미를 가지는 用例(아래 7~9번)이다.

7) 知他! 那話怎敢道? 天可憐見, 身已安樂呵, 也到得有。(≪原老≫ 1a)
어찌 알겠소! 그 것을 어찌 감히 예측할 수 있다는 말이요(그와 같은 일들은 측

從五代到近古有用于推量的, 但現代不這樣用了。較早的例子如: 雖是後生, 敢有雕琢之分。(祖6)〔意爲: 雖然年輕, 但是會有出息。〕」(北京大學出版社, 1987年, 191쪽)

할 수는 없는 것이요)? 하늘이 (우리를)어여삐 여기시고, 몸이 성하다면, 도착 할 수는 있을 것이요.

8) 這哥哥甚麽言語? 你是熟客人, 咱每便是自家裏一般, 俺怎麽敢胡說? 怕你不時, 別箇店裏試商量去。(≪原老≫ 5b)
무슨 말씀을 하십니까? 손님은 우리 단골이어서, 우리는 한 가족과 같은 데, 내가 어찌 함부로 그렇게 말할 수 있겠습니까? 만일 적당치 못하다고 생각되시면, 다른 가게에서 가격을 알아보시지요.

9) 小人每驟面間厮見, 哥哥便這般重意與茶飯喫, 怎麽敢怪。(≪原老≫ 12a)
소인들이 무작정 마주하게 되었는데, 형씨께서 이렇게 호의를 베풀어 음식을 주셨는데, 어찌 감히 탓을 할 수 있습니까!

또한 ≪原老≫에서는 '敢'字가 '可' 즉 '可以; 能(되다, 할 수 있다.)'의 의미로 쓰이는 用例(아래 10번)와 '准定, 包管(반드시, 꼭)'의 의미로 쓰이고 있는 用例(아래 11, 12번)와 '肯, 願(기꺼이 원하다)'의미를 풀이되는 用例(아래 13번) 등, ≪原老≫에서는 近代漢語에서 다양하게 쓰이고 있는 '敢'字의 用例들을 보여주고 있다.

10) 主人家哥, 小人更有一句話, 敢道麽? (≪原老≫ 15a)
주인 어르신! 제가 또 드릴 말씀이 있는데, 말을 해도 될까요?

11) 這伴當, 你過的草忒麤, 口頭每怎生喫的? 好生細細的過者。這伴當, 你敢不會煮料的法度。(≪原老≫ 6a)
아니 노형, 노형은 풀을 너무 굵게 잘랐어요, 말들이 어떻게 먹습니까? 엄청 가늘게 자르시오. 노형은 틀림없이 쇠죽을 잘 끓이지 못할 것 같소이다.

12) 那般者。你敢慣打水, 我不慣打水。你先打水去, 俺兩箇牽馬去。(≪原老≫ 10a)
그렇게 합시다. 형씨는 틀림없이 물을 잘 기를 것이지만, 난 물을 잘 길지 못합니다. 형씨가 먼저 가셔서 물을 길으세요, 우리 둘이 말을 끌고 가겠습니다.

13) 底似的漢兒言語說不得的上頭, 不敢言語。他每委實不是歹人。(≪原老≫ 15a)
어쨌든 중국어를 잘 못하는 관계로, 말을 하려하지 않는 것이지, 저들이 정말 나쁜 사람들은 아닙니다.

11. 根底(根前)

"根底"는 "앞, 곁, ~가(邊)" 등의 의미를 나타내는 어휘로서 方位詞의 기능을 하고 있음을 ≪元曲釋詞≫[1] 등에서 찾을 수 있고 , 또한 각종 문헌에서 인용된 用例에서 宋代에서 淸代의 작품에서 쓰이고 있음을 볼 수가 있고, ≪老朴集覽≫같은 해석(根底 앒픠)[2]을 보이고 있다. ≪飜老≫에서 "根底"와 "根前"의 用例를 각각 한 차례를 찾을 수 있다(아래 例文 1~2번).

1) 你誰根底[3]學文書來? 我在漢兒學堂裏, 學文書來。(≪飜老≫上 2b)
:네 :뉘·손·ᄃᆡ·글 ᄇᆡ·ᄒᆞᆫ·다。·내 :되·ᄒᆞᆨ당·의·셔。·글 ᄇᆡ·호·라。
2) 我一等不慣的人根前, 多有欺瞞。(≪飜老≫下 65a)
·우·리 ᄒᆞᆫ가·짓 닉·디 :몯·ᄒᆞᆫ :사·ᄅᆞᆷ·의게。만·히 소·기ᄂᆞ·니。

≪老朴集覽≫에서는 "根底 앒픠(앞의; 앞)"[4] 풀이가 되어 있는데, ≪飜

---

1) 根底, 爲面前, 近旁, 跟前, 猶根前。宋柳永【爪茉莉】詞: 料我兒只在枕頭根底, 等人睡, 來夢裏。≪劉知遠諸宮調≫十一【仙呂調 繡帶兒】: 他心疑忌, 喚到根底。≪董西廂≫卷四【雙調 芰荷香】: 火急開門月下覷, 見鶯鶯獨自, 明月窓前, 走來根底, 見親隨二人, 便問, 不肯實說。≪淸平山堂話本 洛陽三怪記≫: 小員外根底立着王春春。(顧學頡 王學奇, ≪元曲釋詞≫卷一, 中國社會科學出版社, 1983年, 634쪽)

2) "根底 앒픠(앞의; 앞) 比根前稍卑之稱(根前보다 좀 속된 표현이다)" (累字解 2-1)

3) 根底 : 根, 同"跟"。亦作"跟底"。跟前, 身邊, 面前。≪爭報恩≫四【側磚兒】:「我這裏急慌忙那身起, 大走到向他根底。」(劉堅 江藍生 主編, ≪元語言詞典≫, 上海敎育出版社, 1998年, 106쪽)

4) ≪老朴集覽≫ 單字解: "底, 下也, 底下 아래, … 又語助, 根底 앒픠"。

老≫의 諺解에서는 "뉘·손·딕(누구 한데: 누구에게)、사·름·의게"라고 풀이되고 있음을 볼 수 있다. "～에게"로 풀이는 ≪飜譯朴通事≫(이하 ≪飜朴≫[5]에서도 볼 수가 있으나, 그러나 아래의 용례(3～4번)에서 볼 수 있듯이 ≪飜朴≫과 ≪朴通事諺解≫(이하 ≪朴諺≫)[6]에서는 "앒픠"라고 諺解되고 있을 볼 수가 있다.

3) 叫將唱的根前來, 着他唱。(≪飜朴≫上 6a)
   놀·애·브르·라·란불러 앒·픠·나·아·오·라·ᄒᆞ·야。저희·ᄒᆞ·야 브르·게 ᄒᆞ·라.
4) 叫將根前來說道。(≪朴諺≫下 9b)
   불러 앒픠오라ᄒᆞ여 닐오ᄃᆡ.

"根底" 또는 "根前"은 장소를 나타내는 方位詞이다. 경우에 따라"面前", "旁邊", "這裏", "那邊" 등 또는 "～面", "～邊"의 의미를 가진다.[7] 이

5) ≪飜譯朴通事≫ 大提閣, (1974年, 影印本)韓國古典叢書(復元版): (1) 官人們, 文書分付管酒的署官根底(관원 :손 ᄃᆡ)。(≪飜朴≫上 3b) (2) 法名喚步虛, 到江南地面石屋法名的和尙根底(:즁:의:손 ᄃᆡ), 作與頌字。(≪飜朴≫上 73b)

6) ≪朴通事諺解≫는 上中下 3卷(상권 76장, 중권 61장, 하권 62장)으로 肅宗 3년(1677년)에 邊暹·朴世華 등 12명이 편찬한 판본이다. 李聃命의 序文에 의하면 ≪老乞大諺解≫가 ≪飜譯老乞大≫를 참조하여 편찬한 것과는 달리, ≪朴諺≫은 ≪飜朴≫을 직접 보지 못하고『老朴集覽』에만 의거하여 ≪朴通事≫漢語文에 대한 諺解(번역)와 註釋의 작업을 진행했음을 알 수 있다. 원본은 현재 奎章閣(奎1810)에 소장되어 있다.

7) 張相, ≪詩詞曲語辭匯釋≫:「根底, 猶云面前或旁邊也。… ≪董西廂≫三: 見鶯獨自, 明月窓前, 走來根底, 抱定款惜輕憐。≪劉知遠傳≫十一: 他心疑忌, 喚到根底… 此猶云喚到面前。… ≪小孫屠≫戲文: 身靠着屛圍, 魂夢誰根底。言魂夢在阿誰邊也。… ≪趙氏孤兒≫劇三: …在你根前習文, 送在我根前演武。此猶云你這邊, 我這邊。」(中華書局, 1991年, 頁768～770)

에 위의 用例들을 現代漢語로 구성하고 번역을 해보았다.

* 我一等不慣的人根前 → 我這樣不熟練的那裏, 多有欺滿。
  나처럼 어수룩한 사람들에게는 많이 속이는 경우가 있습니다.
* 叫將唱的根前來, 着他唱 → 叫唱的人到前邊來, 叫他們唱。
  노래를 부르는 사람들을 앞에 오라고 하여 노래를 하라고 하시죠.
* 叫將根前來說道 → 叫他到(我)面前來說話。
  앞으로 오라고 하여 말하게 하세요.
* 你誰根底學文書來 → 你在誰的面前學文書呢?
  누구에게서 글을 배웠습니까?

예를 들어 "昨天我在哥哥那兒睡的覺"를 우리말로 번역을 한다면 "어제 나는 형님한데서 잠을 잤다."라고 번역되는 이치와 같이, "根底"가 諺解되는 과정에서 "~에게", "~한데" 쓰여 졌다고 본다. "你誰根底學文書來?"의 경우, 바로 뒷글에서는 "我在漢兒學堂裏學文書來"라는 대답이 오지만, "我在漢兒那裏學文書來"라고 해답도 가능했을 것이다.

12. 滿刺嬌

質問云 : 以蓮花、荷葉、耦、鴛鴦、蜂、蝶之形, 或用五色絨綉, 或用彩色畵於段帛上, 謂之滿刺嬌。今按: "刺", 新、舊原本皆作"池", 今詳文義, 作"刺"是。"池"與"刺"音相近而訛。(≪朴通事諺解≫, 25a, 夾註)

윗글은 아래의 예문 3)번에서 볼 수 있는 '滿刺嬌' 語彙에 대한 ≪朴通事諺解≫(이하 ≪朴諺≫)[1]에서의 夾註에서 볼 수 있는 설명이다. 「연꽃 · 연꽃잎 · 연뿌리 · 원앙 · 벌과 나비 등의 모양을 오색의 실로 수를 놓거나 그림을 비단에 그린 것을 '滿刺嬌'라 한다.」라는 설명을 보았을 때, 슬갑(護膝)[2]이라는 무릎을 감싸는 토씨 비슷한 것에 원앙 등의 각종 문양을 刺繡한 圖案을 '滿刺嬌'라고 했음을 알 수 있다.

그리고 또 「'刺'를 新舊原本에서는 모두 '池'로 되어 있었는데, 문맥을 詳考하니 '刺'가 맞다. '池'는 '刺'와 소리가 비슷하기 때문에 잘못 표기되었다.」라는 뒤이은 夾註의 설명을 볼 수가 있다. 즉 ≪朴諺≫本 이전의 原本이나 舊本에서는 '滿刺嬌'가 아닌 '滿池嬌'였는데, 전후의 문맥으로

1) ≪朴通事諺解≫는 上中下 3卷(상권 76장, 중권 61장, 하권 62장)으로 肅宗 3년(1677년)에 邊暹 · 朴世華 등 12명이 편찬한 판본이다. 李聃命의 序文에 의하면 ≪老乞大諺解≫가 ≪飜譯老乞大≫를 참조하여 편찬한 것과는 달리, ≪朴諺≫은 ≪飜朴≫을 직접 보지 못하고 『老朴集覽』에만 의거하여 ≪朴通事≫漢語文에 대한 諺解(번역)와 註釋의 작업을 진행했음을 알 수 있다. 원본은 현재 奎章閣(奎1810)에 소장되어 있다.

2) 諺解에 '슬갑'으로 되어 있다. 슬갑(膝甲)은 '지난날, 추위를 막기 위해 바지위에 껴입던, 무릎까지 내려오는 옷 앞쪽에 끈을 달아 허리띠에 걸쳐 맨다.'라는 국어사전의 설명을 볼 수 있다. 漢語詞典에는 「保護膝部的用品」, 「一種用厚布做成, 用以保護膝部的裹筒」 등의 설명을 볼 수 있다.

보아 '池'字보다는 '刺'字가 옳다고 보고, 원래의 '池'字를 ≪朴諺≫에서는 '刺'字로 고쳐놓았다는 설명이다.

1) 午門外前看操馬去來。夜來兩個舍人操馬, 一個舍人打扮的 … 白絨氈襪上, 絟着一副鴉靑段子滿刺嬌護膝。
… ᄒᆞᆫ부 야쳥비단에 滿刺嬌ᄒᆞᆫ 슬갑을 ᄆᆡ엿고. (≪朴諺≫上 25a)
2) 絟着一副鴉靑段子滿刺嬌護膝。
아쳥 비단으로 즘보기 치질 고이 ᄒᆞᆫ 후시 ᄆᆡ엿고. (≪飜朴≫ 26b)
3) 繫着鴉靑緞子繡花護膝。
아쳥 비단에 繡 노흔 슬갑을 ᄆᆡ고. (≪朴新≫, 29b)

近代漢語詞典 등에서는 '滿刺嬌'라는 어휘와 그 用例는 찾을 수 없었지만, 그러나 現代漢語詞典에서는 '滿池嬌'에 대한 用例를 찾을 수가 있었다. 예를 들면 ≪漢語大詞典≫[3]에서 '滿池嬌'에 대해 '元代御衣上綉的一種圖案名'이라는 설명을 볼 수 있다. 詞典에서 그렇게 설명하고 있는 근거로, 元代의 畵家인 가구사(柯九思; 1290-1343年)의 ≪宮詞≫ 第十二首 중의 일부를 제시하고 있다:

「觀蓮太液泛蘭橈, 翡翠鴛鴦戲碧苕。說與小娃牢記取, 御衫綉作滿池嬌。」柯氏自注云: "天歷間, 御衣多爲池塘小景, 名曰'滿池嬌'。"
「호수(太液) 배를 띄워 연꽃을 감상하니, 비취색 원앙이 갈대의 꽃을 희롱하네. 어린 계집아이에게 누누이 타이르네, 임금의 적삼의 繡는 滿池嬌다라는 사실을.」柯氏는 "天歷年間에는 임금의 御衣는 대체적으로 연못의 풍경을 그려 넣었다. 그러한 繡의 도안을 '滿池嬌'라고 한다."라고 본인이 설명을 하고 있다.

柯九思는 자신의 작품 속에 나오는 '滿池嬌'에 대해서 '池塘小景(연못의 풍경)'이라고 하였다. '아름다운 연못의 全景(滿池嬌)', 즉 ≪朴諺≫ 夾

3) (漢語大詞典出版社, 1991年)

註의 설명처럼, 연못의 아름다운 풍경을 수놓은 圖案을 당시 사람들은 '滿池嬌'라고 한 것인데, 이러한 圖案을 오색의 실로 수(刺繡)를 놓았기 때문에, '刺繡'에 중점을 두고 또한 앞뒤의 문맥으로 보아 '池'가 아닌 '刺'字가 옳다고 보았던 것 같다.

'滿池嬌'라는 명칭은 宋代의 吳自牧이 지은 ≪夢梁錄≫에서도 볼 수 있고,[4] 연꽃과 원앙 등의 연못의 풍경이 그려진 花瓶[5]이나 그림, 그리고 노리개[6] 등에는 어김없이 '滿池嬌'[7]라는 이름을 쓰고 있음을 볼 수 있다.

위의 예문 2)번에서 볼 수 있듯이 ≪飜朴≫의 漢語文과 改修本인 ≪朴諺≫의 漢語文과는 똑 같지만, '滿刺嬌호 슬갑을 ᄆᆡ엿고'와 '즘보기 치질 고이호 후시 ᄆᆡ엿고(담뿍 刺繡질 곱게 한 슬갑 매다)'라고 한 諺解로 보아, ≪飜朴≫에서도 '滿池嬌'라는 명칭에 대한 정확한 이해와 인식은 없었던 것으로 보인다.[8]

---

4) 揚之水 ≪"滿池嬌"源流 - 從鴿子洞元代窖藏的兩件刺綉說起≫:「滿池嬌圖案産生于宋, 名稱出現則不晚于南宋。吳自牧, ≪夢梁錄≫卷一三, 臚擧杭城夜市中出售的各式物品, 中有"挑沙荷花滿池嬌背心兒"。只是名稱之外未作任何解釋, 圖案的具體構成便難知究竟, 與之對應的實物自然也不易确指, 不過其中有荷花是一定的。」(≪絲綢之路與元代藝術國際學術討論會論文集≫, 藝沙堂(香港), 2005年)

5) 元·青花荷塘模印滿池嬌大盤。

6) 滿池嬌鎏金銀簪。

7) 滿池嬌是一種宮廷服裝圖案的名稱, 描繪的是池塘中的花, 鳥景色。滿池嬌是元代貴族階層專用文飾, 常見諸于其織品服飾和金銀漆器之上, 元朝典章制度曾明文規定平民百姓禁用。(百度 百科)

8) 이러한 인식은 최근에 이르러서도 변함이 없는 것 같다. 예를 들면 왕하·유재원·최재영의 <朴通事諺解譯註(3)>에서도「鴉靑 비단에 곱게 수놓은 슬갑을 매었다」(中國硏究, 第40卷, 208쪽)라는 ≪飜朴≫의 언해와 똑 같은 번역을 볼 수 있고, 정승혜 등이 엮고 지은 ≪박통사 원나라 대도를 거닐다≫에서도「검푸른 비단에 滿刺嬌를 수놓은 슬갑을 매었다」(박문사, 2011년, 140쪽)라는 글을 볼 수 있다.

13. 惱(鬧)

≪華音啓蒙諺解≫(이하 ≪華諺≫)은 1883년(고종 20년)에 당시의 역관이었던 李應憲[1]이 편찬한 ≪華音啓蒙≫을 諺解하여 간행한 중국어 會話教材이다.[2] ≪華音啓蒙≫은 從來의 ≪老乞大≫·≪朴通事≫·≪譯語類解≫ 등의 中國語는 시대가 흐름에 따라 中國語와 發音이 현실과 맞지 않음을 보고, 이에 현실에서 통용되는 실용적인 중국어를 채택하고 당시의 燕京語로 표기한 이른바 '常行實用之語', 즉 현지에서 실제로 통용

---

1) 장서각에 소장되어 있는 다른 異本인 ≪華音啓蒙諺解≫에 '光緖九年癸未(1883年)印出'이라는 刊記가 붙어있는 것으로 보아 ≪華音啓蒙≫을 편찬한 李應憲이 同一한 時期에 諺解하여 펴낸 것으로 推定된다. (디지털 한글박물관(연규동) '문헌자료와 해제'에서 拔萃)

2) ≪華諺≫ 서(序)와 발(跋)이 없으며, <화음계몽>의 본문만 언해되어 있다. 회화체로 된 백화문 아래에 권점을 하고 한글과 한자를 혼용하여 언해하는 체재로 이루어져 있는데, 이 형식은 16세기 <번역노걸대> 이래 전통적으로 지켜온 것이다. 백화문의 한자에는 당시의 북경음이 한글로 달려 있다. 일반적으로 우리나라에서 펴낸 중국어 교과서에는 각 한자마다 아래에 좌측에는 속음이, 우측에는 당시 중국현실음을 기록하는 방식이 하나의 전통이 되어 왔는데, <화음계몽언해>에서 이 전통은 지켜지지 않고 각 한자마다 한글로 하나의 한자음만을 기록하고 있다. 언해문의 한자에 한자음은 달려 있지 않다. 이 책은 전사자(全史字)의 고활자(古活字)로 이루어진 2권 1책의 책으로, 비슷한 시기에 간행된 것으로 보이는 어휘집 <화어유초>와 한 질을 이루고 있는 것으로 보인다. 이와 같은 방식은 이전에 간행된 역학서인 노걸대류와 유해류의 관계에서도 찾아볼 수 있는데, 이 책의 내용 일부가 목판본 <화어유초>에 '화음계몽언해 상'이라 하여 동일한 형식으로 실려 있다. …언해문에는 한문 원문의 한자어가 번역되지 않고 그대로 사용되는 경우가 빈번하게 나타나며(예: 오기ᄅᆞᆯ 몃날이나 ᄒᆞ엿ᄂᆞ냐). (디지털 한글박물관(연규동) '문헌자료와 해제'에서 발췌)

되었던 순수한 口語를 채택하여 표기를 했다고 尹泰駿이 序文에서 밝히고 있다.[3]

≪華諺≫에서 '惱'字의 用例는 총 8번을 찾을 수 있다. 아래의 例文에서 볼 수 있는 바처럼 1)번~4)번은 '말하다'로 풀이되고 있음을 볼 수 있고, 5)번~7)번은 '(일을)하다, 일어나다'로, 8)번은 '괴이하게 여기다'로 풀이되고 있음을 諺解에서 알 수가 있다.

1) 好說回來再惱罷。(≪華諺≫上 5b)[4]
   조흔 말이여 도라와 다시 말ᄒᆞ깃다
2) 掌櫃的回來再惱罷。(≪華諺≫上 18b)
   掌櫃的아 도라와 다시 말ᄒᆞ쟈
3) 我陪着老爺惱半天的話兒。(≪華諺≫上 35b)
   ᄂᆡ 老爺ᄅᆞᆯ 모셔 半日 말ᄉᆞᆷᄒᆞ엿시ᄆᆡ<상:35b>
4) 惱半天的口。(≪華諺≫下 13a)
   半日을 말ᄒᆞ여
5) 這都是我惱的不對咧。(≪華諺≫上 16a)
   이 다 ᄂᆡ가 일을 잘 못ᄒᆞ엿노라<상:16a>
6) 惱出一場大事咧。(≪華諺≫上 34b)
   一場大事ᄅᆞᆯ 져즐너 ᄂᆡᆯ 쥴 앗시리오
7) 嗳喲險些惱出大難子咧。(≪華諺≫下 33b)
   아야 하맛 트면 큰일 날번ᄒᆞ엿다
8) 恐怕他怪惱我們。(≪華諺≫下 22a)
   저 푸건ᄃᆡ 제 우리ᄅᆞᆯ 고이히 볼가하여

---

3) 舊有≪老乞大≫ ≪朴通事≫ ≪譯語類解≫等書, 而華語之各省或異, 古今亦殊, 使驟看者轉相訛誤, 恐不無鼠璞之混, 燭盤之謬矣。今李知樞應憲, 取常行實用之語, 累加編輯, 名之曰≪華音啓蒙≫。若千字文, 百家姓, 幷用燕京話, 譯之以東諺, 開卷瞭然, 如置莊嶽而求齊語。(≪華音啓蒙≫序)

4) 本 硏究에서는 汪維輝 編, ≪朝鮮時代漢語教科書叢刊≫(中華書局, 2005年)本의 校訂本과 影印本을 참고 引用하였다.

'惱'字 일반적인 쓰임은 (1)怨恨; 發怒 (2)煩惱 (3) 引逗; 撩撥 (4) 麻煩; 打憂 등[5]이다. 그러므로 이 '惱'字 쓰임에 맞는 用例는 위의 例文 8)번일 것이다. '怪'字 또한 '責怪; 埋怨'의 의미를 가지므로, 例文 8)번 '怪惱'의 풀이는 '화를 내다, 책망하다'의 의미를 가진다. 例文 8)번의 앞뒤 문맥은 「宮에서 나온 太監이 글씨를 보고, 돈을 줄 것이니 글씨를 달라고 하자, 돈을 받으면 노여움을 살 수 있으니, 그냥 주었다」[6]라는 내용이다.

위의 예문 1)~7)번에서의 '惱'字는 '鬧'字의 通假字이다. '熱鬧(떠들썩하다)', '吵鬧(떠들다)', '鬧脾氣(고집을 피우다)', '鬧肚子(설사를 하다)', '鬧笑話(비웃음을 사다)', '鬧意見(의견이 대립되다)', '鬧着玩兒(장난치다; 희롱하다)', '鬧別扭(삐지다)' 등과 같이 現代漢語에서도 다양하게 쓰이고 있는 詞語이다.

9) 就在柴鍋裏熥上幾張煎餅做個小賣買, 你老趁熱兒也鬧一張嘗嘗, 包管是噴鼻 兒香。(≪龍圖耳錄≫ 第六五回)
솥에다 전병이나 몇 장 부쳐서 장사를 하였습니다. 따뜻할 때 한 장 드셔 보세요, 향기가 코를 진동할 것입니다.

10) 賭錢喝酒, 鬧小旦, 還接了外頭的媳婦兒到宅裏來。(≪紅樓夢≫ 第五六回)
도박과 술 그리고 계집질까지 게다가 밖에서 여인네를 집안으로 끌어들 였다.

위의 例文은 ≪近代漢語大詞典≫ 標題字 '鬧'字條 ⑬항 「泛指動作, 有幹, 辦, 搞等義, 各隨文意」[7]라는 설명과 함께 提示된 '鬧'字의 用例에

5) ≪漢語大詞典≫(漢語大詞典出版社, 1991年)

6) ≪華諺≫(下 22a) : 「去年正月是我們老大人的生日, 打宮裏頭來一位太監, 爲我們大人拜壽的, 那天把這箇對聯掛起來着, 那太監擡頭一看, 勾我拿銀子要買呢, 何敢要他的銀子麽? 若是不送給他罷, 恐怕他怪惱我們, 所以給他送去咧。」

7) 許少峯 編, ≪近代漢語大詞典≫(中華書局, 2008年)

서 발췌한 예문들이다. 즉 '鬧'字는 문맥에 따라 일반적인 동작의 행위를 나타내는 말로 쓰이는 詞語이다. 앞의 1)~4번)의 '鬧'字는 '다음에 만나서 이야기 합시다' 즉 이 말은 '노닥거리다'가 본래의 의미이고, 5)~7)번 '鬧 '字'는 (화를)일으키다' 등의 의미를 가진다.

11) 一張牛皮小不賣一兩八戔紋銀, 這个是再不能惱下來的老宗(實)價錢哪。(≪你呢貴姓≫ 12a)
 쇠가죽 한 장에 一兩八殿紋銀을 팔지 않을 것이오, 이것은 더 이상 홍정 할 수 없는 솔직한 가격입니다.

12) 你這說的是瞧不起我的話呀! 要胡弄我的話呀! 你這个明白人又是惱粧胡塗! (≪你呢貴姓≫ 17a)
 이 말씀은 날 깔보고 하시는 말씀이고, 제 말을 무시하는 것입니다. 다 아시는 분이 모르는 척 하시는군요!

위의 두 例文은 ≪你呢貴姓≫[8]에서 총 2번이 출현 되는 '惱'字의 用例이다. ≪你呢貴姓≫에서도 '惱'字 역시 '鬧'字의 通假로 쓰이고 있음을 볼 수 있다.

8) ≪你呢貴姓≫은 조선후기 고종 연간(1864-1906)에 중국어 학습을 위해 간행된 저자 미상의 중국어 회화 교습서이다.

14. 話(話兒)

≪現代漢語詞典≫[1]에서 '話(兒)'에 대한 풀이를 보면 '說出來能够表達思想的聲音, 也指把這種聲音記錄下來的文字'라고 설명되어 있고, '話(兒)'의 用例로는 '講話', 會話, 土話, 這兩句話說得不妥當'이 나열되어 있음을 볼 수 있다. 그러나 ≪近代漢語詞典≫[2]과 ≪宋元語言詞典≫[3] 등에서는 ① 話 ② 話本, 故事 ③ 事 ④ 隱指某物或某種情狀 등의 의미로 사용되고 있음을 볼 수 있다. 즉 宋, 元, 明 時代에서의 '話(兒)'는 現代漢語에서와는 달리 다양한 의미로 쓰여 지고 있었다.

1) 把山海似深恩掉在腦後, 轉關兒便是舌頭, 許了的話兒都不應口。(董解元 ≪西廂記諸宮調≫ 卷三)
   바다와 같은 은덕도 모르는척하고, 생각이 바뀌자 혀도 조화를 부려, 이미 승낙의 말조차도 뒤집어버린다.
2) 這本話乃是元朝大德年間的事。(≪初刻拍案警奇≫)
   이 이야기는 바로 元나라 大德년간에 있었던 일이다.
3) 顧三郎悄悄問道: 那話兒歇在那裏? 撁船上人應道: 只在前面一里之地。(≪古今小說≫卷二一)
   顧三郎이 살며시 묻는다 : 그것은 어디에 대었소? 뱃사람이 대답했다: 한 마당 떨어진 앞쪽에 있소.
4) 不合道, 渾如那話, 初出産門來。(董解元 ≪西廂記諸宮調≫ 卷二)
   할 말은 아니지만, 마치 그것은 산도에서 막 빠져나온 것 같았다.

---

1) (中國社會科學院語言研究所詞典編輯室編, ≪現代漢語詞典≫(修正本), 商務印書館, 2001年)
2) (高文達 主編, ≪近代漢語詞典≫, 知識出版社, 1992年)
3) (龍潛庵 編著, ≪宋元語言詞典≫, 上海辭書出版社, 1985年.)

5) 監倉官云: 今日開倉放米, 若有使用到的, 我早散與他; 但是不與我錢的, 遲遲的打發他。…兀那弓兵! 有那話的, 便先打發他糧; 無那話的, 且着他靠後! (≪鬧銅台≫劇 頭折)
監倉官이 말한다 : 오늘 창고 문을 쌀을 방출할 것이다, 만약 (돈을)쓴 사람이 있다면, 내 일찍 나눠줄 것이요, 그러나 돈을 주지 않은 사람은 천천히 나눠줄 것이다. 병사들! 그것을 가진 사람은 먼저 식량을 줄 것이다; 그게 없다면, 뒤로 물러서라!
6) 多是那話兒見我們在此, 想躲在黑暗裏去了。(明·王錂 ≪春蕪記·阻遇≫)
아마도 그 작자가 우리가 여기 있음을 보고, 컴컴한 곳으로 숨은 것 같습니다.

위의 예문 1)번은 글자 그대로의 '話', '說話'의 의미로 쓰였고, 예문 2)번은 '話本', '故事'를 나타내고 있으며, 예문 3)~ 5)번은 암묵적으로 무엇을 지칭하는 의미로 쓰이고 있음이다. 즉 예문 3)번의 '那話兒'는 '船'을 대신 지칭하고 있고, 예문 4)번의 '那話'는 '胎兒'를 대신하고 있으며, 예문 5)번의 '有那話的', ' 無那話的'는 모두 '錢'을 지칭하고 있는 것이다. 이 세 개 用例의 전후 상황을 살펴보면, 직설적으로 밝힐 수 없는 상황이나 사물을 '話(兒)'이 대신하고 있음이다. 즉 예문 3)번의 '那話'는「그것(배)은 어디에 두었는가? 가까운 곳에 있으니 안심해!」정도의 말투로 보이고, 4)번은「法聰和尙이 鶯鶯의 일가족을 구하기 위하여 얼굴이 온통 피범벅 되어 적진을 돌파하는 과정에서 이제 막 産道에서 나온 핏덩어리 胎兒의 형상」을 '那話'로 대신하여 직설적인 표현을 피하고 있는 것으로 짐작이 되고, 예문 5)번의 '那話'는 '錢'을 隱語的으로 지칭하고 있으며, 예문 6)번의 '那話兒'는 '宋玉'이라는 사람은 대신하고 있는 것이다. '話'의 이러한 쓰임은 近代漢語를 풀이하는 사전에서도 볼 수 있다. 예를 들면 高文達 主編의 ≪近代漢語詞典≫에서는 '話'는 那'字와 함께 쓰여 '某種의 事物과 情況 등을 隱語的'으로 나타낸다고 설명하고 있거나,[4] 또 다른 사전에서는 '話'는 '分明하게 밝힐 수 없는 사람이나 사물을 대신 한다'라는 풀이를 볼 수가 있다.[5] 위의 예문 3)～5)번에서 모두 이러한 형식을 갖추고 쓰이고 있는 用例들이다.

7) 你這月盡頭到的北京麽, 到不得? (飜老 上 2a)
:네·이·ᄃᆞᆯ·그·믐·ᄭᅴ, 北京의 갈·가, 가·디 :몯 ᄒᆞᆯ·가
당신들은 이달 그믐쯤 북경에 갈 수 있을까요? 못 할까요?
知他,
모·로·리로·다
모르겠습니다
那話怎敢說?
그 :마·ᄅᆞᆯ :엇·디 니ᄅᆞ·리·오
그런 말을 어떻게 할 수 있습니까?
天可憐見, 身已安樂時, 也到。
하ᄂᆞᆯ·히 :어·엿·비 너·기·샤,·모·미 편안ᄒᆞ·면, 가·리·라
하늘이 불쌍히 여겨서 몸이 괜찮으면 가겠지요.

위의 예문 7)번은 崔世珍이 諺解한 ≪飜譯老乞大≫(이하 ≪飜老≫)本[6]의 한 구절이고, 諺解 아래의 굳은 書體의 글은 鄭光이 譯註한 力著[7]에

4) 高文達 主編, ≪近代漢語詞典≫:「話兒 : 隱指某物或某種情況。常與'那'字連用。亦作'話'」(知識出版社, 1992年, 313쪽)

5) 羅竹風 主編, ≪漢語大詞典≫:「話 : 指代不便某明說的人或事物。又言'東西'。」(漢語大詞典出版社, 1993年, 卷十一, 176쪽)

6) 本稿에서 引用하고 있는 ≪飜譯老乞大≫는 鄭光 監修, 國語史資料硏究會 ≪譯註飜譯老乞大≫(太學社, 06年)本으로, 引用의 편리함을 때문에 漢語本文과 정리된 諺解를 그대로 옮겼다. 同書의 凡例 첫 구절에 '原典으로는 大提閣 影印本인 原本 國語國文學 叢林<12>의 飜譯老乞大(上)과 <23>의 飜譯老乞大(下)를 사용하였다'라고 原典의 出處를 밝히고 있다. 이에 本稿에서는 '飜譯老乞大 上卷 2쪽 a面'의 경우, 편의상 ≪飜老 上 2a≫라고 표기하기로 한다.

7) 鄭光 역주·해제, ≪原本老乞大≫(太學社, 1995年, 34쪽과 40쪽)

서의 번역을 그대로 옮긴 것이다. 여기서 筆者가 문제를 제기하는 것은 '那話怎敢說'에 대한 해석이다. 즉 이 구절에서 볼 수 있는 '話'字에 대한 觀點인 것이다. 筆者는 처음 이 구절에서 '那話'의 '話'를 접했을 때, '講話, 會話, 這兩句話說得不妥當'처럼 '那句話' 또는 '那種話'의 '話'로 풀이를 하였다. 이에 朝鮮 中宗 때의 崔世珍도 현대의 우리와 마찬가지로 時代가 다른 어떤 특정의 語彙를 번역함에 있어 그 시대의 관점으로 번역을 함으로서 誤譯을 할 수도 있다는 假定을 해보았다.

'那話'의 출현은 현존하는 老乞大版本 가운데 가장 이르다는 ≪原本老乞大≫(이하 ≪原老≫)[8]에서도 '話'자의 쓰임을 볼 수 있다. ≪原老≫에서의 '話'字의 쓰임은 총15차례인데 , 그 가운데 13차례가 '說話'의 '話'의 의미로 쓰였고, 나머지 2차례는 '那+話' 즉 '那話'의 형태로 쓰이고 있음을 볼 수 있었다.

8) 有人問著, 一句話也說不得時, 教別人將咱每做甚麼人看? (≪原老≫ 36)[9]

---

8) ≪原本老乞大≫는 1998년 경북대학교 南權熙교수가 최초로 古本≪老乞大≫를 發見 한 후, 정리를 거쳐 2000년 경북대학교 출판부에서 ≪元代漢語本老乞大≫라는 서명으로 출판되었고, 같은 해 北京外語教學與研究出版社에서 ≪原刊老乞大研究≫이라는 書名으로 각각 출판되었다. 2002년에 北京外語教學與研究出版社에서 修訂本(鄭光 主編)을 다시 出版하면서 ≪原本老乞大≫라고 改名을 하였다. 이에 或者는 "舊本老乞大" 또는 "元本老乞大", "古本老乞大" 等으로 부르고 있는데, 최근 발견된 ≪原本老乞大≫가 이른바 崔世珍이 ≪老乞大集覽≫等에서 언급한 "古本", "舊本"인지는 알 수가 없고, 또한 ≪老乞大≫의 최초의 原本인지도 알 수는 없다. 다만 鄭光이 최근 중국과 한국에서 각각 ≪原本老乞大≫라고 書名으로 解題와 譯註를 하였고, 본 논문도 鄭光 譯註解題의 ≪原本老乞大≫(2004년, 김영사)에서 原文과 譯註를 참고하였음으로 이에 ≪原本老乞大≫라는 書名을 쓰기로 하였다.

9) 本稿는 譯註 등의 편리함 때문에 鄭光 譯註解題의 ≪原本老乞大≫本을 藍本으

사람들이 물어보는데, 한 마디도 말하지 못한다면, 다른 사람들이 우리를 어떤 사람으로 보겠습니까?

9) 我問你些話。我先番大都來時, 你這店西約二十里來地, 有一坐橋塌了來。(≪原老≫ 96)

제가 좀 묻겠습니다. 제가 지난 번 大都에서 왔을 때, 이 가게 서쪽의 이 십 리 지점에, 다리가 무너졌습니다.

10) 主人家恁說那裏話? 好人歹人更不認的那? (≪原老≫ 168)

주인장께서는 무슨 말씀이십니까? 좋은 사람인지 나쁜 사람인지 어찌 모르겠습니까?

11) 到明日再說話。(≪原老≫ 221)

내일 다시 이야기 합시다.

위위 예문 8)번에서 11)번까지의 '話'는 '說話'의 '話'의 의미로 쓰인 경우이고, 아래의 예문 12)번과 13)번이 이른바 '隱語的'인 표현으로 쓰인 경우라고 보겠다. 예문 12)번과 13)번의 한글 번역문은 鄭光 역주·해제 ≪原本老乞大≫[10]에 있는 原文을 그대로를 옮겨 놓은 것이다.

12) 恁這月盡頭到的大都那到不得?

당신들, 이 달 말에 大都에 도착할 수 있겠소?

知他, 那話怎[11]敢道, 天可憐見, 身已安樂呵, 也到得有。

어떻게 할 수 있습니까? 그런 것은 감히 말할 수 없겠지요. 하늘이 돌봐주시어 몸이 건강하면 아마도 도착할 수 있겠지요.

13) 這一兩牟也昏。

로 삼았고, 이에 (原老 36)은 鄭光 譯註解題의 ≪原本老乞大≫ 36쪽을 나타내는 말이다. 또한 副本으로는 汪維輝 編, ≪朝鮮時代漢語教科書叢刊≫ (中華書局, 2005年) 2卷의 影印本을 참고하여 교정을 하였다.

10) 鄭光 譯註·解題, ≪原本老乞大≫(太學社, 2004年)

11) ≪原老≫本에는 '怎'字가 보이지 않으나, 原典(汪維輝編'朝鮮時代漢語教科書叢刊')에서는 '怎'字가 보이고 있다.

이 한 냥 반짜리 지폐도 흐리게 보이는데요.
你却休謊, 恰早來喫飯處貼將來的鈔。
함부로 지껄이는 것이 아니야. 아침에 밥 먹는 데서 거스름돈으로 받은 지폐라니까.
儘教。胡留下者, 便使不得也罷。
됐어요, 어쨌든 두고 가시죠. 쓰지 못해도 할 수 없지.
你要那話怎麽? 使不得呵, 你肯要那?
당신 말을 그렇게 하는 것이 아니야. 쓰지도 못하는 것을 당신이 달라고 하겠어?

위의 예문 12)번과 13)번의 문제는 '話'를, '說話'의 '話'로 간주하여 번역을 했기 때문에 本文의 의도와는 전혀 다르게 번역되고 있다고 본다. 즉 위의 예문 13)번의 '你要那話怎麽'에서의 '要'는 '달라고 하다', '요구하다'의 의미를 가지는 動詞이고, '那話'는 '錢(昏鈔)'을 대신하고 있으므로 現代漢語의 '你要那種錢(昏鈔)幹甚麽?' 또는 '你爲甚麽要我那種使不得的錢呢?' 등으로 바꿔 놓을 수가 있을 것이다. 또 그래야만 예문 13)번의 전체적인 의미가 맞아 떨어지는 것이다. 아무리 번역을 폭넓게 한다고 해도 '你要那話怎麽'를 '당신 말을 그렇게 하는 것이 아니야'라고 번역할 수는 없는 것이다.

또한 예문 12)번의 '那話怎敢道'의 '那話'는 '期日 안에 도착할 수 있을지 없을지의 그러한 것'을 대신하고, '道'는 흔히 쓰이는 '말하다'의 '說'로 보고 '그것을 어찌 말할 수 있겠소'라고 번역할 수 도 있겠지만, 여기서의 '道'는 '말하다'의 '說'보다는 추측의 의미를 가지는 '料', '豫料'의 의미로서 해석이 되어야지만 전체적인 문맥이 통한다고 본다('道'의 이러한 쓰임은 앞의 제9장 '道'條目에서 토론을 하였다). 그러므로 '那話怎敢道'는 '등짐을 지고 수 백리 험난한 길을 걸어 期日안에 무사히 목적지인 大都에 도착할 수 있을지를 어찌 예상할 수 있다는 말이요'라고 의역을 할 수 있을 것이다. 즉 '如期能到大都的那種事, 怎麽可以豫料到呢? (但是)天老爺可憐着, 身體

平安的話, 也許可以到'의 의미인 것이다. 아래 예문 14)번과 15)번은 '那話'를 본래의 의미인 隱語的 指代詞 쓰임에 맞추어 번역을 하였다.

14) 恁這月盡頭到的大都那到不得?
당신들은 이번 달 말에 大都에 도착할 수 있나요?
知他,[12] 那話怎敢道? 天可憐見, 身已安樂呵, 也到得有。
어찌 알겠소? (험난한 여정을 헤치고 期日 안에 도착 여부 등은) 그것을 어찌 예측할 수 있다는 말이요? 하늘이 (우리를)어여삐 여기시고, 몸이 성하다면 도착할 수는 있을 것을 것이요.
15) 這一量半也昏。
이 한 냥 반짜리도 흐리게 보이오.
你却休謊, 恰早來喫飯處貼將來的鈔。
말을 함부로 하지 마시오, 아침에 밥 먹을 때 거스름돈으로 가져온 것이 요.
儘教, 胡留下者。便使不得也罷。
됐어요, 그냥 받겠소, 설령 사용하지 못하더라도 별 수 없지요.
你要那話怎麽? 使不得呵, 你肯要那?
당신은 어째서 그런걸(그 쓰지도 못할 돈을)받는 것이요? 사용할 수 없다면, 당신이 받기나 하겠소?

이러한 상황은 ≪飜譯老乞大≫(이하 ≪飜老≫)[13]에 이르러 '知他, 那

12) 知他 : '知他'는 宋元代에 유행했던 반어문의 한 형식으로, '어찌 알겠는가?', '알 수 있는가?' 등으로 해석할 수 있다. 元 王伯成 ≪天寶遺事≫祿山謀反【三煞】:「動無喘息行無汗, 坐也昏沉睡不安, 兩行淚道漬成斑。每日家做伴的胡友胡兒, 胡舞胡歌, 胡吹胡彈, 知他是甚風範?」拙稿, ≪노걸대어휘고≫(중국어문논총, 제39집).

13) ≪飜譯老乞大≫는 ≪老乞大≫를 中宗朝 崔世珍이 諺解한 것이다. 上下 兩卷으로 된 木版本인데 上卷이 71張, 下卷이 73張이다. 이 板本의 名稱은 원래 그대로 ≪老乞大≫로 되어 있으나 그렇게 되면 漢語本의 名稱과 구별이 되지 않고, 그렇다고 ≪老乞大諺解≫로 하면 重刊本과의 혼란이 생기므로 이에 四聲通解에 붙어 있는「飜譯老乞大朴通事凡例」란 기록에 의지하여 ≪飜譯老乞大≫로 通稱하게 된 것이다. 또한 이 책에는 序跋이나 刊記가 없어 정확한 年代를 알 수 없었는

話怎敢道'는 '知他, 那話怎敢說', 즉 '道'를 '說' 로 바꾸어져 있음을 볼 수 있고(아래 예문 16번), '你要那話怎麼'의 구절은 ≪飜老≫에서는 '那話'가 削除되어 '怎麼使不得'로 전혀 다른 문장으로 改修되었음을 볼 수가 있다[14](아래 예문 17번).

16) 知他, 那話怎敢說? 天可憐見, 身已安樂時, 也到。(飜老 上 2a)[15]
모로리로다, 그 :마ㆍ룰 :엇ㆍ디 니ᄅᆞㆍ리ㆍ오. 하ᄂᆞᆯㆍ히 :어ㆍ엿ㆍ비너ㆍ기ㆍ샤,ㆍ모ㆍ미 편안ᄒᆞㆍ면, 가ㆍ리ㆍ라.

17) 這們的好銀子, 怎麼使不得? 今早起喫飯處 貼將來的銀子。(飜老 65b)
이런 됴흔 은을, 엇디 쓰디 못 ᄒᆞ리오? 오ᄂᆞᆯ 앗ᄎᆞᆷ 밥 먹은 ᄀᆡ셔, 팀 바다 가져온 은이라.

'怎'은 '怎麼', '如何'의 의미로 해석할 수 있으므로 "那話怎敢說" 諺解의 풀이처럼 '(기일 안에 당도 할 수 있을지 없을지) 그 :마ㆍ룰 :엇ㆍ디 니ᄅᆞㆍ리ㆍ오'라고 해석도 가능하다고 본다.

데, 이 凡例로 인해 이 책이 적어도 四聲通解의 刊年인 中宗12년(1517)이전에는 완성되었으리라고 보는 것이다(金文雄≪重刊老乞大諺解≫解題에서 인용). 본고의 原典으로는 大提閣(1974年, 影印本)韓國古典叢書(復元版)≪飜譯老乞大 朴通事≫(上)과, 鄭監 監修, 國語史資料硏究會譯註 ≪譯註飜譯老乞大≫(太學社, 1995年)本을 사용하였다.

14) ≪原老≫에서 '(那)話'가 隱語적인 의미를 가지는 指代詞로 해석되어야 한다는 견해에 대하여, 그 用例가 한두 개에 지나지 않아 '孤例'라 하여 인정할 수 없다는 의견도 있을 수 있을 것이다. '孤例'라 함은 다른 문헌에서도 찾을 수 없고, 오직 ≪老乞大≫에서만 볼 수 있는 事例를 말함 일 것이다. 예를 들어 본문의 인용문 4)번에서 제시한 '不合道, 渾如那話, 初出產門來'의 구절도, '董解元 ≪西廂記諸宮調≫' 작품에서 딱 한 번 볼 수 있는 '那話'의 用例인 것이다.

15) (飜老 上 2a)이라 함은 ≪飜譯老乞大諺解≫本을 말함이고, '上 2a'는 '上卷, 2쪽 a면'을 의미한다.

아래 예문 18)번~20)번의 '那等言語', '那言語', '那等的話' 등의 어구는, '那話'와 비슷한 구조를 하고 있다. 이와 같은 用例는 아래의 예문에서처럼 비록 ≪原老≫에서 두 번과 ≪飜老≫에서는 단 한 차례만을 볼 수 있지만 '你要那話怎麽'와 '那話怎敢道' 등에서 볼 수 있었던 隱語的 指代詞 의미를 가지는 '那話'와는 확연한 차이가 있다고 본다.

18) 恁怎說那等言語? (≪原老≫ 393)
당신은 어찌 그런 말을 하시는 것입니까?
19) 達達家比喩說你了不得, 我嘍儸有, 那言語休說者。(≪原老≫ 345)
위사람(몽고 사람)이 예를 들어 '당신이 대단해'라고 한다면, '제가 똑똑 하지요'라는, 그런 말을 하지마라.
20) 你怎麽說那等的話? (≪飜老≫ 62b)
:네 ·엇디 그:런 :말 니ᄅᆞᄂᆞ다
당신은 어찌 그와 같은 말을 하시오?

즉『老乞大』時代에서의 '話' 또는 '那話'라는 어휘는 어떤 사물이나 情況을 隱語的으로 나타내는 특수한 쓰임의 어휘로 쓰였고, 예문 19)번~20)번에서처럼『老乞大』의 時代에서는 '말' 또는 '언어'를 지칭하여 쓰고자 할 때는 指代詞 '那' 뒤에 '話'라는 어휘 대신에 '言語'라는 어휘를 쓰거나 또는 다른 指代詞 '那等'을 사용을 하여 '那話'와의 쓰임과 구분을 했다고 본다.

21) 底似的漢兒言語說不得的上頭, 不敢說語, 他每委實不是歹人。(≪原老≫ 168)
중국어를 잘 못하는 관계로 말을 하지 않는 것이지, 정말로 나쁜 사람은 아닙니다.
22) 這牙家說的價錢, 哏是本分的言語。罷, 罷。咱每則依牙人的言語成了罷。(≪原

老≫ 259)
이 중개인이 말하는 값이, 매우 이치에 맞는 말이요. 관둡시다. 중개인의 말대로 합시다.

23) 我這高麗言語, 只是高麗地面裏行的。過的義州, 漢兒地面來, 都是漢兒言語。(≪飜老≫ 5b)
우리 고려 말은 고려에서나 통하지요. 의주를 지나, 중국 땅에 들어서면, 온통 중국말입니다.

24) 這大哥, 甚麽言語? 你是熟客人, 咱們便是自家裏一般, 我怎麽敢胡說。(≪飜老≫ 18b)
형씨는 무슨 말씀을 하시는 겁니까? 형씨는 단골이시고 우리는 한 가족 과 같은데, 내 어찌 함부로 말을 하겠습니까?

위의 용례 21)번과 22)번에서 볼 수 있는 것처럼 ≪原老≫에서는 '話'의 의미를 가지는 '言語'의 語彙도 '話'와 비슷한 10차례나 사용된 用例를 찾아 볼 수 있었고, ≪飜老≫에서도 같은 숫자의 用例(23번, 24번)를 찾을 수가 있었다.

그런데 제일 늦은 改修本이라고 할 수 있는 ≪老乞大新釋≫(이하 ≪老新≫)[16]에서도 '話'字의 隱語的 쓰임, 즉 '話'字가 여전히 指代詞로 쓰이고 있음을 볼 수가 있다.[17] 아래 예문의 27)번 '這話我不能料'가 바로 그것이다.

16) ≪老乞大新釋≫(1761年)은 ≪老乞大≫의 改修本이다. ≪老乞大≫ 이후 약 300년 만에 改修되어 편찬된 ≪老乞大新釋≫本은 상당한 語彙의 변화가 보이므로 이 또한 연구의 藍本으로 삼았다. ≪老乞大新釋≫보다 약 40년이 늦은 시기에 編纂된 ≪重刊老乞大≫(1795年)本은 일부의 語彙가 ≪老乞大≫시대로 回歸된 측면이 보인다는 견해가 있다.

17) 指代詞로서의 '那話(兒)', 즉 隱語的 의미로 쓰이는 '那話(兒)'의 用例는 本文의 예문 4~6)번에서 볼 수 있듯이 明代의 많은 작품에서 그 用例를 찾아볼 수 있고, 아래의 例文에서 볼 수 있는 바처럼 淸代의 작품에서도 '那話(兒)'의 用例를 쓰이고 있음을 볼 수가 있다. 淸·無名氏 ≪十醋記≫三二【秋蕊香】白:「我看郭子儀是好人, 那話兒且慢些動手。」(王學奇 王靜竹 撰著, ≪宋金元明淸曲辭通釋≫, 語

27) 你這箇月底能到北京麽到不得呢?
이달 말에 북경에 도착할 수 있을까요?
這話我不能料。萬一天可憐見, 身體平安, 想來也可到了。(≪老新≫ 1a)
그러한 것은 예측 할 수가 없지요. 요행으로 하늘이 어여삐 여기시고, 몸이 평안하다면, 도착할 수도 있을 것입니다.

28) 這樣好銀子, 還說使不得? 今早我們在吃飯處找來的銀子。
이렇게 깨끗한 銀子를 사용할 수 없다는 말이요? 오늘 아침 우리가 밥 먹는 곳에서 거슬러온 銀子요.
罷罷。將就留下着, 便使不得也罷了。
관둡시다. 그냥 받겠소, 설령 사용치 못한다 하더라도 할 수 없지요.
你說甚麽話! 若果然使不得, 你肯要麽? (≪老新≫ 21a)
무슨 말을 하시오! 만일 정말 사용할 수 없다면, 당신이 받기나 하겠소?

위의 예문 29)번에서 볼 수 있듯이 ≪原老≫에서의 '那話怎敢道'는 ≪飜老≫에서는 '那話怎敢說'로 나타나고 ≪老新≫)에 이르러서는 '這話我不能料'로 改修되었지만, "話"字의 쓰임은 변화가 없는 것이다(아래 예문 29번). 그러나 예문 28)번에서 볼 수 있는 것처럼 ≪原老≫에서의 '你要那話怎麽'는 ≪飜老≫에서 '你怎麽說那等的話'로 改修되었고 ≪老新≫에 이르러서는 아래 예문 28)번의 '你說甚麽話'처럼 改修되어 있음을 볼 수 있다(아래 예문 30번).

29) 那話怎敢道 (原老) → 那話怎敢說 (飜老) → 這話我不能料 (老新)
30) 你要那話怎麽 (原老) → 這們的好銀子 (飜老) → 你說甚麽話 (老新)

'那話怎敢說'를 ≪飜老≫에서는 '그 :마·를 :엇·디 니ᄅ·리·오'로 번역하였고, ≪老新≫에서도 마찬가지로 '這話我不能料'에서의 '話'를 '말

文出版社, 2002年, 760쪽)

하다'의 '話'로 보고 '이 말을 내 能히 혜아리지 몯ᄒᆞᄂᆞ니'로 언해하고 있다. 여기서 지적하고 싶은 것은 우리는 선현들의 諺解類의 자료를 그대로 신뢰한다는 점이다. 즉 현제의 우리가 諺解本의 漢語를 해석함에 있어, '諺解의 해석이 이러함으로 이러하다'의 식으로 비판 없이 받아들이는 경향이 있다고 본다. 그러나 諺解하는 과정에서 誤譯을 할 수도 있고, 改修를 잘못할 수도 있는 것이고, 時流에 맞는 어휘를 골라 덧붙이거나 빼는 등의 고침도 있을 수 있는 것이다.

위의 예문 29)번의 改修과정을 이렇게 상상해 보았다. ≪原老≫ '那話怎敢道'에서의 '道'를 ≪飜老≫에서는 '說'로 잘못 해석하였고, ≪老新≫는 ≪原老≫에서의 '道'를 '예상하다, 짐작하다'의 의미로 보고 '料'字로 改修하지 않았을까? ≪原老≫, ≪飜老≫, ≪老新≫의 著者는 '話'를 指代詞의 의미로 보고 계속 취하고 있었는데, 諺解者가 '話'를 '말하다'의 '話'로 보지는 않았을까? 또한 예문 30)번의 경우, 改修者가 그 당시 일상회화에서는 '那話'는 유행에 처진 語彙라고 판단하여 '你要那話怎麽' 구절을 삭제하고 '這們的好銀子'와 '你說甚麽話'와 같은 전혀 다르게 고쳤다고 볼 수도 있는 것이다.

15. 家

≪朴通事諺解≫(이하 ≪朴諺≫)[1]에서 '家'字의 출현은 총 137번이다. 아래의 用例 1)번에서 3)번까지는 現代漢語에서도 흔히 볼 수 있는 '家'字의 일반적인 쓰임이다.

1) 看那人家墻壁都倒了, 你家墻如何? 我家墻也倒了幾堵。(≪朴諺≫上 9b)
   다른 집의 담장들이 무너졌는데, 仁兄집 담장은 어떻습니까? 우리 집 담장도 몇 군데가 무너졌습니다.
2) 馬只寄在這人家裏。(≪朴諺≫上 11a)
   타고오신 말은 이 집에 잠시 맡겨 놓으세요.
3) 那裏做生日來? 八里庄梁家花園裏做來。(≪朴諺≫上 66b)
   어디서 생일상을 차렸습니까? 八里庄에 있는 梁씨네 花園에서 했습니다.
4) 你是佛家弟子。(≪朴諺≫上 36a)
   그대는 불가에 귀의한 사람이다.
5) 這裏有獸醫家麽? (≪朴諺≫上 38a)
   이곳에 수의사가 있습니까?
6) 對月又做個大筵席, 女孩兒家親戚們都去會親。(≪朴諺≫上 46a)
   신혼 한 달이 되면 또 큰 잔치를 벌이게 되는데, 색시 집안의 친척들이 초대되어 가지요.

---

1) ≪朴通事諺解≫는 上中下 3卷(상권 76장, 중권 61장, 하권 62장)으로 肅宗 3년(1677년)에 邊暹·朴世華 등 12명이 편찬한 판본이다. 李聃命의 序文에 의하면 ≪老乞大諺解≫가 ≪飜譯老乞大≫를 참조하여 편찬한 것과는 달리, ≪朴諺≫은 ≪飜朴≫을 직접 보지 못하고『老朴集覽』에만 의거하여 ≪朴通事≫漢語文에 대한 諺解(번역)와 註釋의 작업을 진행했음을 알 수 있다. 원본은 현재 奎章閣(奎1810)에 소장되어 있다.

그리고 위의 예문(4~6번)에서 볼 수 있는 '佛家', '女孩兒家', '獸醫家'에서의 '家'의 경우, 일부 명사 뒤에 붙는 접미사로 그 부류에 속한 신분이나 직업 등을 나타낸다. '家'의 이러한 용법은 近現代漢語에서는 물론이고 멀리 唐代에서도 그 用例를 찾을 수가 있다.[2]

7) 酒來後, 滿盞家沒命飮, 面磨羅地甚情緖, 吃着下酒, 沒滋味似泥土。(金·董解元 ≪西廂記諸宮調≫卷三)
술상이 나오자 술잔 가득 마셔대고, 마음은 멍해져서 술을 넘기지만 맛이 없어 흙을 씹는 듯하다.
8) 此女頗不賢慧, 數次家和小生作鬧, 小生只得將就, 讓他些罷了。(元·無名氏 ≪漁樵記≫第一折)
이 여인은 지혜롭지 못하다. 여러 차례 小生과 싸웠지만, 소생은 관용을 베풀었고, 양보를 하였습니다.
9) 成日家聽見你在女孩們身上做工夫, 怎麽今兒個就發起赸來了? (≪紅樓夢≫第七十七回)
하루 종일 여자들에게 공을 들인다고 들었는데, 어찌하여 지금은 빼려고 하는가?
10) 哥哥比兄弟多一片家狠心腸。(元·無名氏 ≪殺狗勸夫≫楔子)
형은 동생보다 악한 마음이 하나가 더 있다.
11) 雖然我六旬過血氣衰, 我猶敢把三五石家硬弓開。(元·無名氏 ≪小尉遲≫ 第二折)
비록 나는 육순이 넘어 기력이 없지만, 난 댓 섬의 强弓도 당길 수가 있다.

위의 예문에서의 '家'는 名詞(數量詞)와 動詞 또는 副詞 뒤에서 ' 家'의 형식을 이루어 狀語와 定語 등의 용법으로 쓰이고 있는 近代漢語에서

---

2) 太田辰夫 著, ≪中國語歷史文法≫:「接尾辭 "家" 附于名詞之後, 是表示和它共同的性質, 身分職業等等的。例如。"小孩子家" "姑娘家"。這種"家" 唐代已經用了。霓裳禁曲無人解, 暗問梨園弟子家。(于鵠詩) 淸代的例子如: 況且我是寡婦家(紅12)。」(北京大學出版社, 1987년)

흔히 볼 수 있는 '家'字의 用例이다. 위의 예문 7)번에서 9)번까지의 '家'는 結構助詞 '地'처럼 動詞를 수식하는 '狀語'의 기능을 하고 있음을 볼 수 있고, 10)번과 11)번에서의 '家'는 結構助詞 '的'와 같은 성격으로 名詞를 수식하는 '定語'로서의 역할을 하고 있음을 볼 수가 있다. 이러한 '家'에 대해서 학자들은 '助詞'[3] 또는 '結構助詞(狀態助詞)'[4] 또는 '語尾助詞'[5] 등으로 부르고 있다.

아래의 예문은 ≪朴諺≫에서 찾을 수 있는 '家'字가 構造助詞로서 쓰이고 있는 用例들이다. 아래의 예문가운데 17)번 '一日吃三頓家飯'에서의 '家 '는 定語로서 構造助詞 '的'와 같은 기능을 하고 있음을 볼 수 있고, 나머지는 모두 構造助詞 '地'와 같은 기능을 하고 있음을 볼 수 있다. 즉 ' 家'의 構造를 이루어 뒤의 動詞(句)를 수식하는 狀語의 기능을 하고 있는 것이다.

12) 將車子來載。那的有四箇小車兒, 一車兩擔家推將去。(≪朴諺≫上 13a)
수레를 가져와 실으시오. 저기 외발수레 네 대가 있는데, 수레 하나에 두 짐(擔)씩 실어 가겠습니다.

---

3) 高文達 主編, ≪近代漢語詞典≫ :「亦作"價", "加", "介", "假"。助詞。用于狀語之後, 略當于現代漢語助詞"地"。」(知識出版社, 1992年)

4) 香坂順一 著, ≪水滸詞匯研究(虛詞部分)≫ :「與"地"相同的結構助詞還有"價", 又音通作"假", "家"。此助詞的時間上限尚未詳知, 但已在平話中多見, 或許大致上從宋代開始使用。≪董西廂≫中能見"每日價"(1卷), "盡日家"(7卷) … "正在醉中鼾鉤鉤地價睡(술에 취해서 코를 골면 잠을 자고 있다)" … "鼾鉤鉤地價"不是"鼾鉤鉤 / 地價", 而是"鼾鉤鉤地 / 價"。ABB本身表示狀態, "ABB地"也表狀態(都用于謂語, 補語), 是形容詞。由此可見, 此種"地"用于謂語, 補語時, 與其看作結構助詞, 不如看作"狀態助詞"更適當。」(文津出版社, 1992年)

5) 顧學頡 王學奇 ≪元曲釋詞≫卷二:「上舉"家", "價"等字, 用爲語尾助詞, 相當於今之"地, 個, 兒"等字。」(中國社會科學出版社, 1984年)

13) 絟在涼處, 着抱子刮的乾淨着。一日三遍家, 每日洗刷鉋的乾乾淨淨地。… 十個人一宿家輪着喂, 那們時不渴睡。(≪朴諺≫上 21a)
시원한 곳에 메어 두고, 털을 빗는 솔로 잘 빗겨줘야 합니다. 날마다 세 번 씩 매일 씻기고 빗겨줘서 깨끗이 해야 합니다. … 열 사람이 밤새 돌아가면서 먹이를 먹이라고 하세요, 그렇게 하면 잠이 모자라지 않을 것입니다.

14) 咱十數個弟兄們去時勾了。一邊五個家分着射。(≪朴諺≫上 54b)
우리 열 두어 명의 친구들이 가면 충분합니다. 한 편에 다섯 명씩 편을 갈라 쏩니다.

15) 多少一板? 二錢半一板家。吃我的飯時, 錢半一板! 你來, 休愛惜那飯。一日三頓家饋他飽飯吃。(≪朴諺≫上 10a)
담 한 판(板) 쌓는데 얼마요? 한 판(板)에 二錢半이요. 밥을 먹여주면, 錢半에 한 판(板)이겠군요. 아이쿠! 그 밥 한 그릇 아끼지 마시오. 하루 밥 세 끼 배부르게 먹이세요.

16) 六箇獐皮每一箇三錢家筭時, 通該一兩八錢。(≪朴諺≫上 30a)
여섯 장의 전피가 장 당 삼전(錢)씩 계산을 한다면, 모두 한 냥(兩) 팔 전(錢)이오.

17) 這幾個賊漢們, 一日吃三頓家飯, 每日家閑浪蕩做甚麽? (≪朴諺≫中 18a)
이 도독 같은 놈들은, 하루에 세 끼의 밥을 쳐 먹고(하루에 밥을 세 끼씩이나 쳐 먹고), 날마다 어영부영 뭘 하는 것이야?

18) 那般時, 咱兩箇來去, 咱商量了放下定錢。他不曾開鋪的, 似不肯家畫麽, 也不要工錢, 相識們十分央及時, 沒奈何畫。(≪朴諺≫下 40b)
그렇다면 우리 둘이 가서 서로 상의를 한 다음 계약금을 줍시다. 그분은 (그림)가게를 낸 것도 아니고, 그림을 그릴 것 같지도 않고, 품삯도 받지 않을 것입니다. 아는 사람이 간곡하게 부탁을 하면 어쩌지 못하고 그리긴 합니다.

그렇다면 우리 둘이 가서 서로 상의를 한 다음 계약금을 줍시다. 그분은 (그림)가게를 낸 것도 아니고, 그림을 그릴 것 같지도 않고, 품삯도 받지 않을 것입니다. 아는 사람이 간곡하게 부탁을 하면 어쩌지 못하고 그리긴 합니다.

위의 用例에서 13)번 '一宿家'와 17)번의 '每日家'[6]를 그리고 마지막 18)번의 '不肯家'[7]를 제외하고 대체적으로 '數詞+量詞+家'의 형식을 취하고 있음을 볼 수 있다. 즉 ≪朴諺≫에서 '家'字의 출현은 총 137번으로, '家'字의 대부분이 앞의 用例 1)번부터 7)번에서처럼 接尾詞로 쓰이고 있는 것이다. ≪朴諺≫에서 '家'字가 助詞로 쓰이고 있는 用例는 총 22번으로, 그 가운데 '數詞+量詞+家'로 이루어진 형식의 用例를 총 18번을 찾을 수가 있다.

그런데 120回의 長篇인 ≪水滸傳≫에서는 총 46번의 '價(家 · 假)'[8]字가 助詞로 쓰이는 다양한 用例를 찾을 수 있다. 그 가운데 ≪朴諺≫에서처럼 '數詞+量詞+家'의 형식은 아래의 예문 19)번과 20)번에서처럼 딱 두 번의 用例를 찾을 수가 있을 뿐, 나머지는 아래의 예문 21)번 26)번에서 副詞를 대동하거나 動賓構造를 이루는 등의 다양한 형식의 用例들을 찾아 볼 수가 있고, 예문 27)번과 28)번에서처럼 ' 地價'의 형식이나 ' 似價'의 형식도 찾을 수가 있다.[9]

---

6) ≪朴諺≫에서 '날마다'의 의미를 나타내는 '每日家'의 출현은 위의 17)번의 用例를 포함하여 총 2번의 用例를 찾을 수가 있고, 나머지 14번은 본문의 예문 13)번에서처럼 '每日'로 쓰이고 있음을 볼 수 있다.

7) 馮春田, ≪近代漢語語法硏究≫(山東敎育出版社, 2000年, 489쪽):「在明末淸初, "家(價)"在某些方言裏的使用可能比較普遍, 有的也很有特色。以反映山東方言的≪醒世姻緣傳≫爲例(這樣做是爲避免不同方言語言現象的雜糅), 除了"家"的其他用法之外, 還用于非修飾性的動詞(含能願動詞)以及介詞之後。例如: (1)他已是沒有家兄弟了!(74回) (2)俺還待再過江來合你說知, 社裏衆人又不肯家等了。… "家(價)"又用在否定句式"不是"之後。例如: 童奶奶道: "不是家, 另有說話…"(55回)」

8) 顧學頡 王學奇, ≪元曲釋詞≫卷二:「按"家, 價, 介, 假, 加"等字, 皆爲一音之轉。作爲語尾助詞的, 今口語家, 價俱呼"街(jīe)", 輕讀。」(中國社會科學出版社, 1984年)

9) 香坂順一은 ≪白話語匯硏究≫一書에서 助詞 '價(家, 假)'字에 대한 논의를 하면

19) 李逵叫討大碗, 十瓶假做一巡篩。(73回)

이규는 큰 사발을 달라고 하여, (술)열 병을 한 순배(巡杯)로 만들었다.

20) 原來都是一叢小船, 兩隻價幇住, 上面滿滿堆着蘆葦柴草, 刮刮雜雜燒着, 乘着順風直冲將來。那四五十隻官船, 屯塞做一塊, 港汊又狹, 又沒回避處。(19回)

알고 보니 작은 배들이 두 척씩 묶여져서 있었고, 배에는 갈대와 장작들 이 한 가득 쌓여 활활 불이 타오르면서 바람을 타고 (官船을 향해)돌진해 왔던 것이다. 사 오십 척에 달하는 官船들은 하나로 묶여져 있었고, 포구 는 협소하여 달리 피할 곳도 없었다.

21) 半晌價動彈不得。(102回)

한참동안 움직일 수 가 없었다.

22) 只見林木之中半天價都紅了。(118回)

숲속의 한 쪽이 벌겋게 불이 타오르고 있었다.

23) 看見宋兵時, 一派假把火燒將來。(118回)

송강의 군사가 보이자, 한 무리의 횃불이 다가왔다.

24) 石秀在廳前千賊萬賊價罵。(63回)

石秀는 대청 앞에서 온갖 욕이란 욕을 동원하여 욕을 해댄다.

25) 至夜四更, 肚裏絞腸刮肚價痛。(39回)

한 밤중에 창자가 꼬이고 찌를 듯이 배가 아프다.

26) 只見芒碭山上有三二十面鑼聲震地價響。(60回)

芒碭山의 사방팔방에서 징소리가 땅이 무너지는 듯이 울려 퍼졌다.

27) 兩下火起, 草屋焰騰騰地價燒起來。(80回)

양 쪽에서 불이 일어, 초가는 맹렬하게 타올랐다.

28) 盜得一匹好馬, 雪練也似價白。(60回)

서 ≪水滸傳≫에서 그 用例를 제시하고 다루고 있음을 볼 수 있다. 이는 본문의 예문에서 볼 수 있는 것처럼 ≪水滸傳≫一書에서 助詞 '家'字의 다양한 用例들을 집중적으로 찾을 수 있기 때문인 것이다. 本稿가 인터넷 '百度'에서 내려 받은 ≪水滸傳≫ 120回本은 '價'字의 형식만을 찾을 수가 있었다. ≪白話語匯研究≫一書에서 제시된 예문은 '價'字와 함께 '家' 또는 '假'字의 형식의 用例를 볼 수 있는데 이는 板本이 다르기 때문이다. 이에 本稿는 다양한 例文을 제시하고자 ≪白話語匯研究≫(255~257쪽)에서 발췌 인용하였다.

좋은 말 한 필을 도적질을 했는데, (털이)눈처럼 하얗다.

그러나 ≪水滸傳≫에서 볼 수 있는 ‘ 家(價)’字의 形式은 하나같이 狀語로서 뒤에서 오는 謂語를 수식하는 構造助詞 ‘地’와 같은 기능을 맡고 있다는 사실이다. 近代漢語에서 ‘ 家(價)’字의 기능이 構造助詞 ‘地(的)’와 같은 기능을 갖는 다는 것은 이미 주지의 사실이고, ≪朴諺≫에서의 用例 또한 마찬가지임을 앞에서 제시된 예문(12 18번)에서 확인 하였다.

아래의 예문은 ‘數詞+量詞+家’로 이루어진 ≪朴諺≫의 또 다른 쓰임의 用例들이다.

29) 這二十顆珊瑚怎的賣? 老實價錢, 一兩一顆家。…咳, 一件好物, 我還與你 價錢, 八錢一顆家買你的。買不的。罷罷, 九錢一顆家。(≪朴諺≫下 27a)
이 산호 스무 알은 어떻게 파는 것이오? 솔직한 가격은 한 냥(兩) 한 알이오. … 좋은 물건이오, 내 가격을 제시하겠소, 여덟 전(錢)에 한 알이면 당신 것을 사겠소. 살 수가 없을 것이오. 그렇다면 아홉 전(錢)에 한 알 합시다.

30) 這柳黃綾染錢五錢半銀子。五箇大紅絹, 每一疋染錢四錢家, 通是二兩。(≪朴諺≫中 3b)
이 유황색 비단의 顔料는 銀子 5錢半입니다. 다섯 뭉치의 붉은 명주(大紅絹)는, 필 당 顔料는 4전(錢)이니, 합쳐서 2냥(兩)입니다.

31) 多少學課錢? 一箇月五錢家。(≪朴諺≫上 44b)
학비는 또 얼마입니까? 한 달에 5錢입니다.

32) 半夜里却拌饋他料吃。一夜里喂到七八遍家。(≪朴諺≫上 21a)
밤에 사료를 먹도록 해야 합니다. 밤마다 일곱, 여덟 번씩 먹입니다.

위의 예문(29 32번)은 ≪朴諺≫에서 볼 수 있는 ‘數詞+量詞+家’의 또 다른 의미를 가지는 用例로 여기에서의 ‘家’는 앞에서 논의한 用例(12번 28번), 즉 構造助詞와 같은 기능을 가진 ‘家(價)’字가 아닌 구체적인 숫자를 제시하거나 그 숫자를 강조하고 있음을 볼 수가 있다.

구체적인 숫자를 제시하거나 그 숫자를 강조하는 '家'字의 이러한 用例는 近代漢語의 다른 문헌에서도 쉽게 찾을 수가 있다.

33) 我渾攢下到六七斤家麻, 四五斗家粟。(≪薦福碑≫二【天下樂】)
내가 모은 것은 예닐곱 근 깨와 네댓 말의 조속(粗粟)이요.

34) 憑着我六文家銅鏝, 博的是這三尺金鱗。(≪燕青博魚≫一【混江龍】)
내 이 여섯 닢의 동전으로, 삼 척의 물고기를 걸다.

35) 尋到那裏, 果然一所小巧房屋, 甚有裏外, 大有規模, 使了三百六十兩價銀。(≪醒世姻緣傳≫ 76回)
그곳을 찾아가니 과연 정교하게 지어진 집이 안과 밖이 다르고 무척이나 규모가 있어 보였는데, 銀 360兩을 썼다.

36) 從辛亥這一年水旱, …或是鄉宦舉監裏邊銀子成幾百兩拿出來賑濟, 米穀幾百石家拿出來煮粥。(≪醒世姻緣傳≫ 32回)
辛亥 그 해에 한발이 나서 …지역의 벼슬아치들은 몇 백 냥의 銀子를 내놓아 구제를 하였거나, 아니면 몇 백 석의 곡식을 풀어 죽을 끓였다.

37) 咱是漢子? 怕沒處去麽? … 尋好幾日家還找不着我的影哩。(≪醒世姻緣傳≫ 74回)
난 사내야! 내 갈 곳이 없겠는가? 몇 날을 날 찾아다녀도 내 그림자도 찾지 못할 것이네!

38) 凭着我霧鬢雲鬟, 黛眉星眼, 尋衣飯。則向這酒社詩壇, 多少家喬公案! (≪風光好≫一【仙呂點絳脣】)
내 이 걸출한 용모로 衣食을 해결하고, 또한 시인묵객들에게 얼마나 많은 거짓을 행했는가?

39) 奇怪也, 兀那道傍邊一個婦女人, 抱着一個小孩兒, 將那孩兒放在地上, 哭一回去了。他行數十步可又回來, 抱起那孩兒來又啼哭。那婦人數遭家恁的, 其中必是暗昧。(關漢卿 ≪五侯宴≫第二折)
참으로 이상합니다. 저 길 옆의 어떤 부인이 한 아이를 안고, 그 아이를 땅바닥에 내려놓고, 한 참을 울었습니다. 그는 몇 십 걸음 가더니 다시 되돌아와, 그 아이를 안고 또 우는 것입니다. 그 부인은 여러 차례 그리했는데, 거기에는 반드시 무슨 내막이 있을 것입니다.

40) 在先一引鹽兩定家鈔賣來。(≪元典章·戶部八≫)

먼저 소금 一引을 2定에 파시오.

顧學頡 王學奇의 ≪元曲釋詞≫[10]卷二 '家'條에 위의 예문(33번, 34번, 38번) 등을 제시하고, 여기에서 쓰이고 있는 '家'字를 '估量詞(어림잡는 말)'라고 하고 있음을 볼 수 있고, 高文達은 ≪近代漢語詞典≫에서 위의 예문 33번)과 34)번을 例示하고는 構造助詞 '的'[11]로 해석을 하고 있음을 볼 수가 있으며, 程湘淸은 그의 저서 ≪宋元明漢語硏究≫에서 위의 39)번의 用例를 제시를 하면서 數量詞의 '접미사(後綴)'[12]로 해석을 하였고, 劉堅 江藍生은 ≪元語言詞典≫에서 역시 위의 39)번의 用例를 例示하면서 數量詞 뒤에서 숫자를 나타내는 '語助詞'[13]로 풀이하고 있음을 볼 수 있다. 그리고 이순미는 ≪老乞大· 朴通事 및 元雜劇 漢語에서 보이는 몽골어≫(2012年)라는 論文에서 위의 40)번의 用例를 제시하면서 '분배접미사'[14]라고 하고 있음을 볼 수 있다.

---

10) (中國社會科學出版社, 1984年, 129 132쪽). 張相도 ≪詩詞曲語辭匯釋≫(上海古籍出版社, 2009年, 300쪽)에서 일괄적으로 '估量詞'라고 설명하고 있다.「家, 與價同, 估量辭, 解見價字條。≪董西廂≫二 : "酒來後, 滿盞家沒命飮。" 又三: "一會家自哭自歌。" … 總之皆估量之辭。」

11)「用于數量詞之後相當于"的"。」(知識出版社, 1992年, 352쪽)

12)「家作後綴, 常用在數量結構之後。」(山東敎育出版社, 1992年, 55쪽)

13)「語助詞。用在數量詞後面, 表示數額。」(上海敎育出版社, 1998年)

14)「'수사+양사+家'의 형태이며 '家'의 訓民正音 풀이는 모두 '식'으로 하였다. 즉 崔世珍은 이러한 용법의 '家'를 현대국어의 '씩'에 해당하는 '분배접미사'로 본 것이다. …상술한 '家'의 용법은 바로 우리말 '씩'과 같은 膠着語적인 특성을 강하게 띄고 있다.」(中國語文論叢, 2012年, 6쪽)

≪老朴集覽·單字解≫ : 家 止指一數之稱 一箇家ᄒᆞᆫ낫식 幾箇家몃낫식 又현낫식 幾年家현ᄒᆡ식 又槩也 大家대개 又擧姓呼人之稱 李家 張家 又呼皇帝曰官家 又語助 沒有家업다。(家 ① 하나의 수(량)를 일컫는다. 예: ‘一箇家 하나씩’·‘幾箇家 몇 개씩, 또는 여러 개씩’·‘幾年家 몇 년씩’. ② ‘대개’의 의미다. 예: ‘大家’. ③ 姓을 대동하여 사람을 호칭한다. 예: ‘李家’·‘張家’. ④ 皇帝를 ‘官家’라고도 한다. ⑤ 語助詞로 쓰인다. 예: ‘沒有家 없다’.)

위는 조선시대 崔世珍이 편찬한 ≪老朴集覽≫에서 볼 수 있는 ‘家’字에 대한 설명이다.[15] 崔世珍은 數量詞 뒤에 붙는 ‘家’字에 대해서 ‘家, 止指一數之稱’이라는 풀이와 함께 우리말로는 ‘ 식’이라고 번역된다고 설명하고 있다. 그러나 ‘止指一數之稱’은 ‘하나의 수(수량)만을 일컫는 말이다’라고 번역할 수가 있는데, 또 다른 뜻으로 해석이 된다면 몰라도 이 한 마디로는 구체적으로 무엇을 말함인지 알 수가 없다고 본다. 다행히 崔世珍이 ‘一箇家’의 用例를 제시하고 ‘ㅎ、낫식’으로 諺解를 하였기에, ‘家’字가 우리말로 ‘ 씩’으로 번역이 되고 또 그렇게 풀이됨을 알려주고 있는 것이다.

‘ 씩’에 대한 우리말 사전에 ‘주로 수량을 나타내는 말 뒤에 붙어 여럿이 각각 같은 수효로 나누거나 같은 수효로 되풀이됨을 나타내는 말이다’라

15) 본문의 ≪集覽≫에서 보는 바와 같이 ‘家’는 모두 다섯 항목의 설명을 볼 수 있다. ①번과 ③번은 본문에서 논의되고 있는 항목이므로 却說하고, ④번의 경우, 近代漢語에서 皇帝를 ‘官家’ 또는 ‘官裏’ 등으로 일컫는데 ≪朴諺≫에서는 ‘官家’의 用例는 찾을 수 없고, 4번의 ‘官裏’의 用例를 찾을 수 있다. ②번의 경우, 근대한어에서는 물론이고 ≪朴諺≫이나 ≪老乞大≫에서 ‘大家’가 ‘槩(概)’, 즉 ‘大概(대개; 대략)’의 의미로 사용된 用例는 찾을 수가 없다. ⑤번에서 ‘家’가 語助詞로 쓰이는 경우인데, ≪朴諺≫이나 ≪老乞大≫에서는 ‘家’字 ‘沒有’ 또는 ‘不是’ 등 뒤에서 語助詞로 쓰인 用例는 찾을 수 없지만, 본문의 주석 43)번에의 설명과 用例에서 ≪朴諺≫時代에서 ‘家’字가 語氣助詞로 쓰이고 있는 것이다.

는 설명을 볼 수 있다. 그러므로 앞에서 제시하였던 ≪朴諺≫의 예문 12)번에서 17)번까지의 用例, 즉 '一車兩擔家推將去', '一日三遍家, 每日洗刷', '一邊五個家分着射', '每一箇三錢家筭時' 등에서 볼 수 있는 ' 家'를 崔世珍의 ' 식'의 풀이 방식으로 번역을 한다면 '수레 한 대에 두 섬씩을 싣고 가다', '하루 세 번씩 매일 빗겨주다', '한 편에 다섯 명씩 나눠 쏘다', '한 개 당 삼전(錢)씩 계산을 한다면' 우리말 사전의 설명대로 '각각 같은 수효로 나누거나 같은 수효로 되풀이됨'을 분명하게 보여주고 있는 것이다. 만일 '수레 한 대에 두 섬씩을 싣고 가다'에서 '씩'자를 빼고 '수레 한 대에 두 섬을 싣고 가다'로 한다면, 이 두 글귀의 의미는 분명히 차이가 있는 것이다.

現代漢語의 관점에서 '家'를 생략한다고 해도 앞뒤의 문맥을 이해하는 데 문제가 없다는 사실이다. 예를 들어 '一車兩擔推將去', '一邊五個分着射' 등처럼 '家'字를 빼버린다고 해도 문제가 없는 것이다. 그러나 위의 用例들을 우리말로 '한 수레에 두 섬을 싣고 갑시다', '한 쪽 다섯 명 나눠 쏘다'라고 번역을 한다면 앞뒤의 문맥이 통하지 않고 또한 매우 어색한 글이 된다고 본다. 그러므로 '~씩'으로 해석이 된다고 해서 '家'字가 數量詞 뒤에 붙는 접미사라고 할 수는 없다고 본다. '家'字 狀語 뒤에 오면 동작의 方式과 程度 그리고 時間과 頻度 등을 나타내는 하나의 結構助詞의 기능을 하는 것이다.

그리고 '數詞+量詞+家'의 형식을 취한다고 해서 모두 崔世珍의 ' 씩'의 풀이가 다 적용되는 것은 아니다. 예를 들면 앞의 예문 29)번의 '一兩一顆家'와 31)번의 '一箇月五錢家' 그리고 34)번에서 36)번까지의 예문에서 볼 수 있는 '家'字를 ' 씩'으로 풀이할 수 없는 것이다. 즉 문장에서 ' 家'字가 構造助詞의 기능을 한다면 崔世珍의 ' 씩'의 풀이가 적용이 되는 것이고, 나머지는 近代漢語詞典에서 말하는 '대략의 숫자나 그 정도의 수량'을 나타내는 이른바 估量詞로 봐야할 것이다.

아래의 예문은 ≪朴諺≫本의 간행시기(1, 677年)와 비슷한 시기에 쓰여진 ≪醒世姻緣傳≫(이하≪醒姻≫)[16]에서 볼 수 있는 '數詞+量詞+家'형식의 用例이다. ≪醒姻≫에서는 ≪水滸傳≫에서처럼 '家(價)'字의 50여개의 다양한 用例들을 찾을 수가 있다.

41) 大尹問夫人道: "這些婦人全了不曾?" 夫人道: "就是這十四個人。" 大尹叫本宅的家人媳婦盡都出來, 一個家歪歪拉拉來到。大尹叫把這些婦人身上仔細搜簡。(≪醒姻≫ 20回)
大尹이 부인에게 묻는다: '여인들은 다 모였습니까?'부인이 말한다: '바로 이 14명입니다.' 大尹은 집안 하인들의 아내들을 다 나오라고 하니, 하나같이 (한 사람 한 사람씩) 억지로 모여들었다. 大尹은 이 여인들의 몸을 샅샅이 뒤지라고 하였다.

42) 正說笑着, 一個丫頭跑來說道: "奶奶, 俺小叔屙了一大些扭黑的粘屎,"…晁夫人道: "孩子屙的臍屎怎麽不黑?"…晁夫人一隻手拿着他兩條腿替他擦把把, 他烏樓樓的睁看着, 東一眼西一眼的看人, 照着晁夫人的臉合鼻子, 碧淸的一泡尿雌將上去, 笑的一個家不知怎麽樣的。(≪醒姻≫ 21回)
잡담을 나누고 있는데 한 계집종이 뛰어 오면서 말한다.「마님, 도련님께서 시커멓고 끈적끈적한 똥을 한 무더기를 싸셨습니다.」晁氏夫人이 말한다.「아이가 싼 것은 배내똥이니 어찌 검지 않겠는가?」晁氏夫人은 한 손으로 아이의 두 다리를 잡고서 똥을 치우는데, 아이는 검은 눈을 둥그레 뜨고 주위의 사람들을 쳐다보더니 晁氏夫人의 얼굴과 코에 오줌 줄 기가 뿜어져 오는 것이었다. 이에 좌중(사람들)은 웃느라고 한바탕 아수 라장이 되었다.

16) 淸初의 口頭 回章小說로서 明代 前期를 배경으로 생명의 윤회, 부부의 관계, 권선징악 등의 내용을 담고 있는 전편은 100回에 이르는 장편소설이다. 서주생(西周生)의 작품이라고 전해졌으나 ≪聊齋志異≫의 작자 포송령(蒲松齡; 1640 1715)이라고 한 胡適의 說이 유력하다.

43) 幾次家叫人魘鎮, 又絶無靈驗。(≪醒姻≫ 57回)
몇 번씩이나 사람을 불러 굿을 해봤지만, 아무런 영험이 없었다.

44) 一日兩遍家進衙去, 有病看病, 不看病合軍門老爺說會話。(≪醒姻≫ 67回)
매일 두 차례씩 관아에 들어가, 아프면 치료를 해주고, 환자가 없으면 군인들하고 잡담이나 나눈다.

위 用例의 '家'字는 構造助詞 '地'와 같은 기능을 하고 있으며, 앞에서 논의 되었던 35) 37)번의 用例들은 ≪醒姻≫에서 볼 수 있는 이른바 '估量詞'의 기능을 가지는 '家'字의 쓰임들이다.

아래는 ≪朴諺≫本보다 이전으로 알려진 ≪原本老乞大≫(이하 ≪原老≫)[17]에서 찾을 수 있는 '數詞+量詞+家'의 用例이다.

45) 一箇家評了價錢。通要一百二十兩定鈔。(≪原老≫ 22b)
(한 마리씩 값을 매겨서) 전부 다 해서 寶鈔 120定일세.
ᄒᆞ나식 갑슬 니ᄅᆞ라. 대되 一百 四十 兩 은을 바ᄃᆞ려 ᄒᆞ노라.

17) ≪原本老乞大≫는 1998년 경북대학교 南權熙교수가 최초로 古本≪老乞大≫를 發見 한 후, 정리를 거쳐 2000년 경북대학교 출판부에서 ≪元代漢語本老乞大≫라는 서명으로 출판되었고, 같은 해 北京外語教學與研究出版社에서 ≪原刊老乞大研究≫이라는 書名으로 각각 출판되었다. 2002년에 北京外語教學與研究出版社에서 修訂本(鄭光 主編)을 다시 出版하면서 ≪原本老乞大≫라고 改名을 하였다. 이에 或者는 "舊本老乞大" 또는 "元本老乞大", "古本老乞大" 等으로 부르고 있는데, 최근 발견된 ≪原本老乞大≫가 이른바 崔世珍이 ≪老乞大集覽≫ 等에서 언급한 "古本", "舊本"인지는 알 수가 없고, 또한 ≪老乞大≫의 최초의 原本인지도 알 수는 없다. 다만 鄭光이 최근 중국과 한국에서 각각 ≪原本老乞大≫라고 書名으로 解題와 譯註를 하였고, 본 논문도 鄭光 譯註解題의 ≪原本老乞大≫(2004년, 김영사)에서 原文과 譯註를 참고하였음으로 이에 ≪原本老乞大≫라는 書名을 쓰기로 하였다. 그러나 최근 鄭光 譯註 解題≪原本老乞大≫(2004년, 김영사)의 수정판인 鄭光 ≪譯註 原本老乞大≫(2010년 박문사)가 출판되었다.

46) 這契寫時, 一總寫那? 一箇家分開著寫? (≪原老≫ 24a)
이 계약서는 전부 함께 쓸까요? 아니면 한 분씩 각각 씁니까?

위의 예문의 번역은 鄭光 譯註·解題 ≪原本老乞大≫[18]에서 그대로 옮겨놓은 것이다. 鄭光 譯註·解題에서 '一箇家'에 대해「원문 '一箇家'의 '家'는 '價'라고 쓰기도 하며 ' 마다, 씩'의 의미가 있다.」[19]라고한 주석의 설명을 볼 수 있다. 그러나 왜 '家'字 그렇게 쓰이고 있는지에 대해서는 아무런 설명을 볼 수가 없다. 또한 위의 예문 45)번의 '一箇家分開著寫'를 '한 분씩 각각 쓰다'로 번역하고 있음을 볼 수가 있는데, 아마도 '家'를 '人'의 의미로 보고 '한 분씩 각각 쓰다'로 번역을 하였다고 본다. 앞뒤의 문맥으로 보아 계약서를 작성할 때, 말의 임자가 각기 다르기 때문에 매매계약서를 한 장에 통틀어 쓸 것인가 아니면 각각 계약서를 나누어 쓸 것인가를 묻는 장면이다. 그것은 앞에서 논의된 바처럼 '一箇家分開著寫'에서 '家'를 結構助詞 '地'로 보고, '一箇一箇地分開著寫', '一張張地分開著寫', 즉 '한 장 한 장씩 나누어 써주시오'라고 번역되어야 옳다고 본다. 이러한 해석은 앞의 예문 '一箇家評了價錢'에서도 現代漢語의 '一個一個地算了價錢', '一匹一匹地算了價錢(한 마리 한 마리씩 값을 매기다)', '通要一百二十兩定鈔(전부다 해서 120定은 받아야 된다)'로 해석이 되는 것과도 같은 것이다. 또한 앞의 42) 43)번의 예문의 '一個家歪歪拉拉來到', '笑的一個家不知怎麽樣的', '幾次家叫人魘鎮'의 경우도 '一個個歪歪拉拉來到', '笑的一個個不知怎麽樣的', '一次又一次地叫人魘鎮' 등으로 풀이가 되어야 본래의 문맥에 맞는 것이다.

---

18) 鄭光 譯註·解題, ≪原本老乞大≫(2004년, 김영사, 251쪽과 264쪽)

19) 同上揭書, 251쪽 주 1번.

近代漢語에 있어 '數詞+量詞+家'의 형식을 가진 이러한 ' 家'字에 쓰임을 ≪朴諺≫의 많은 用例에서 찾을 수 있고, 다른 문헌에서도 그 用例를 확인할 수가 있다. 특히 앞의 많은 用例를 통하여 '地', '家(價)'가 結構助詞로서 비슷한 기능을 수행하고 있지만, 그러나 ≪朴諺≫의 '一車兩擔家推將去', ≪原老≫의 '一箇家評了價錢', ≪醒姻≫의 '笑的一個家不知怎麽樣的' 등에서의 '家'字는 結構助詞'地'字로 대체할 수 없는 '家'字만의 기능과 역할이 있는 것이다. 이에 近代漢語에서의 ' 家'는 結構助詞 하나로 分類하여 다뤄져야 된다고 본다.[20]

---

20) 香坂順一著, 江藍生 白維國 譯, ≪白話語匯研究≫: 「"價"之類可以說相當于"的(地)", 中國人寫的語法書裏沒有給它確定性。比如在≪漢語課本≫的語法體系中, 把"的"歸入結構助詞, 而"～價"流沒有歸屬。這可能因爲"～價"只是特定詞語的詞尾, 缺乏能産性。」(中華書局, 1997年)

16. 較(較爭), 爭(不爭)

現代漢語에서 '較'는 "近日氣溫較低"에서처럼, 대체적으로 단음절 형용사를 수식하는 副詞[1]로 쓰이고 있지만, 그러나 近代漢語에서 '較'字의 쓰임이 실로 다양함을 볼 수 있다. 아래 예문 1)번은 '較'가 "略; 稍稍(약간, 조금)"[2]의 의미로 쓰인 경우이고, 2)번은 "頗; 很(퍽, 매우)"의 의미를 가졌고, 3)번은 "病勢減輕; 病愈(병이 낫다)"[3]의 의미로, 예문 4)번은 "差; 不及(부족하다, 미치지 못하다)" 등의 의미로 쓰인 경우이다.

1) 這花園牆較低, 我跳過牆, 取我那風箏去兒。(關漢卿 ≪四春園≫一 李慶安 白)
이 정원의 담은 약간 낮아서, 내가 담은 넘어, 내 연을 꺼내올 것이오.
2) 不妨事, 哥哥待我較別哩。(≪謝天香≫ 一【醉中天】白)
괜찮아요, 남편은 나에게 퍽 잘 대해 주세요.
3) 但較些呵, 郎中行別有酬勞。(≪拜月亭≫ 二【牧羊關】白)
병세가 좀 차도가 있으면, 의원에게 별도의 보답이 있을 것입니다.
4) 雙蟳蝎, 兩頭蛇, 比虔婆狠毒猶較些。(劉庭信≪戒嫖蕩≫【寨兒令】)
쌍 집개발이 달린 전갈과 머리가 둘 달린 뱀은, 포주의 악독함에 비하면 좀 약한(미치지 못한) 편이지요.

---

1) 呂叔湘 主編, ≪現代漢語八百詞≫增訂本:「較, 副詞。用法同'比較'(副), 多修飾單音節形容詞。只用于書面。」(商務印書館, 1999年, 75쪽)

2) 較, 略; 稍稍。又作"覺"。≪五侯宴≫三【倘秀才】:「我將這繩頭兒呵的來覺軟, 一桶水提離井口邊。」(劉堅 江藍生 主編, ≪元語言詞典≫, 上海敎育出版社, 1998年, 139쪽)

3) 較, (病勢)減輕。又作"覺"。≪西廂記≫四本四折【錦上花】:「害不了的愁懷, 恰纔覺些; 撇不下的相思, 如今又也。」(劉堅 江藍生 主編, ≪元語言詞典≫, 上海敎育出版社, 1998年, 140쪽)

≪原本老乞大≫(이하 ≪原老≫)[4]에서 '較'字의 출현은 총 4번이다. 아래에 제시한 예문(5번에서 7번)이 바로 ≪原老≫에서 볼 수 있는 '較'의 用例이고, 바로 밑의 번역은 鄭光의 譯註書[5](이하 ≪鄭光≫)에서의 原文을 그대로 옮긴 것이다. 또한 "⇒"표의 例文은 ≪原老≫의 刪改本이라고 할 수 있는 ≪飜譯老乞大≫(이하 飜老)[6]의 原文과 諺解이고, 바로 아래

4) ≪原本老乞大≫는 1998년 경북대학교 南權熙교수가 최초로 古本≪老乞大≫를 發見 한 후, 정리를 거쳐 2000년 경북대학교 출판부에서 ≪元代漢語本老乞大≫라는 서명으로 출판되었고, 같은 해 北京外語教學與研究出版社에서 ≪原刊老乞大研究≫이라는 書名으로 각각 출판되었다. 2002년에 北京外語教學與研究出版社에서 修訂本(鄭光 主編)을 다시 出版하면서 ≪原本老乞大≫라고 改名을 하였다. 이에 或者는 "舊本老乞大" 또는 "元本老乞大", "古本老乞大" 等으로 부르고 있는데, 최근 발견된 ≪原本老乞大≫가 이른바 崔世珍이 ≪老乞大集覽≫ 等에서 언급한 "古本", "舊本"인지는 알 수가 없고, 또한 ≪老乞大≫의 최초의 原本인지도 알 수는 없다. 다만 鄭光이 최근 중국과 한국에서 각각 ≪原本老乞大≫라고 書名으로 解題와 譯註를 하였고, 본 논문도 鄭光 譯註解題의 ≪原本老乞大≫(2004년, 김영사)에서 原文과 譯註를 참고하였음으로 이에 ≪原本老乞大≫라는 書名을 쓰기로 하였다. 그러나 최근 鄭光 譯註 解題≪原本老乞大≫(2004년, 김영사)의 수정판인 鄭光 ≪譯註 原本老乞大≫(2010년 박문사)가 출판되었다.

5) 鄭光 역주·해제 ≪原本老乞大≫(太學社, 1995年)

6) ≪飜譯老乞大≫는 ≪老乞大≫를 中宗朝 崔世珍이 諺解한 것이다. 上下 兩卷으로 된 木版本인데 上卷이 71張, 下卷이 73張이다. 이 板本의 名稱은 원래 그대로 ≪老乞大≫로 되어 있으나 그렇게 되면 漢語本의 名稱과 구별이 되지 않고, 그렇다고 ≪老乞大諺解≫로 하면 重刊本과의 혼란이 생기므로 이에 四聲通解에 붙어있는「飜譯老乞大朴通事凡例」란 기록에 의지하여 ≪飜譯老乞大≫로 通稱하게 된 것이다. 또한 이 책에는 序跋이나 刊記가 없어 정확한 年代를 알 수 없었는데, 이 凡例로 인해 이 책이 적어도 四聲通解의 刊年인 中宗12년(1517)이전에는 완성되었으리라고 보는 것이다(金文雄≪重刊老乞大諺解≫解題에서 인용). 본고의 原典으로는 大提閣(1974年, 影印本)韓國古典叢書(復元版)≪飜譯老乞大 朴通事≫(上)과, 鄭監 監修, 國語史資料研究會譯註≪譯註飜譯老乞大≫(太學社, 1995年)本을 사용하였다.

굳은 서체의 한글은 鄭光監修 國語史資料硏究會 譯註 ≪역주 번역노걸대≫[7](이하 鄭光≪飜老≫)의 번역을 그대로 옮겨놓은 것이다.

5) 這帖裏布好的多少價錢, 低的多少價錢賣? 帖裏布這一等[8]好的兩定, 這一等較低的六十兩。(≪原老≫ 36a)

이 삼베의 천은 질이 좋은 것은 얼마고 나쁜 것은 얼마요? 삼베 천의 이 좋은 것은 2정(定)이고 이쪽 의 조금 질이 떨어지는 것은 60냥(兩)이오. (≪鄭光≫ 385)

⇒ 這黃布, 好的多少價錢, 低的多少價錢賣? 這一等好的一兩, 這一等較低些的七錢家。(≪飜老≫ 下 59b)

·이 가·믄·뵈·예, :됴·ᄒᆞ·니·ᄂᆞᆫ·갑·시 :언·메·며, 사·오나·오·니·ᄂᆞᆫ·갑:슬 : 언·머·예·풀·다? 이 ᄒᆞᆫ :둥·엣 :됴·ᄒᆞ·니·ᄂᆞᆫ ᄒᆞᆫ·량·이·오,·이 ᄒᆞᆫ :둥엣 :져·기 ᄂᆞᆽᄒᆞ·니·ᄂᆞᆫ :닐·곱·돈·식·이·라.

이 황포(黃布)에 좋은 것은 값이 얼마이며 나쁜 것은 값을 얼마에 팔 겁니까? 이런 종류의 좋은 것은 한 냥이고, 이런 종류의 약간 나쁜 것은 일곱 돈씩입니다. (鄭光 ≪飜老≫ 237)

6) 明日太醫來問: 你較些箇麽? 今日早晨纔喫了些粥, 較爭些箇也。(≪原老≫ 30b)

(다음날 의원이 묻는다) 차도가 좀 있습니까? 오늘 아침은 죽을 좀 먹었습니다. 조금 좋아진 것 같습니다. (≪鄭光≫ 334)

⇒ 明日太醫來問 : 你好些箇麽? 今日早晨纔喫了些粥, 較好些了。(≪飜老≫下 41a)

이·틋·날 의원·이·와 무·로·ᄃᆡ,·네 :져·그·나 :됴·커·녀? 오·ᄂᆞᆯ 아·ᄎᆞ·ᄆᆡ, ᄀᆞᆺ·쥭머구·니/:져·기 :됴·ᄒᆞ·애·라.

(이튿날 의원이 와서 묻기를) 조금 좋아졌습니까? 오늘 아침에 비로소 죽을 먹었으니 조금 나아진 것 같습니다. (鄭光 ≪飜老≫ 208)

---

7) 鄭光監修, 國語史資料硏究會 譯註, ≪역주 번역노걸대≫(태학사, 1995년)

8) 等 : 樣, 類。一等, 卽"一種, 一類"。≪來生債≫:「有一等寒儉的泛泛之徒, 他出來的不誠心。」(劉堅 江藍生 主編, ≪元語言詞典≫, 上海教育出版社, 1998年, 74쪽)

7) 漢兒小厮每哏頑, 高麗小厮每較爭些箇。(≪原老≫ 2b)
한인 아이들은 심한 장난꾸러기가 많지만, 고려인 아이들은 비교적 얌전합니다. (≪鄭光≫ 39쪽)
⇒ 漢兒小厮們, 十分頑, 高麗小厮們較好些。(≪飜老≫ 上 7a)
漢兒 아ᄒᆡ·돌·히 ᄀᆞ장 골·외거·니·와 高麗ㅅ아·ᄒᆡ·돌ᄒᆞᆫ·져·기·어·디니:라.
중국 아이들이 매우 짓궂고 고려 아이들은 비교적 낫습니다. (鄭光 ≪飜 老≫ 42쪽)

위의 예문 5)번의 "這一等較低的六十兩"의 '較'는 "略, 稍稍"의 의미로 쓰였기 때문에 "이런 종류의 낮은 품질의 것(베)은 60냥(兩)이다"라고 번역할 수 있을 것이고, 예문 6)번의 "明日太醫來問: 你較些箇麽"의 '較'는 "病勢減輕, 病愈"의 의미로 쓰였기 때문에 "차도가 좀 있습니까?"라고 한 鄭光의 번역이 타당할 것이다. 그런데 문제가 되는 것은 예문 6)번 뒷부분의 "今日早晨纔喫了些粥, 較爭些箇也"와 예문 7)번의 "高麗小厮每較爭些箇"에 대한 鄭光의 註釋과 飜譯이다.

鄭光은 "你較些個麽? 今日早晨纔喫了些粥, 較爭些箇也"에 대하여 앞의 예문 6)번에서처럼 "차도가 좀 있습니까? 오늘 아침은 죽을 좀 먹었습니다. 조금 좋아진 것 같습니다."라고 번역을 하고 있고, "你較些個麽?"의 '較'에 대해서는 『원문의 '較'는 차도가 있어 몸이 좋아지는 것을 말한다.』[9]라고 註釋을 달고 있다. 또한 "較爭些箇也"의 '爭'에 대해서는 『'爭'은 차(差)와 같고, 여기서는 병상이 좋아지는 것을 말한다. 「서상기(西廂記) 四本四折」에 '猶自較爭些'라는 구절이 있다.』[10]라는 자세한 설

9) 鄭光 역주·해제, ≪原本老乞大≫(太學社, 1995年, 343쪽, 주 9번)

10) 前揭書, 335쪽, 주 18)번.

명을 볼 수가 있다. "高麗小厮每較爭些箇" 一句에 대해서는 "고려인 아이들은 비교적 얌전합니다."라고 번역하고, 『원문 '爭些個'는 "조금 낫다"의 의미이다. '爭'은 "차이가 있다"라는 뜻에서 "좋다"는 의미로 바뀌었다. '些個'는 조금이라는 뜻이다.』[11]라는 註釋을 달고 있다.

'較'는 "病愈"의 의미로도 쓰이므로 "你較些個麽?"의 '較'에 대해서 『원문의 '較'는 차도가 있어 몸이 좋아지는 것을 말한다.』라고 풀이한 鄭光의 註解에 대해서는 아무런 이의를 달수는 없을 것이다. 그러나 "較爭些箇也"의 '爭'에 대해서 鄭光은 『'爭'은 차(差)와 같고』라고 분명히 하였는데, 곧바로 『여기서는 병상이 좋아지는 것을 말한다.』라고 덧붙이면서 ≪西廂記≫의 『猶自較爭些』用例를 제시하고 있음을 볼 수가 있다. 그러나 "差"는 일반적으로 "부족하다", "미치지 못하다" 등의 의미를 가지는 語彙이므로, "병이 좋아지다"라는 의미로 확대 해석할 수는 없다고 본다. 그리고 "高麗小厮每較爭些箇"의 '爭'에 대해서 『'爭'은 "차이가 있다"』라고 풀이를 하면서 바로 또 『"좋다"는 의미로 바뀌었다.』라는 鄭光의 설명을 볼 수가 있다. 그러나 "차이가 있다"에서 "좋다"로 바뀌졌다는 이러한 해석과 번역은 '差'에 대한 인식의 차이와 지나친 확대 해석이라고 본다.

現代漢語에서 '爭'은 주로 '다투다', '논쟁하다' 등으로 쓰이고 있지만, 老乞大時代에서는 '怎', '怎麽', '甚', '競爭', '差', '幾乎', '因' 등의 다양한 의미로 쓰이고 있음을 볼 수 있다. 이와 같이 '爭'이 다른 의미로 쓰이고 있었던 것은 '曾', '憎', '諍' 등과 音이 비슷하여 생긴 '音近借用'의 현상에서 비롯된 것이라고 한다.

≪原老≫에서 '爭'字의 用例를 총 10번을 볼 수가 있었는데, 그중에 3

11) 前揭書, 39쪽, 주 10)번.

번은 '不爭'의 형태로 쓰이고 있음을 볼 수가 있다. 아래는 ≪原老≫에서 볼 수 있는 '爭'과 '不爭'의 用例들이다.

(1) '爭'이 "差, 相差(차가 생기다, 미치지 못하다, 부족하다)" 등의 의미로 쓰이는 경우:

8) 操與天子竝馬而行, 只爭一箇馬頭。(≪三國演義≫ 二十四回)
조조와 천자는 나란히 말을 몰고 가는데, 그 차는 겨우 말머리 하나정도였다.
9) 善惡到頭終有報, 只爭來早與來遲。(元 缺名 ≪來生債≫ 一折)
선악이 다하면 결국은 응보가 이뤄지는데, 그 차는 일찍 오느냐 늦게 오느냐 일 뿐이다.
10) 斧險分毫着, 刀爭半米偏, 些兒心意失, 目下掩黃泉。(≪秦幷六國評話≫)
도끼 거의 찍힐 번 하였고, 칼은 눈곱만큼의 차로 비켜가서, 순간 마음을 쓰러 내렸고, 바로 황천에 갈 번하였다.
11) 總數還爭多少?
총 숫자에서 얼마나 모자라지요?

위의 8)~11)번은 近代漢語에서 '爭'이 "差, 相差"의 뜻으로 쓰이고 있는 用例들이다. 現代漢語詞典[12]에서도 일부 方言에서 '爭'이 '差'의 의미로 쓰인다는 설명을 찾아 볼 수가 있다. 여기에서의 '爭'은 대체적으로 "차가 생기다", "모자라다", "미치지 못하다" 등의 의미로 쓰이고 있음을 볼 수 있다. 아래는 ≪原老≫에서 볼 수 있는 '爭 '이 "差, 相差"의 의미로 쓰이고 있는 用例들이다.

12) 中國社會科學院語言研究所詞典編輯室編 :『爭<方>, 差; 欠缺』(≪現代漢語詞典(修訂本)≫, 商務印書館, 2001年, 1602쪽)

12) 漢兒小厮每哏頑, 高麗小厮每較爭些箇。(≪原老≫ 2b)

한인 아이들은 심한 장난꾸러기가 많지만, 고려인 아이들은 비교적 얌전합니다. (≪鄭光≫ 39쪽)

⇒ 漢兒小厮們, 十分頑, 高麗小厮們較好些。(≪飜老≫上 7a)

漢兒 아ᄒᆡ·ᄃᆞᆯ·히 ᄀᆞ장 ᄀᆞᆯ·외거·니·와 高麗ㅅ아·ᄒᆡ·ᄃᆞᆯ흔·져·기·어·디니: 라.

중국 아이들이 매우 짓궂고 고려 아이들은 비교적 낫습니다. (鄭光 ≪飜老≫ 42)

13) 明日太醫來問 : 你較些箇麽? 今日早晨纔喫了些粥, 較爭些箇也。(≪原老≫ 30b)

(다음날 의원이 묻는다) 차도가 좀 있습니까? 오늘 아침은 죽을 좀 먹었습니다. 조금 좋아진 것 같습니다. (≪鄭光≫ 334)

⇒ 明日太醫來問 : 你好些箇麽? 今日早晨纔喫了些粥, 較好些了。(≪飜老≫ 下 41a)

이·틋·날 의원·이·와 무·로·ᄃᆡ,·네 :져·그·나 :됴·커·녀? 오·ᄂᆞᆯ 아·ᄎᆞ·ᄆᆡ, ᄀᆞᆺ·쥭 머구·, :져·기 :됴·ᄒᆞ·얘·라.

(이튿날 의원이 와서 묻기를) 조금 좋아졌습니까? 오늘 아침에 비로소 죽을 먹었으니 조금 나아진 것 같습니다. (鄭光 ≪飜老≫ 208)

위의 例文 12, 13)번은 앞에서 제시된 6)번과 7)번의 例文과 중복이 되는 부분이다. 예문 6, 7)번의 '較'字를 논의하면서, '較'字의 쓰임 가운데 하나가 '爭(差)'의 의미를 가진다는 鄭光의 譯註書에서의 註解를 참고로 하여 지금까지 '爭'의 쓰임을 여러 측면에서 살펴보았다.

'爭'에 대한 本 稿의 논의는, ≪老乞大≫에서 쓰이고 '爭'字의 用例에 대하여 諺解의 誤謬나 잘못 번역된 부분을 바로 잡고자 하는 의도이다. 즉 예문 6, 7)번의 "今日早晨纔喫了些粥, 較爭些箇也"와 "高麗小厮每較爭些箇" 두 문장에서 쓰이고 있는 '爭'字에 대하여 鄭光은 각각 『'爭'은 차(差)와 같고, 여기서는 병상이 좋아지는 것을 말한다.』와 『'爭'은 "차이가 있다"라는 뜻에서 "좋다"는 의미로 바뀌었다.』라고 풀이를 하고 있음을 볼 수 있는데, 이러한 풀이를 가능한가에 대한 논의인 것이다.

그러나 ≪原老≫에서의 '爭'字의 用例나 다른 문헌에서 쓰이고 있는 '爭'字의 用例를 살펴봐도 '爭'이 "병세가 좋아지다" 또는 "좋다(착하다)" 등과 같은 유사한 의미로 확대 응용되어 쓰인 用例를 찾을 수가 없었다. '爭'은 '差'의 의미를 가지지만, 여기서의 '差'는 이미 앞에서 설명하고 用例(8~11번)에서 알 수 있는 것처럼 "相差"의 '差'로서, 즉 "차이가 나다, 부족하다, 모자라다" 등으로 해석되는 것이다.[13]

여기서 한 가지 짚고 넘어가야 할 점은, 鄭光의『'爭'은 "차이가 있다"라는 뜻에서 "좋다"는 의미로 바뀌었다.』라는 대목이다. 혹시 "차이가 있다"라는 의미는 "(병세가 어제와는)차이가 있다"라는 의미이고, "(그래서)좋다"라고 확대하여 풀이를 하지 않았을까 짐작이 간다. 우리말의 "차이가 있다"라는 말은 "다르다" 즉 "같지 않다" 등의 의미 이므로, 앞에서 제시된 예문 8)번에서 11)번에서 볼 수 있는 "爭"이 '差'의 의미, 즉 "차가 생기다", "모자라다", "미치지 못하다"의 의미와는 다르다고 본다.

위의 예문 12, 13)번을 살펴보면 ≪原老≫에서 쓰이고 있는 '爭'字가 改修本인 ≪飜老≫에서는 '爭'字가 삭제되고 있음을 볼 수 있다. 즉 ≪原老≫의 "高麗小厮每較爭些箇"는 ≪飜老≫에서 "高麗小厮們較好些"로, "今日早晨纔喫了些粥, 較爭些箇也"句는 ≪飜老≫에서는 "今日早晨纔喫了些粥, 較好些了"로 나타나고 있는 것이다. 이렇듯 ≪飜老≫에서 '爭'字가 사라짐으로써 우리는 보다 용이하게 앞의 두 문장의 의미를 파악할

---

13) '爭'이 '差', '相差'의 의미를 가지는 用例는 唐宋以前의 문헌에서도 찾아 볼 수가 있다. 王鍈著, ≪唐宋筆記語辭匯釋≫(修訂本) :『爭, 猶"差", "相差"之"差", 動詞。例如: "故中國節氣與印度遞爭半月, 中國以二十九日爲小盡, 印度以十四日爲小盡。(≪懶眞子≫卷二)", "雖米市搬運混雜, 皆無爭差, 故鋪家不勞餘力而米徑自到鋪矣。(≪夢粱錄≫卷十六)"』(中華書局, 2001年, 230쪽)

수 있게 되었다고 본다.

즉 예문 12, 13)번 ≪飜老≫의 '較'는 바로 뒤에서 오는 動詞(形容詞) "好"를 수식하는 副詞 "略(稍; 頗)"로 간주하고 해석을 해보면 어떨까? "今日早晨纔喫了些粥, 較好些了"는 現代漢語로 "今天早上才吃了一點兒粥, 病稍微好了一點兒"로 풀이할 수도가 있고, "高麗小厮們較好些"도 "高麗孩子們較善良些"로도 풀이될 수가 있는 것이다.

또는 "今日早晨纔喫了些粥, 較好些了"의 '較好'의 경우, 『老乞大』時代에서는 아래의 例文(14~16번)에서 볼 수 있듯이 '較好',[14] '較痊',[15] '較可'[16] 등의 語彙는 모두 "병이 완쾌되다", "(병세가)완화되다" 등의 의미로 쓰이고 있었으므로, "져·기 :됴·ᄒᆞ·얘·라(조금 좋아졌다)"와 같이 諺解한 ≪飜老≫의 풀이도 정확한 것이다.

14) 夫人上云: 來到孩兒門房首也。梅香, 你姐姐較好些麽? (元·鄭光祖 ≪倩女離魂≫ 三折)
(부인 올라와 말한다) 아이가 있는 문 앞에 와구나. 매향아! 아가씨는 좀 나아지셨냐?

15) 你而今病疾兒都較痊? 你而今身體兒全健康? (元·關漢卿 ≪拜月亭≫第四折)
당신은 지금은 병이 낫아 습니까? 당신은 지금 몸은 건강한가요?

16) 來到這半途中, 染了一場凍天行的病症, 方才較可。(≪生金閣≫一白)

그렇다면 ≪原老≫의 "高麗小厮每較爭些箇"와 "今日早晨纔喫了些

14) 高文達 主編, ≪近代漢語詞典≫ : 『較好, 也作"較痊"。病情減輕, 病癒。』(知識出版社, 1992年, 389쪽)

15) 藍立蓂 編著, ≪關漢卿戲曲詞典≫ : 『較, 病情減輕。又作'較痊'。』(四川人民出版社, 1993年, 126쪽)

16) 劉堅 江藍生 主編, ≪元語言詞典≫ : 『較可, 病愈。也作"較痊"。』(上海教育出版社, 1998年, 140쪽)

粥, 較爭些箇也"에서의 '較'와 '爭'을 어떻게 처리해야할 것인가? 여기에서의 '爭'을 "差", "相差" 등의 의미를 가지는 形容詞로, '較'는 "略", "稍稍"의미를 가지는 副詞로 보고, ≪原老≫의 "高麗小厮每較爭些箇"를 "高麗孩子們略差些", "高麗孩子們稍微差一點" 등과 같이 풀이가 가능할 것이다. '差'는 우리말로 "부족하다", "모자라다"라고 번역할 수 있으므로 "중국아이들은 매우 짓궂고, 고려 아이들은 (중국 아이들에 비하여 장난이)좀 부족하다(떨어진다)"의 直譯에서 "고려아이들은 조금은 점잔하다"라고 意譯할 수 있을 것이다.

또는 '較爭'을 하나의 詞語로 보는 견해다. 張相은 ≪詩詞曲語辭匯釋≫에서 '爭'은 "差"의 의미를 가진다고 설명하면서 많은 用例를 제시하였는데, 아래 17)번의 例文이 바로 그 가운데 하나이다. 張相은 例文의 末尾에『여기에서의 '爭'은 '較'와 聯用되고 있다. '較'역시 '差'의 의미를 가진다.』[17]라고 부연설명하고 있다.

17) 想着你廢寢忘餐, 香消玉減, 花開花謝, 猶自較爭些。(≪西廂記≫ 四本四折【聒水令】)
당신 생각에 자지도 먹지도 못하여 얼굴은 야위어가고, 말라 시들어가는 꽃과 같은데, (이러한 고통은 당신을 그리워하는 마음에 비하면)오히려 부족하다는 생각이오.

18) 瓦盆一醉糊塗了, 比似高談却較爭。(金·元好問 ≪三士醉樂圖≫詩)
질그릇 술에 취한 횡설수설은, 격조 높은 말씀과 비한다면 조금은 못하지요.

'較'와 '爭'이 한 문장 안에서 "較爭"의 형태로 출현되어 쓰이고 있는 用

17) 張相, ≪詩詞曲語辭匯釋≫:『爭, 猶差也。… ≪西廂記≫ 四本四折【聒水令】"想着你廢寢忘餐, 香消玉減, 花開花謝, 猶自較爭些。"』此爭與較聯用也; 較亦差也。』(中華書局, 1991年, 247쪽)

例는 위에 제시된 두 개의 예문(17, 18번)외에는 더 이상 찾을 수가 없었다. 그러나 ≪原老≫에서는 '較'와 '爭'이 함께 오는 "較爭"의 용례는 앞에서 제시한 바처럼 두 번을 볼 수가 있다.

'較爭'은 "差"의 의미를 가지고, '差'는 앞에서 설명한 바처럼 "모자라다", "부족하다" "(물건의 질이)떨어지다" 등으로 새길 수 있을 것이다. 즉 "相差", "不足", "缺欠" 등의 의미를 가지는 것이다. 이에 ≪原老≫ "較爭些箇[18]也[19]"는 "형용사+보어", 즉 現代漢語의 "差一點兒"과 그 쓰임이 같다고 볼 수 있다.

앞의 설명을 바탕으로 ≪原老≫의 "明日太醫來問 : 你較些箇麽? 今日早晨纔喫了些粥, 較爭些箇也。明日病痏了時, 太醫根底重重的酬謝也"를 現代中國語로 "第二天醫生來問診: 你好些了嗎? 我今天早上纔吃了一點粥, 還差點兒呢。明天我的病好了的話, 大夫您有重重酬謝" 등으로 바꿀 수가 있을 것이다. 즉 "다음날 의사가 와서 진찰한다. 좀 차도가 있으십니까? 오늘 아침에 겨우 죽을 좀 먹었는데, (회복했다고 보기에는)좀 부족한 것 같습니다. 내일 쾌유가 된다면, 의사선생님에게 후하게 보답할 것입니다."라고 번역할 수가 있을 것이다.

現代漢語에서는 "差一點兒"는 形容詞로서 "모자라다", "뒤 떨어지다" 등으로 쓰이는 경우(아래 예문 19, 20번)보다는 副詞로서 "거의", "하마터면" 등의 의미로 널리 다양하게 쓰이고 있음을 볼 수 있는데(아래 예문

18) 許少峯 主編, ≪近代漢語詞典≫ :『些箇, 少許, 一點點。≪水滸傳≫四回 : "智深好生無禮, 全沒些個出家人體面。"』(團結出版社, 1997年, 頁1270)

19) 藍立蓂 編著, ≪關漢卿戲曲詞典≫ :『也, 表推測語氣。關漢卿 ≪金線池≫一 卜兒白: "這一回不見俺那妮子, 知他在那裏, 敢待來也。』(四川人民出版社, 1993年, 342쪽)

21, 22), 近代漢語에서도 아래의 예문(23~26번)에서 볼 수 있는 것처럼 '爭', '爭些', '爭些兒', '爭些個'[20] 등이 副詞로 쓰이고 있는 다양한 용례를 볼 수가 있다.

19) 還差一個人。
 아직 한 사람이 모자라다.
20) 這種筆比那種差點兒。
 이러한 펜은 저러한 팬보다 질이 좀 떨어진다.
21) 差點兒就見着了。
 하마터면 만날 번했다.
22) 差點兒就考上甲班。
 거의 甲班에 붙을 번했다.
23) 神魂亂, 手脚痲, 爭些半霎時身亡化。(≪小孫屠≫ 十九出)
 정신이 혼미해지고, 손발이 마비가 되어, 하마터면 순간 죽을 번하였다.
24) 吃了這般辛苦, 爭些兒送了性命。(≪水滸傳≫)
 이런 고생을 당하여, 하마터면 목숨을 잃을 번했습니다.
25) 我爭些個錯壞了你! (明·≪警世通言≫37卷)
 내가 하마터면 당신의 망칠 번했습니다.
26) 若不是昭陽宮粉黛美人圖, 爭認做落伽山水月觀音現。(缺名≪抱妝盒≫)
 昭陽宮의 아름다운 미인도가 아니었으면, 하마터면 거의 落伽山 수월관 음이 환생한줄 알았을 것이요.

상대적으로 '爭些', '爭些兒', '爭些個'[21]가 형용사로서 쓰인 用例는 앞에

20) 劉堅 江藍生 主編, ≪宋語言詞典≫:『爭些: 相差一點, 險些。亦作'爭些子', '爭些兒' '爭些個'。』(上海敎育出版社, 1999年, 348쪽)

21) 香坂順一 著, 江藍生 白維國 譯, ≪白話語匯硏究≫ :『…用"些兒"不用"點兒"是因爲在這個時代"些"點優勢, "點"作補語的用法尙不發達。現代漢語裏也說"險些"不說"險點", 因爲在"點"取得優勢之前, "險些"作爲固定說法已在口語中扎下根了。跟"險些"意義相近的"爭", 現代漢語口語不用, 它又作"爭些""爭些兒",

서 제시한 예문(17, 18번)에서 볼 수 있는 "猶自較爭些", "比似高談却較爭"과 ≪原老≫에서의 "高麗小厮每較爭些箇"와 "今日早晨纔喫了些粥, 較爭些箇也" 등이 그것이다.

(2) '爭'이 '다투다, 서로 고집하다, 떠들다'[22] 등으로 쓰이는 경우:

27) 是委實沒若干料鈔, 敢則到的三百定料鈔, 那零一十定與恁上等擇鈔如何? 客人覷, 偌多交易, 索甚麽爭這些箇料鈔, 好擇鈔也與料鈔一般使有。(≪原老≫ 37a)
사실 새 '料鈔'은 얼마 없소, 대략 三百定이 될 것이오, 나머지 十定은 상 등의 '擇鈔'을 드리면 어떻겠소? 손님보시요! 이렇게 많은 양의 물건을 사고파는데, 새 돈 헌 돈을 따질 필요가 뭐 있겠소, 좋은 '擇鈔'도 '料鈔'와 똑 같이 쓸 수가 있습니다.
⇒ 客人看, 這偌多交易, 要甚麽爭競? 這些箇銀子是好靑絲, 比官銀一般使。(≪飜老≫下 64a)

29) 恁兩家休爭, 限十箇日頭還足價錢。(≪原老≫ 35b)
두 사람은 다투지 마시오, 열흘 기한으로 재 값을 치르기로 합시다.
⇒ 你兩家休爭, 限十箇日頭, 還足價錢。(≪飜老≫下 58a)

30) 似這等布寬呵好, 這幾箇布哏窄有。窄呵偏爭甚麽? 也一般賣了。(≪原老≫ 36b)
이런 베처럼 넓어야 좋고, 이 몇 몇은 무척 좁군요. 좁다고 뭘 또 따지시 오? 똑 같이 팔면 되지요.
⇒ 窄時偏爭甚麽? 也一般賣了。你怎麽說那等的話? 寬時做衣裳有餘剩, 又容易

"些""些兒"處于補語位置。… "些"又作"些子""些個", 所以複合爲"爭些子""爭些個"幷不奇怪。前者在宋代的作品裏出現, 後者在≪元曲≫裏可見, 但多出現在曲的部分, ≪水滸≫裏都不用。』(中華書局, 1997年, 178쪽)

22) 顧學頡 王學奇, ≪元曲釋詞≫卷四 :『爭', 競爭, 爭奪, 互不相讓。吵鬧。≪廣韻≫: '爭', 競也。≪趙禮讓肥≫三【聖藥王】: "不索你三箇爭, 那箇乖, 也是前生注定血光災。』(中國社會科學出版社, 1990年, 424쪽)

賣。(≪飜老≫ 下 62b)

위의 例文은 ≪原老≫에서 '爭'이 '競爭, 爭奪, 互不相讓, 吵鬧' 등의 의미로 쓰인 총 3번의 用例이다. 예문 아래의 "⇒"의 例文은 '爭'이고 刪改本인 ≪飜老≫에서는 어떻게 나타나고 있는가를 살펴본 것이다.

(3) '爭'이 '더, 더욱'[23] 등의 의미로 쓰인 경우:

31) 你打開, 我試托? 那裏滿七托, 剛剛的七托有。你身材大的人, 一托比別人爭多。(≪原老≫ 27b)

(옷감을) 펴보시오, 내 재 보겠소. 어디 일곱 발이 찹니까? 억지로 일곱 발이 되는군요. 당신처럼 몸집이 큰 사람은 한 발이 다른 사람보다 더 긴 법이오.

⇒ 那裏滿七托? 剛剛的七托少些。你身材大的人, 托比別人爭多。(≪飜老≫下 29a)

어·듸 닐·굽 :발·ᄎ·뇨? 계·우 닐·굽 :발 낟브·다, 네·몸·큰 사ᄅ·ᄆ, ᄒᆞᆫ: 발·도 ·ᄂᆞᆷ·과 견·조·면·어·머·리 너·므리·라.

→ 那裏滿七托? 若說七托却少些。你的身子大, 手臂長, 一托比別人長得多。(≪老新≫ 32a)

'爭'이 '更'의 의미로 쓰인 用例를 ≪原老≫와 딱 한 번 볼 수가 있는데, '更'의 의미를 가지는 '爭'이 ≪飜老≫(위의 예문 "⇒")에서도 여전히 볼 수 있었으나, ≪老乞大新釋≫(이하 ≪老新≫, 예문 "→")[24]에 이르러서는

23) 劉堅 江藍生 主編, ≪元語言詞典≫ :『爭, 更。≪玉鏡台≫三【耍孩兒】: 三 "你少年心想念着風流配, 我老則老爭多的幾歲?"』(上海教育出版社, 1998年, 423쪽)

24) ≪老乞大新釋≫(1761年)은 ≪老乞大≫의 改修本이다. ≪老乞大≫이후 약 300년 만에 改修되어 편찬된 ≪老乞大新釋≫本은 상당한 語彙의 변화가 보이므로 이 또한 연구의 藍本으로 삼았다. ≪老乞大新釋≫보다 약 40년이 늦은 시기에 編纂

보이지 않는다. '爭'이 '更'의 의미로 쓰이고 있는 사실은 ≪飜老≫의 諺解 "어머리(훨씬; 아주)"에서도 확인 할 수가 있다.

(4) '不爭'의 형태로, '만약… 한다면'의 의미를 가지는 假定의 접속사로 쓰이는 경우:

32) 不爭我一棒打翻了他, 須不好看。(≪水滸傳≫ 9回)
만일 내 한 번에 그를 쓰러뜨린다면, 썩 보기 좋지는 않을 것이오.

33) 不爭我們吃你酒食, 明日官府上, 須惹口舌。(同上書, 36回)
만일 우리가 당신들의 음식 대접을 받는다면, 내일 관아에서 구설수에 오를 것이오.

34) 這箇馬元來有病。有甚麽病? 兀的鼻子裏擺膿有, 是馬。俺怎麽敢買將 去? 不爭將去時, 連其餘的馬都染的壞了。(≪原老≫ 25a)
이 말이 본래 병이 있군요. 무슨 병이요? 저 코에 콧물이 흐르니, 병이 든 말이요. 내가 어찌 사 갈 수가 있겠소? 만일 사가지고 간다면, 다른 말까지도 전염이 되어 나쁘게 될 것입니다.
⇒ 鼻子裏流膿, 是馬。我怎麽敢買將去? 不爭將去時, 連其餘的馬都染的壞了。(≪飜老≫ 下 19a)
→ 那鼻子裏流膿, 是馬。我怎麽敢買了去? 若拉馬去, 連其餘的馬都帶累壞了。(≪老新≫ 28b)

'不爭'이 假定의 接續詞로 쓰이는 用例는 다른 문헌에서는 흔히 볼 수 있지만(위 예문 32, 33번), 그러나 ≪原老≫와 ≪飜老≫에서 딱 한 차례(위 의 예문 34번) 보이고, ≪老新≫에 이르러서는 '不爭'이 '若'으로 代替되었음을 볼 수 있다. '不爭'이 假定의 의미를 나타내는 接續詞로 볼 수

된 ≪重刊老乞大≫(1795年)本은 일부의 語彙가 ≪老乞大≫시대로 回歸된 측면이 보인다는 견해가 있다.

있는 또 하나는 ≪原老≫와 ≪飜老≫의 用例(위의 예문 34번)에서 볼 수 있듯이 "不爭…時"의 형태를 이루고 있음이다. '時'는 假定을 나타내는 助詞로서 老乞大時代에서는 그 用例를 흔히 볼 수가 있다.[25] 그리고 ≪飜老≫에서는 '不爭將去時'를 '므더·니 너·겨 가·져 가·면(괜찮다고 여기고 가져가면)'으로 언해되고 있음을 볼 수 있다. 老乞大時代에서 '不爭'이 假定의 接續詞로 쓰이면, 그 결과는 일반적으로 如意치 못함을 나타낸다고 한다. 즉 '若是' 등과 같은 일반적인 假定의 接續詞는 좋고 나쁜 결과에 상관없이 쓰이지만, '不爭'은 ≪原老≫의 용례에서처럼 나쁜 결과를 나타내는 문장에서 주로 사용 되고 있는 것이다.[26]

(5) '不爭'이, '뜻밖에, 생각지도 못하다'[27]등의 의미를 나타내는 경우 :

35) 你則說賣的價錢, 無來由這般高索甚麽?

사는 사람 : 팔 값을 말하시고, 쓸데없이 이렇게 비싼 가격을 달라고 하는군요?

俺不是矯商量的。你道的是呵, 兩三句話便成了交易。

파는 사람 ; 속임수로 장사하자는 것이 아니요. 당신 옳은 가격을 말하면, 몇 마디에 거래가 이뤄질 것이요.

不爭你這般胡索價錢, 怎生還呵是? (≪原老≫ 23a)

사는 사람 : 당신이 이렇게 값을 엉터리로 부를 줄은 정말 몰랐소, 어떻게 (값을)치르는 것이 좋겠소?

---

25) 拙稿, ≪老乞大語彙考≫(中國語文論叢 39輯(2008년))

26) 香坂順一 著, 江藍生 白維國 譯, ≪白話語匯硏究≫:『'不爭'跟'若是'同爲連詞, 但使用上似有一定的限制。卽, 用'若是'做假定, 其結果是好是壞沒關係, 而用'不爭'做假定, 其結果往往不是那麽如意, 跟一般的假定連詞在語感上有不同。』(中華書局, 1997年, 139쪽)

27) 李申 著, ≪金瓶梅方言俗語匯釋≫:『不爭: 不知, 想不到。≪忍字記≫:「不爭俺這一回還了俗, 却原來倒做了佛。」(北京師範學院出版社, 1992年, 83쪽)

⇒ 我不是矯商量的。你說的是時, 兩三句話, 交易便成了。不要你這般胡討價錢, 怎麽還你的是? (≪飜老≫下 10b)

→ 我不是沒有商量的。你說的是, 兩三句話, 交易就成了。不要這樣混胡討謊價, 敎我怎麽還你是? (≪老新≫ 26a)

36) 我從丈人家借辦得幾貫錢來養身活命, 不爭你偸了我的去, 却是怎的計結? (≪京本通俗小說·錯斬崔寧≫)

난 장인어른에게서 돈을 목숨을 연명하고자 했는데, 생각지도 못하게 네가 내 것을 훔쳐갔으니, 어찌 처결을 해야 한다는 말인가?

37) 我這兩個業種, 是東岳求來的, 不爭被你閻君勾去了, 東岳敢不知道? (≪初刻拍案驚奇≫卷三五)

내 두 딸을 태산의 東岳神에게서 빌어서 얻어온 아이들인데, 뜻밖에 閻君 당신에게 빼앗기게 되다니, 東岳神께서 이 같은 사실을 모를까요?

위의 예문 36, 37)번에서 볼 수 있는 것처럼, '不爭'이 '不料, 豈料, 不知'[28] 등의 의미로 쓰이는 경우를 다른 문헌에서는 많이 볼 수 있지만, ≪老乞大≫系列에서는 위의 예문 35)번에서처럼 ≪原老≫에서 딱 한 차례 그 用例를 찾을 수가 있었고, ≪飜老≫나 ≪老新≫에서는 '不爭'의 어휘가 사라지고 '不要'로 改修되어 있음을 볼 수 있다.

위의 예문 35)번 한글의 번역은, '不爭'이 "뜻밖에, 생각지도 못하다"의 의미로 쓰이고 있는지를 판단하기 위하여 나름대로 상황을 설정하여 번역을 해본 것이다. 그러나 鄭光의 譯註書에는『원문 '不爭'의 '爭'은 '奈'와 같으며 '어떻게'라는 의미를 갖는다. 따라서 '不爭'의 원래의미는 '어떻

28) 香坂順一 著, 江藍生 白維國 譯, ≪白話語匯硏究≫:「'不爭'本來不表示假定, 表示不如意是其本來的用法。假定不過是其引申用法而已。'如今不爭添了這箇人, 他是京師禁軍敎頭, 必然好武藝。(≪水滸≫11 回) … 而且≪金瓶梅詞話≫裏也偶見, 其後漸漸消失。… ≪官場現刑記≫等淸末小說裏已經不用了。」(中華書局, 1997年, 139~140쪽)

게 할 수 없다'인데, 그 다음에 좋지 않은 상황을 가정할 때에 쓰는 말이다. 보통은 '만일'의 의미로 해석되지만, "쓸데없이"로 번역하였다.』[29]라고 '不爭'에 대해서 풀이를 하고 있고, "不爭你這般胡索價錢, 怎生還的是?"를 "쓸데없이 이런 엉터리 값을 매긴다면 어떻게 돈을 내란 말이오?"라고 번역을 하고 있음을 볼 수 있다.

(6) '不爭'의 형태로, "단지 … 때문에"[30]의 의미로 쓰이는 경우:

38) 似這等布寬呵好, 這幾箇布哏窄有。

사는 사람 : 이런 베처럼 넓어야 좋고, 이 몇 몇은 무척이나 좁군요.

窄呵偏爭甚麼? 也一般賣了。

파는 사람 : 좁다고 뭘 또 따지시오? (다른 베와) 똑같이 팔면 되지요.

恁怎說那等言語? 寬呵, 做出衣裳有餘剩, 又容易賣。窄呵, 做衣裳不勾。不爭少些箇, 又索這一等的布零截, 又使五兩鈔。爲這上, 買的人少, 怎做?

사는 사람 : 당신은 어떻게 그런 말씀을 하시오? 넓으면 옷을 만드는데 남음이 있어, 잘 팔릴 것입니다. 좁으면 옷을 만드는데 부족할 것입니다. 조금 모자라기 때문에, 또 똑같은 다른 옷감으로 모자라는 부분을 덧대야 하니, 그러면 또 다섯 냥을 써야 합니다. 이러한 이유 때문에 사는 사람이 적은데, 어찌 장사를 하겠소?

爭甚麼有? 買也買了也, 索甚麼閑厮諢? 筭了價錢檢與他鈔。(≪原老≫ 36b)

중개인 : 뭘 그리 따지고 언성을 높이시오? 사시려면 사시고, 그리 쓸데 없는 말을 하시오? 계산을 하고 돈이나 잘 살펴보시오.

⇒ 窄時做衣裳不勾。若少些時, 又要這一等的布零截。又使一錢銀。(≪飜老≫ 下

---

29) 鄭光 역주·해제, ≪原本老乞大≫(太學社, 1995年, 253쪽, 주 3번)

30) 高文達 主編, ≪近代漢語詞典≫:『不爭, 只爲, 只因, 因爲。≪漢宮秋≫四折: "雁叫科: 不爭你打盤旋, 這搭裏同聲相應, 可不差訛了四時節令。" ≪金瓶梅詞話≫ 87回: "不爭被周忠說這兩句話, 有分教這夫人從前作過事, 今朝沒興一齊來。"』(知識出版社, 1992年, 54쪽)

62b)

→ 窄的做衣裳是沒材料, 不勾。若短少了, 又必要添些零布, 又得多使一錢銀 子。(≪老新≫ 42b)

近代漢語에서는 '不爭'이 '只爲, 只因, 因爲'의 의미로 쓰이는 경우를 많이 볼 수 있지만, ≪原老≫에서는 위의 예문 38)번에서처럼 딱 한 차례의 用例를 볼 수가 있었다. ≪原老≫에서의 '不爭'이 ≪飜老≫나 ≪老新≫에서는 각각 '若少些時(만약에 좀 모자라면)', '若短少了(만약 짧으면)'와 같이 假定文으로 改修되고 있음을 볼 수 있다. 위의 예문 38)번의 번역은 '옷감을 파는 가게에서 옷감을 살피다가 폭이 좁은 옷감을 발견하고는 자신의 견해를 밝히는 대목'으로, '不爭少些箇'一句의 정확한 해석을 위하여 앞뒤 정황을 감안한 번역인 것이다.

"不爭少些箇"에 대한 鄭光의 譯註書에는『원문 '不爭'은 "어떻게", 또는 "만일에"의 뜻이다.』라고 註解하고 있음을 볼 수 있다. 이러한 설명은 ≪飜老≫나 ≪老新≫에서는 각각 '若少些時(만약에 좀 모자라면)', '若短少了(만약 짧으면)'로 改修한 것과도 일치하고 있는 양상이다. 그러나 위의 用例 20)번의 對話 내용을 자세히 보면 "이와 같이 폭이 좁은 옷감은 옷을 짓는데 부족하여, 부족한 부분만큼 보태야 한다."의 의미로 '寬呵, 做出衣裳有餘剩, 又容易賣(넓으면 옷을 짓고도 남기 때문에 쉽게 팔수가 있고)', '窄呵, 做衣裳不勾(좁으면 부족하여 덧대야 한다)'처럼, 假定의 예를 들어 말하고 있는 것은 아니라고 본다. 즉 '눈 앞에 펼쳐진 상황 때문에'라고 보이기 때문에 用例 38)번 "不爭少些箇"에서의 '不爭'은 '只爲, 只因, 因爲'의 의미로 해석되어야 한다고 보는 것이다.

17. 就

'卽時' 즉 '곧' '바로' 등의 의미를 나타내는 副詞 '卽'은 古代漢語에서 보편적으로 쓰였고, 近代漢語에서는 '便'과 '就'로 交替되어 쓰이다가 現代漢語에서는 '就'가 보편적으로 쓰이고 있다. 副詞 '便'은 漢代에 이미 출현되어 쓰이다가 南北朝에 이르러서는 '便'의 사용 횟수가 '卽'의 출현 頻度를 넘어섰고, 宋代에 이르러는 '便'으로 완전히 交替가 되었고, 이 時期에 '就'의 출현으로 元代와 明代 初期의 白話에서는 '便'과 '就'가 보편적으로 쓰이다가 1945년 이후에 '就'字의 出現 頻度가 '便'을 넘어섰다고 한다.[1]

그러나 이러한 상황은 作品에 따라 다를 수가 있다고 본다. 예를 들어, 金·董解元 ≪西廂記諸宮調≫[2]와 元·王實甫 ≪西廂記≫[3] 그리고 明代 施耐庵 ≪水滸全傳≫ 등은 '就'字의 쓰임보다도 '便'字의 쓰임이 월등히 많음을 볼 수 있다. 이와 같은 현상은 ≪原本老乞大≫(이하 ≪原

1) 蔣紹愚 曹廣順 主編, ≪近代漢語語法史綜述≫ :「据李宗江文, 副詞"便"漢代就已出現, 到南北朝時期, "便"的用量已超過了"卽", "到了宋代, '便'對'卽'的替換已基本完成。"据曹廣順, "就"也正好這個時候産生了。梅祖麟說, "副詞'便''就'在元代和明初都是白話詞彙", 這是對的。按曹廣順說, "在副詞'就'産生之前, 漢語中有與之相應的副詞'便', 隨着'就'的産生, 也就開始了'就'取代'便'的過程。…到了1450年以後, '就'字的出現頻率已經超過了'便'字。」(商務印書館, 2005年, 135쪽)

2) 董解元 ≪西廂記諸宮調≫에 있어, 副詞 '便'은 72번이 쓰였고, '就'는 12번이 쓰였다.

3) 王實甫 ≪西廂記≫에서 '便'字의 總 出現은 107번이나, 반면 '就'字의 出現은 모두 34번이였다.

老≫)[4]에서도 나타나고 있다. ≪原老≫에서 '就'字의 用例는 총 23번을, '便'字의 用例는 50번으로 나타나고 있다. 특히 ≪原老≫에서 '便'字의 쓰임은 現代漢語에서의 '就'의 用法과 거의 類似함을 보이고 있으나, ≪原老≫에서의 '就'字의 쓰임은 現代漢語에서와는 전혀 다르게 쓰이고 있음을 볼 수가 있다.

가. '就'의 '就便, 順便, 趁便'의 用例

아래의 例文 1)번은 ≪原老≫에서 中國商人과 高麗商人들이 길을 재촉하면서 5일 후에 大都에 도착하면 숙소를 어디를 정할 것인지를 상의하고 있는 한 장면의 대화이다. 例文의 한글 飜譯文은 鄭光 역주 해제 ≪原本老乞大≫[5]에 있는 原文을 그대로 옮겨 놓은 것이다.

---

4) ≪原本老乞大≫는 1998년 경북대학교 南權熙교수가 최초로 古本≪老乞大≫를 發見 한 후, 정리를 거쳐 2000년 경북대학교 출판부에서 ≪元代漢語本老乞大≫라는 서명으로 출판되었고, 같은 해 北京外語教學與研究出版社에서 ≪原刊老乞大研究≫이라는 書名으로 각각 출판되었다. 2002년에 北京外語教學與研究出版社에서 修訂本(鄭光 主編)을 다시 出版하면서 ≪原本老乞大≫라고 改名을 하였다. 이에 或者는 "舊本老乞大" 또는 "元本老乞大", "古本老乞大" 等으로 부르고 있는데, 최근 발견된 ≪原本老乞大≫가 이른바 崔世珍이 ≪老乞大集覽≫ 等에서 언급한 "古本", "舊本"인지는 알 수가 없고, 또한 ≪老乞大≫의 최초의 原本인지도 알 수는 없다. 다만 鄭光이 최근 중국과 한국에서 각각 ≪原本老乞大≫라고 書名으로 解題와 譯註를 하였고, 본 논문도 鄭光 譯註解題의 ≪原本老乞大≫(2004년, 김영사)에서 原文과 譯註를 참고하였음으로 이에 ≪原本老乞大≫라는 書名을 쓰기로 하였다. 그러나 최근 鄭光 譯註 解題≪原本老乞大≫(2004년, 김영사)의 수정판인 鄭光 ≪譯註 原本老乞大≫(2010년 박문사)가 출판되었다.

5) 鄭光 역주 해제, ≪原本老乞大≫(太學社, 1995年)

1) 咱每到時, 那裏安下去便當?
도착하면 어디서 묵는 것이 편할까요?
咱每則投順承門關店裏下去來, 那裏就便投馬市裏去哏近。(≪原老≫3b)[6]
順承門 근처의 關店에 묵도록 하세. 거기라면 말 시장(馬場)에 가는 데도 꽤 가깝다네. (≪鄭光≫51쪽)[7]

여기서 논의를 하고자 하는 것은 위 例文에서 쓰이고 있는 '就便'에 대한 解釋이다. 鄭光은 '就便'에 대하여「원문 '就便'은 "∼하는 김에"의 뜻이 있으나, 여기서는 문맥상 "거기라면"으로 번역하였다.」[8]라고 註釋하고 있음을 볼 수 있다. 물론 近代漢語에서 '就便'은 '隨卽'(아래 예문 2번), '趁便'(예문 3번) 등의 의미로 쓰이고 있는 語彙이고, 現代漢語에서도 '就便'이 '順便'의 의미로 쓰이고 있는 用例(아래 예문 4번)를 볼 수 있다.

2) 交騎劫爲正帥, 騎能爲副將, 我王御牌誓刃。若不早赴朝廷, 就便誅之。(≪七國春秋平話≫卷中)
3) 我看那厮不是善良君子, 以定是醉了, 就便着我們把索子縛綁了。(≪水滸全傳≫十四回)[9]
내가 보컨대 저치는 선량한 군자가 아닐 것이요, 틀림없이 취해서, 취한 김에 우리를 끈으로 묶은 것이요.

6) (≪原老≫3b)는 ≪原本老乞大≫ 影印本 12쪽 b面을 말함이다. 本稿는 引用의 편리함으로 汪維輝編≪朝鮮時代漢語教科書叢刊≫ (全四冊, 中華書局, 2005年)1冊의 校正印刷本과 2冊의 影印本을 藍本으로 삼았다.
7) (≪鄭光≫51쪽)은 鄭光 역주 해제 ≪原本老乞大≫(太學社, 1995年) 51쪽을 말함이다.
8) 上揭書 51쪽 주14)번.
9) 許少峯 主編, ≪近代漢語詞典≫(團結出版社, 1997年, 600쪽)에서 '就便'을 "隨卽, 趁便"으로 풀이하고 있음을 볼 수 있다.

4) 你上街就便把這封信發了。[10]
밖에 나가면, 나간 김에 이 편지를 부쳐주시오.

그렇지만 아무리 앞뒤의 문맥을 살펴봐도 앞의 예문 1)번의 '就便'은 "順便(~하는 김에, ~하던 차에)"의미를 가질 수가 없다고 본다. 여기서 '就便'은 '就'와 '便'이 같은 의미를 가지는 同義複合副詞로서 그 의미는 "就"[11]인 것이다. 그래서 예문 1)번의 "咱每則投[12]順承門關店裏下[13]去來, 那裏就便投馬市裏去哏近。"을 現代漢語로 「我們還是到順承門關店住下去吧, 那裏就到馬場去很近。」으로 바꿀 수가 있을 것이다. 즉 "우리는 아무래도 順承門쪽 關店에서 묶도록 해야겠지, 그곳에서 馬場가기가 매우 가까우니 말이네"라고 번역이 될 것이다. "~하는 김에"라는 鄭光의 註釋이 맞지 않고, 또한 "거기라면"으로 意譯이 될 수도 없다고 본다.

물론 ≪原老≫에서 '就'가 '就便, 順便, 趁便'의 의미로 쓰이고 있는 用例는 쉽게 찾아 볼 수가 있고, '就'의 이러한 쓰임은 近代漢語의 다른 文

10) (中國社會科學院語言硏究所詞典編輯室編, ≪現代漢語詞典≫, 商務印書館, 2001年)

11) 香坂順一 著, ≪水滸詞彙硏究≫(198쪽) : 「"就"與"便"可以組成同義複合副詞"就便"。這種複合, 詞素的次序只有"就+便", 沒有"便+就"。… 例: "其餘些小, 就便分了。(水滸傳 17回)" "兩個吃了, 就便休息。(水滸傳 73回)" …"就"在古代漢語中爲"卽"。"便"已如前述, 漢時卽已使用開來。與"就", "便"竝行時代之前, 卽有"卽", "便"竝行時代。因此, 與"就便"相對應, 還有同義複合詞"卽便", 也是自然的。」(文津出版社, 1992年)

12) 投 : 前往; 到。≪金瓶梅≫八回: 「(武松)鎖了房門, 一徑投紫石街來。」九回 : 「連酒保王鸞幷兩個粉頭包氏, 牛氏都拴了, 竟投縣裔裏來。」(白維國 編, ≪金瓶梅詞典≫, 中華書局, 1991年, 535쪽。)

13) 下 : 歇宿, 收留。≪警世通言≫卷二十四: 「想你這個模樣子, 誰家下你?」(高文達 主編, ≪近代漢語詞典≫智識出版社 1992年, 847쪽。)

獻에서도 그 用例를 찾을 수가 있다. 아래의 예문 5)과 6)번은 각각 藍立蓂 編著의 ≪關漢卿戲曲詞典≫[14]과 羅竹鳳 主編의 ≪漢語大詞典≫[15]에서 '就'를 "就便", "順便"으로 풀이를 하면서, 例文으로 提示되고 있는 用例들이다.

5) 我正要看洛陽城哩, 如今領百十騎人馬同段志賢打探, 就觀看他洛陽城去。(關漢卿 ≪單鞭奪槊≫二末 白)
   난 마침 洛陽城을 보고자 하였는데, 오늘 백 여기의 인마를 이끌고 段志賢과 함께 염탐을 하겠소, 염탐을 하는 김에 洛陽城을 구경이나 해야겠소.
6) 你孩兒去南昌做賣買, 就躲災難。(元·孟漢卿 ≪魔合羅≫楔子)
   그대의 자식을 南昌에 장사를 보내고, 간 김에 재난도 피하도록 하시오.
7) 恁外頭更有伴當麼? 有一箇看行李, 就放馬裏。(≪原老≫12a)
   한 사람이 짐을 보면서 말을 풀어먹이고 있습니다. (≪鄭老≫140쪽)
→ 有一個看行李, 就放馬裏。(≪飜老≫上 42a)
   ᄒᆞ나히 짐 보ᄂᆞ니 이셔셔 게셔 몰 노하 머기ᄂᆞ니.
   짐 보는 사람이 한 명 있어서 거기서 말을 놓아먹이고 있다. (≪國語會≫ 94쪽)
⇒ 還有一個在那裏看行李, 放馬呢。(≪老新≫14a)
8) 你去問主人家, 索幾箇席子藁薦來, 就待箇苕帚來拂綽, 行李且休搬入去。(≪原老≫19b)
   당신 주인한데 가서 돗자리나 멍석을 몇 개 받아 오게. 또 빗자루를 가져다가 깨끗하게 청소하세. 짐은 잠시 넣지 말고 돗자리나 멍석을 깔고 나서 한꺼번에 넣도록 하세. (≪鄭老≫216쪽)
→ 你去問主人家, 要幾個席子藁薦來, 就拿苕帚來掃地, 行李且休搬入去。(≪飜老≫上 69a)
   네 가 쥬인ᄃᆞ려 무러 여러 돗과 지즑 달아 ᄒᆞ야 가져오ᄃᆡ 이믜셔 미뷔 조쳐 가져다가 씨 ᄡᅳᆯ라….
   자네가 가서 주인에게 물어서, 돗자리와 거적 여러 개를 달라고 해서 가져오되,

14) (藍立蓂 編著, ≪關漢卿戲曲詞典≫, 四川人民出版社, 1993年, 137쪽)
15) (羅竹鳳 主編, ≪漢語大詞典≫卷三, 漢語大詞典出版社, 1991年)

우선 빗자루를 함께 가져다가 땅을 쓰시오. (≪國語會≫132쪽)

⇒ 你去問主人家, 要幾領席子草薦來, 就拿苕蔕來掃地, 行李且休搬入去。(≪老新≫22a)

9) 有甚麽熟菜蔬, 將些來與客人喫。怕無時, 有蘿蔔、生葱、茄子將來, 就將 些醬來。(≪原老≫12a)

그리고 반찬이 될 것이 무어라도 있으면 갖다가 이분들에게 드려라. 만일 없으면 무나 파, 또 가지를 갖고 오너라. 가는 길에 장도 가져오고. (≪鄭老≫ 135쪽)

→ 怕沒時, 有蘿蔔生葱茄子將來, 就將些醬來。(≪飜老≫40b)

업거든 댓무우와 파와 가지 잇거든 가녀오아, 이믜셔 쟝조쳐 가져오라.

만약 없으면 댓무와 파와 가지가 있거든 가져 오너라. 장까지 함께 가지고 오너라. (≪國語會≫93쪽)

그리고 위의 例文 7) 9번 3개 바로 '就'字가 바로 ≪原老≫에서 "就便, 順便, 趁便"의 의미로 쓰이고 있는 用例들이다. ≪原老≫의 原文 밑에는 ≪原老≫의 刪改本이라고 할 수 있는 ≪飜譯老乞大≫(이하 飜老)[16]의 原文과 諺解("→"표)이고, 또 바로 아래의 ("⇒"표)의 例文은 가장 늦은 時期의 刪改本인 ≪老乞大新釋≫(이하 ≪老新≫)[17]의 原文이다. 또한 ≪原

16) ≪飜譯老乞大≫는 ≪老乞大≫를 中宗朝 崔世珍이 諺解한 것이다. 上下 兩卷으로 된 木版本인데 上卷이 71張, 下卷이 73張이다. 이 板本의 名稱은 원래 그대로 ≪老乞大≫로 되어 있으나 그렇게 되면 漢語本의 名稱과 구별이 되지 않고, 그렇다고 ≪老乞大諺解≫로 하면 重刊本과의 혼란이 생기므로 이에 四聲通解에 붙어있는 「飜譯老乞大朴通事凡例」란 기록에 의지하여 ≪飜譯老乞大≫로 通稱하게 된 것이다. 또한 이 책에는 序跋이나 刊記가 없어 정확한 年代를 알 수 없었는데, 이 凡例로 인해 이 책이 적어도 四聲通解의 刊年인 中宗12년(1517)이전에는 완성되었으리라고 보는 것이다(金文雄≪重刊老乞大諺解≫解題에서 인용). 본고의 原典으로는 大提閣(1974年, 影印本)韓國古典叢書(復元版)≪飜譯老乞大 朴通事≫(上)과, 鄭監 監修, 國語史資料硏究會譯註≪譯註飜譯老乞大≫(太學社, 1995年)本을 사용하였다.

17) ≪老乞大新釋≫(1761年)은 ≪老乞大≫의 改修本이다. ≪老乞大≫이후 약 300년

老≫의 우리말 번역은 鄭光 역주 해제 ≪原本老乞大≫一書의 번역문을 그대로 옮긴 놓은 것이고, 짙은 書體의 ≪飜老≫原文의 우리말 번역은 鄭光 監修 國語史資料硏究會 譯註 ≪譯註飜譯老乞大≫에서의 번역을 그대로 옮겨 적은 것이다.

이렇게 두 종류의 번역을 동시에 수록하고 ≪飜老≫의 諺解까지 그대로 옮겨 적은 것은, 相互 비교를 통하여 '就'字에 대한 정확한 의미와 용도 그리고 변화 과정을 파악하고자 하는 의도이다. ≪原老≫에서 ≪老新≫까지는 약 500년의 긴 시간의 격차를 두고 있지만, 위의 각각의 例文에서 볼 수 있는 것처럼 '就'의 쓰임은 변화가 없음을 볼 수 있다. 그러나 ≪飜老≫의 諺解를 보면 각각 "게셔(거기서)"와 "이믜셔(함께, 우선)"[18] 등으로 풀이되고 있음을 볼 수 있고, 특히 ≪飜老≫에 있어 國語史資料硏究會의 우리말 번역은 ≪飜老≫ 당시의 '諺解'를 그대로 풀어쓰고 있음을 볼 수 있다.

앞에서 언급한 바처럼 ≪原老≫에서 '就'字의 用例는 총 23번을 찾을 수가 있었는데, "順便"의 의미로 쓰인 경우가 9번('一就' 포함), 介詞 "在, 向, 到, 趁" 등의 用法으로는 8번, "一起, 一同"의미로 2번, 時間副詞로서 3번, 그리고 動詞로 쓰이고 있는 用例가 한 번 이였다.

위의 통계숫자에서 알 수 있듯이 ≪原老≫에서 '就'의 쓰임은 現代漢

만에 改修되어 편찬된 ≪老乞大新釋≫本은 상당한 語彙의 변화가 보이므로 이 또한 연구의 藍本으로 삼았다. ≪老乞大新釋≫보다 약 40년이 늦은 시기에 編纂된 ≪重刊老乞大≫(1795年)本은 일부의 語彙가 ≪老乞大≫시대로 回歸된 측면이 보인다는 견해가 있다.

18) 諺解 '이믜셔'에 대해서 劉昌惇 著, ≪李朝語辭典≫(延世大學校出版部, 2005年)에서는 "이미, 곧"으로 풀이하고 있고, 신기철, 신용철 編著 ≪새우리말 큰 사전≫(三省出版社, 1983年)에서는 "우선(就), 먼저(一發), 함께(一就)" 등으로 풀이하고 있다.

語에서 볼 수 있는 '就', 즉 時間[19]과 範圍를[20] 나타내거나 또는 '便'이 數量[21]을 修飾하거나, 또는 複文의 문장에서 연결 작용을 하여 결과[22]를 나타내거나, 아니면 '便'이 强調의 어투를[23] 나타내는 등의 의미로 쓰이고 있는 用例는 거의 찾아 볼 수가 없다. 現代漢語에서와 같은 '就'의 기능을 ≪原老≫에서는 副詞 '便'이 그 역할을 맡고 있다(이러한 '便'字의 쓰임은 다음 章에서 논의가 있을 것이다).

앞에서 제시한 예문 7)~9)번「有一箇看行李, 就放馬裏」,「索幾箇席子藁薦來, 就待箇苕帚來拂綽」,「有蘿蔔, 生葱, 茄子將來, 就將些醬來」에서의 '就'의 기능을 어떻게 봐야 할 것인가? 아무리 앞뒤의 狀況을 연결하고 文脈의 흐름을 살펴보아도 '就'가 近代漢語의 다른 文獻에서 볼 수 있는 것처럼 "時間[24]의 의미를 나타내거나 强調,[25] 또는 條件의 複文[26]에

---

19) 演出七點半開始, 他七點就到劇場了。(상영은 7시 반에 시작되는데, 그는 7시에 극장에 도착했다.)

20) 這件事就你和我知道, 不要告訴別人。(이 일은 너와 나만이 알고 있으니, 다른 사람한테는 알리지 마라.)

21) 我一天就走了一百里。(난 하루에 백리 길이나 갔다.)

22) 你如果有問題, 就去請教張老師。(만일 어떤 문제가 있으면, 장 선생님에게 물어봐라.)

23) 他就是我說的那個人。(저 분이 바로 내가 어제 말한 그 분이다.)

24) ≪水滸全傳≫三三回 : 只看我擲盞爲號, 就下手拿住了。(내가 신호로 잔을 던지면, 손을 써서 잡도록 하시오.)

25) ≪朱子語類≫卷一 五 : 到着大學只是這道理, 又教人看得就切實如此, 不是胡亂恁地說去。(大學之道 이치에 도달하는 것은 단지 이러한 도리일 뿐이고, 또한 사람들에게 이렇게 절실하게 보라고 한 것이지, 함부로 이렇게 말하라고 하는 것은 아니다.)

26) ≪夷堅志支丁≫卷十 : 偶值此婦, 遂與之偕行, 念其道途勤謹, 存于家間, 而溫量惠解, 實同甘苦, 故就以爲妻。(우연히 부인을 만나, 그와 함께 길을 가게 되었는데, 밖에서는 행동이 부지런하고, 집안에서는 성격이 온후하여, 실로 同苦同樂한

서 연결의 기능"을 해주는 그러한 쓰임과는 아무런 상관이 없어 보인다. 그러므로 예문 7)~9)번에서 쓰이고 있는 '就'는 우리가 알고 있는 용법으로 사용되고 있는 副詞 '就(便)'는 아닌 것이다.

* 有一箇人看行李, 順便放馬呢。
  한 친구가 짐을 지키면서, 말들을 방목하고 있습니다.
* 你去向主人家, 要幾箇席子藁薦來, 順便帶箇苕帚來掃掃。
  주인에게, 돗자리와 거적 몇 장을 달라고 하시고, 간 김에 빗자루를 가져다 청소나 합시다.
* 有蘿蔔、生葱、茄子拿來, 順便拿些醬來。
  무와 파 그리고 가지를 가져와라, 가져오는 김에 장(醬)도 좀 가져오너라.

이에 위의 例文 7) 9)번에서의 '就'字는 '順便'의 의미를 가졌다고 보고, '就'를 '順便'으로 交替하여 再構成해본 것이다. 앞뒤가 자연스럽게 이어지고, 문맥이 쉽게 이해되면서 번역도 무리가 없음을 볼 수 있다. "짐을 지키는 김에 말들을 풀어 방목을 하고 있다", "돗자리를 얻으러 간 김에 빗자루도 얻어 와라", "무나 파를 가져오는 김에 찍어 먹을 수 있는 장(醬)도 가져와라"의 의미가 아니겠는가? 그러므로 鄭光의 飜譯이나 ≪國語會≫의 飜譯 그리고 ≪飜老≫의 諺解는 잘못되었다고 본다.

나. '一就'의 '就便, 順便, 趁便'의 用例

≪原老≫에서 '就'字가 '就便, 順便, 趁便'의 의미를 가지고 있지만, '就'字 앞에 '一'字가 붙는 '一就'가 '就便, 順便, 趁便'의 의미로도 쓰이고 있

지라, 그런 까닭으로 아내로 삼은 것이다.)

음을 볼 수 있다. ≪原老≫에서 '一就'가 '順便'으로 쓰인 用例를 무려 6 차례나 찾을 수가 있다.

10) 這間壁肉案上買猪肉去, 是今日殺來的好猪肉。…恁主人家一就與俺買去。(≪原老≫6b)

옆집 정육점에서 돼지고기를 사시는 게 좋을 겁니다. 오늘 막 잡은 좋은 돼 지고기거든요. … 저기 주인아저씨, 차라리 당신이 사러 가면 안 될까? (≪鄭老≫79쪽)

→ 你主人家, 就與我買去。買一斤猪肉着。(≪飜老≫上 20b)

너 쥬인하 즉재 날 위ᄒᆞ야 사라가라. ᄒᆞᆫ 근 고기를 사ᄃᆡ.

주인장, 즉시 날 위해서 사러가 주시오. 고기 한 근을 사되…. (≪國語會≫ 61쪽)

⇒ 你主人家, 就與我買去。買一斤肉。(≪老新≫7a)

11) 主人家哥, 更有一句話。人喫的且有些箇, 這馬每却怎生? 一就那與些草 料如何? (≪原老≫16a)

주인아저씨, 부탁이 하나 있는데요. 사람이 먹을 것은 일단 조금 있다고 하지만, 이 말들은 또 어떻게 할까요? 하시는 김에 말먹이를 조금 나눠주시면 안 되겠습니까? (≪鄭老≫177쪽)

→ 這馬們却怎生? 一發那與些草料如何? (≪飜老≫上 55b)

이 ᄆᆞᆯ ᄃᆞᆯᄒᆞᆫ ᄯᅩ 엇디 ᄒᆞ려뇨 이믜셔 져기 딥과 콩을 논힐훠 주ᄃᆡ 엇더ᄒᆞᆫ고.

이 말들은 또 어쩌지요? 함께 짚과 콩을 조금 나누어 주는 게 어떻습니까? (≪國語會≫110쪽)

⇒ 這馬們也當要喂, 一發賣些草料與我喂他如何? (≪老新≫18a)

12) 明日就店裏尋你去, 一就和那親眷每, 一處喫一兩盞。(≪原老≫22a)

내일 숙소로 찾아가겠습니다. 간 김에 같이 온 친척들과 같이 한잔 하지요. (≪鄭老≫239쪽)

→ 明日就店裏尋你去, 一發和那親眷們一處喫一兩杯。(≪飜老≫下 7a)

ᄅᆡ실 店에 너 ᄎᆞ자 가셔 이믜셔 아ᅀᆞᆷᄃᆞᆯ 조쳐 ᄒᆞᆫᄃᆡ셔 ᄒᆞᆫ두 잔 수을 머고리라.

내일 여관에 당신을 찾아 가서 친척들과 함께 한 자리에서 술을 한두 잔 먹겠습니다. (≪國語會≫154쪽)

⇒ 旣這麽, 明日就往店裏尋你去, 一發和那親眷們一同吃一兩杯。(≪老新≫ 25a)

13) 我恰尋思來, 這幾箇羊也當走一遭, 旣待去也, 我餘剩有些鈔裏, 閑放怎麽? 一就買緞子將去。(≪原老≫26b)

내 지금 생각났는데, 이 양들도 팔러 가야 되고, 어차피 간다면 조금 돈 의 여유가 있으니 놀리면 무엇 할 것인가? 가는 김에 옷감도 사 가지고 가세. (≪鄭老≫286쪽)

→ 有些餘剩的銀子, 閑放着怎麽? 一發買緞子將去。(≪飜老≫下 23b)

내게 나믄 은이 이시니 힘히미 두워 므슴 ᄒᆞ료 이믜셔 비단 사 가지고 가자.

내게 남은 은이 있으니 그냥 두어서 무엇 하겠소? 함께 비단을 사가지고 갑시다. (≪國語會≫184쪽)

⇒ 我有些剩的銀子, 閑放着做甚麽? 一發買些緞子拿去賣罷。(≪老新≫30a)

14) 俺揀箇好日頭廻去。我一就待筭一卦去。(≪原老≫39a)

우리들 좋은 날을 골라서 돌아가세, 내가 한번 점치러 가볼까 하네. (≪鄭老≫414쪽)

→ 我一發待算一卦去。(≪飜老≫下 70b)

내 이믜셔 음양ᄒᆞ야 가고자 ᄒᆞ노라.

나는 우선 점을 쳐서 가려고 하오. (≪國語會≫ 249쪽)

⇒ 我們揀箇好日頭廻去。就去筭一卦如何? (≪老新≫ 45a)

15) 有賣的弓絃時將來, 俺一就買一條, 就這裏上了這弓者。(≪原老≫ 28a)

파는 활시위가 있다면 가져오시오. 사는 김에 하나 더 사서 그것도 여기서 활에 지워봅시다. (≪鄭老≫ 307쪽)

→ 有賣的弓弦時將來, 我一發買一條, 就這裏上了這弓着。(≪飜老≫下 32a)

ᄑᆞᆯ 활시울 잇거든 가져오라 내 이믜셔 ᄒᆞ나 사 드듸여 예셔 화를 지후리라.

팔 활시위가 있으면 가져오시오. 내가 함께 하나 사서 곧 여기서 활을 만들겠습니다. (≪國語會≫191쪽)

⇒ 再有賣的弓弦取來, 我也買一條, 就這裏上了這弓去。(≪老新≫ 32b)

위의 例文 10)번에서 ≪原老≫의 '一就'가 ≪飜老≫에서나 ≪老新≫에서는 '就'로 改修되어 나타나고 있지만, 11)번부터 15)번까지 '一就'가 모두 '一發'로 改修되어 나타나고 있음을 볼 수가 있다. ≪飜老≫의 諺解 또한 例文 10)번에서만 '즉재(즉시)'로 諺解되어 있고, 나머지에서는 모두 한결같이 "이믜셔(함께)"로 언해되고 있음을 볼 수 있다.

먼저 위의 例文 12)번의 "明日就店裏尋你去, 一就和那親眷每, 一處喫

一兩盞”의 用例를 살펴보면, ≪飜老≫에서는 “明日就店裏尋你去, 一發和那親眷們一處喫一兩杯。”라고 改修되고「릭실 店에 너 ᄎᆞ자 가셔 이믜셔 아ᅀᆞᆷ돌 조쳐 ᄒᆞᆫᄃᆡ셔 ᄒᆞᆫ두 잔 수을 머고리라」라고 諺解되고 있는데, 즉 ‘一發’를 “이믜셔(함께)”로 언해하고 있고, ‘一處’를 “ᄒᆞᆫᄃᆡ셔(한 곳)”로 풀이 하고 있는 것이다. 例文 12)에서의 ‘一處’는 動詞 ‘喫’ 앞에서 ‘一起’의 의미로 쓰이는 副詞이지, 場所를 나타내는 名詞로 쓰인 것은 아니다. 물론 ≪原老≫에서도 ‘一處’가 場所를 나타내는 名詞로 쓰인 用例(아래 예문 17번)를 찾을 수가 있다.

16) 每日和漢兒學生每一處學文書來的上頭, 些小理會的有。(≪原老≫ 2b)
날마다 한족의 학생들과 함께 글을 배우는 관계로, 조금은 알고 있습니다.

17) 你邀[27]過馬來在一處者, 容易照覷。(≪原老≫ 16b)
말들을 한군데로 몰아주시면, 돌보기가 쉬울 것입니다.

≪原老≫에서 ‘一處’의 用例를 총 6번을 찾을 수가 있었는데, 그 중 5번이 위의 例文 24)번에서처럼 動詞 앞에서 副詞로 쓰이는 用例들이고, 나머지 1번은 動詞 뒤에서 場所를 나타내는 名詞의 用例(위의 예문 17번)로 쓰이고 있었다.[28] 그러므로 “明日就[29]店裏尋你去, 一就和那親眷每, 一處喫一兩盞”의 문장을 現代漢語로 바꿔본다면「明天就到店裏找你

---

27) 邀 : 驅趕; 吆喝。≪西遊記≫八九回:「八戒道: “去罷, 去罷, 猪羊都四散走了!” 行者道: “你去邀着, 等我討他帖兒看看。”」

28) 現代漢語에서도 ‘一起(一同)’은 ‘在, 到’ 등의 少數의 動詞 뒤에, 또는 ‘動詞+在(到)+一起’와 같은 형식을 갖춰야지 ‘一起(一同)’가 장소를 나타내는 名詞의 의미를 가진다. 예를 들면「這些年來, 我們一直在一起。」「兩件事碰到一起了。」

29) 여기서의 ‘就’는 介詞로서 ‘到’의 의미를 가진다. ‘就’의 介詞用法은 바로 다음 章에서 논의 될 것이다.

去, 順便跟那親戚們, 一起喝一兩杯酒。」가 될 것이다.

'一發' 또한 '一起, 一竝'의 의미를 가지는 語彙로서 老乞大時代(아래 18번~20번)에서는 물론이고, 現代漢語(아래 21번)에서도 여전히 '一發'는 '一同, 一起' 등의 의미로 쓰이고 있음을 볼 수 있다.

18) 我家也有頭口騾馬, 教莊客牽出後槽, 一發喂養。(≪水滸全傳≫二回)
우리 집에도 짐승들과 노새가 있는데, 일꾼에게 뒤쪽 마구간에 끌고 가서, 함께 먹이도록 하세요.

19) 初喂時, 則將料水拌與他, 到五更一發都與料喫。(≪原老≫ 7b)
처음 먹일 때는, 여물의 국물을 섞여주고, 5경 정도에 여물과 함께 먹도록 주세요.
→ 初喂時, 只將料水拌與他, 到五更一發都與料喫。(≪飜老≫)
처섬 머길 저 다믄 콩므를다가 버므려 주고, 오경의 다ᄃᆞᆯ거든 ᄒᆞᆷ싀 콩을 다 주워 머기라.

20) 恁三箇一就都出過者。記著數目, 到大都時, 一發打筭。(≪原老≫ 7a)
댁들이 한꺼번에 (돈을)내시오. 숫자를 기억하셨다가 大都에서 한꺼번에 계산합시다.
→ 火伴你三個, 一發都出了着。記着數目, 到北京時, 一發算除。(≪飜老≫)
너희 세히 ᄒᆞᆷ싀 다 내오, 수 뎌거 둣다가 北京의 가면 ᄒᆞᆷ싀 혜여 덜 거시라.

21) 你先把這些急用的材料領走, 明天一發登記。
먼저 이 급한 자료들을 수령해 가시고, 내일 한꺼번에 등록을 합시다.

≪原老≫의 '一就'가 ≪飜老≫에서 '一發'로 改修되어 나타나고 諺解 또한 "이믜셔(함께)"로 풀이되고 있는 현상은, 近代漢語에서 '一就'가 아래 예문 22)~34)번에서 볼 수 있는 것처럼 '一起, 一竝, 一同' 등의 의미로도 쓰이고 있었고, '一發' 또한 '一同, 一起'의 의미로 쓰이고 있었기 때문이 아니었을까? ≪原老≫에서도 '一就'가 '一起'의 의미로 쓰인 用例를 모두 2번(25, 26번)을 찾을 수가 있다.

22) 一同入那酒店裏坐, 喚酒保買杯酒和肉來, 四個一就吃了。(≪新編五代史平話·梁史上≫)

함께 그 주막에 들어가 앉아, 주인에게 술과 고기를 사서, 네 명이 함께 먹었다.

23) 其餘罪囚, 巡按時分一就審呵。(≪元典章·台綱二·按治≫)

나머지 다른 죄수들은 巡行 按察시에 한꺼번에 심리하도록 한다.

24) 今代州劉武手下二十萬雄兵, 令卿一就掌者。(≪前漢書平話≫)

지금 代州 劉武의 수하에는 20만의 병사가 있으므로, 경이 함께 장악하도록 하시오.

25) 更這馬上馱著的些小毛施、帖裏布, 一就待賣去。(≪原老≫ 3a)

이 말 잔등에 실려져 있는 것은 毛施布(모시)와 철릭 포인데, 함께 팔려고 합니다.

→ 這馬上馱着的些少毛施布, 一就待賣去。(≪飜老≫上 8b)

ᄆᆞᆯ 우희 시론 아니 한 모시뵈도 이믜셔 ᄑᆞᆯ오져 ᄒᆞ야 가노라.

26) 恁三箇一就都出過者。記著數目, 到大都時, 一發打筭。(≪原老≫ 7a)

댁들이 한꺼번에 (돈을)내시오. 숫자를 기억하셨다가 大都에서 한꺼번에 계산합시다.

→ 火伴你三個, 一發都出了着。記着數目, 到北京時, 一發算除。(≪飜老≫)

너희 세히 흠ᄭᅴ 다 내오, 수 뎌거 듯다가 北京의 가면 흠ᄭᅴ 혜여 덜 거시라.

近代漢語에서 '一就'가 '就便, 順便, 趁便'의 의미로 쓰이고 있는 것처럼, ≪原老≫나 ≪飜老≫에서도 '一就'가 '就便, 順便, 趁便'의 의미를 가지는 語彙로서 쓰이고 있었지만, '一就'의 쓰임과 의미를 명확하게 說明한 註釋이나 諺解는 찾아볼 수는 없었다. 특히 改修本이라고 할 수 있는 ≪飜老≫에서 '順便'의 의미를 가지는 '一就'를 '一發'로 改修되고 있음을 볼 수 있는데, 이는 改修者가 '一就'가 '一起, 一竝, 一同'의 의미와 함께 '順便'의 의미로도 쓰이고 있었음을 看過해서 비롯된 것으로 보인다.

* 是今日殺來的好猪肉。… 恁主人家一就與俺買去。

→ 是今天宰的好猪肉。主人家您順便給我買吧。

오늘 잡은 좋은 돼지고기입니다. …주인장께서 말씀하신 김에 좀 사다 주시지요.

* 人喫的且有些箇, 這馬每却怎生? 一就那與些草料如何?

→ 人吃的却有一些, 這幾匹馬却怎么辦呢? 順便分給我一些草料好嗎?

사람 먹을 것은 (주셔서)좀 있는데, 이 말들은 어찌해야 합니까? 편리를 봐주신 김에 사료도 좀 나눠주시면 어떻게 되겠습니까?

* 明日就店裏尋你去, 一就和那親眷每, 一處喫一兩盞。

→ 明天到店裏找你去, 順便跟那個親戚們, 一塊兒喝一兩杯酒。

내일 주막으로 찾아 가겠습니다. 간 김에 친척들과, 함께 술이나 한 잔 하시지요.

* 我餘剩有些鈔裏, 閑放怎麽? 一就買緞子將去。

→ 我有些剩餘的錢, 閒放着有甚麽用? 順便買緞子拿去也好。

나에게 여유 돈이 좀 있는데, 놀려서 무엇을 하겠습니까? 가는 김에 옷감을 사가지고 갈까 합니다.

* 俺揀箇好日頭廻去。我一就待筭一卦去。

→ 我選個吉日回國。我順便算算卦。

내 돌아갈 길일이나 봐야겠소. 간 김에 내 신수점이나 봐봐야겠소.

* 有賣的弓絃時將來, 俺一就買一條, 就這裏上了這弓者。

→ 有賣弓絃的話拿過來, 我順便買一條, 就在這裏擰上去。

활시위 줄도 판다면 가져오시오, 활을 사는 김에 함께 한 가닥을 사서, 여기서 이활에 활줄을 맬 것이요.

앞에서 제시한 10)번에서 15)번까지의 ≪原老≫의 用例에서 '一就'가 '順便'의 의미를 가지고 있다고 판단하고, '一就' 대신에 '順便'을 교체시켜 現代漢語 형태로 바꿔보고 또한 우리말 번역을 시도 하였다. 앞뒤 문맥의 전체를 살펴보면 '順便', 즉 "~하는 김에 ~하겠다(해라)"의 의미가 깔려있는 것이다. 또 그래야만이 자연스런 飜譯과 理解가 되는 것이다.

例文 11), 12), 13), 15)번에 제시되고 있는 ≪原老≫ 本文에 대한 鄭光의 우리말 飜譯도 "하는 김에 말먹이를 조금 나눠주시면 안 되겠습니까?", "가는 김에 같이 온 친척들과 같이 한 잔 하지요.", "가는 김에 옷감도 사 가지고 가세.", "사는 김에 하나 더 사서 그것도 여기서 활에 지워봅시다"로 번역되고 있음을 볼 수가 있다. 다만 鄭光 역주 해제≪原本老乞大≫一書 어디에도 '就(一就)'에 대한 별도의 註釋이나 說明은 찾아 볼 수는 없었다.

다. '就'의 介詞 用例

現代漢語에서도 '就'字가 介詞로 쓰이고 있는 用例를 볼 수 있고, 近代漢語에서도 아래의 예문(27~31번)에서처럼 介詞로서 쓰이고 있는 用例를 찾아볼 수 있다. 아래 예문 27)번과 28)번은 介詞 "在"의 용법이고, 29)번과 30)번은 "從"의 의미로, 31)번은 介詞 "朝, 向"의 用法으로 쓰이고 있으며 32)번은 介詞 "到"의 의미로 쓰이고 있는 '就'字의 用例이다.

27) 只見黑旋風李逵, 就關下放聲大哭起來。(≪水滸傳≫ 四二回)
흑선풍 이규가 關下에서 소리 놓아 울고 있는 것을 볼 수가 있었다.

28) 今日送張生赴京, 就十里長亭按排下筵席。(≪西廂記≫ 四本三折)
오늘 장생을 서울로 가는 것을 환송함에 있어, 十里長亭에서 송별연의 잔칫상을 마련하였다.

29) 魯智深就曹正手裏接過禪杖, 雲飛輪動。(≪水滸傳≫ 十七回)
魯智深은 曹正의 손에서 禪杖을 건네받고, 마구 휘둘렀다.

30) 先生就懷中取出一張紙來。(≪三遂平妖傳≫ 八回)
선생은 품속에서 한 장의 종이를 꺼냈다.

31) (老達)提起拳頭來, 就眼眶際眉稍只一拳, 打得眼棱縫裂, 烏珠迸出。(≪水 滸全傳≫ 三回)
(老達)은 주먹을 쥐고, 눈언저리에 주먹을 날리자, 눈덩이가 찢어지고 검 은 눈알이 튀어나왔다.

32) 朱晃進軍逼鎭州, 就柏鄕下寨。(≪新編五代史平話≫ 唐 上卷)
朱晃이 진군하여 鎭州를 압박하였고, 柏鄕에 이르러 진을 쳤다.

≪原老≫에서도 '就'字가 介詞로서 用例를 찾을 수가 있다. 아래 例文 33)~ 36)번에서의 '就'字는 介詞 "在"의 의미로 쓰였고, 例文 37)번은 介詞 "到"의 의미로 쓰인 用例다.

33) 恁那綾絹綿子, 就地頭多少價錢買來? 到王京多少價錢賣? (≪原老≫ 4b)
당신의 그 비단과 깁과 솜은 현지에서는 얼마에 사오고, 王京에 가서 얼마에 파십니까?

34) 被一箇賊到那裏見了, 則道是腰裏纏帶裏是錢物。生起歹心來。就那裏拿起一塊大石頭, 投那人頭上打了一下, 打出腦漿來死了。那賊將那人的纏帶解下來看呵, 却是紙, 就那裏撇下走了。…今年就牢裏死了。(≪原老≫ 8a)
도적놈이 그곳을 지나다가 보게 되었지요. 허리의 전대가 돈 인줄 여기고, 나쁜 마음이 일어, 그곳에서 큰 돌을 집어 들어, 그 사람 머리통을 내리쳐서, 머리통이 터져 죽었습니다. 그 도적놈이 그 사람의 전대를 풀어보니, 종이뭉치로, 그 자리에 버리고 도망을 쳤습니다. 올해에 감옥에서 죽었습니다.

35) 似你這般定價錢, 就高麗田地裏也買不得。(≪原老≫ 23b)
당신처럼 그렇게 값을 매기면, 고려 땅에서도 살 수 없어요.

36) 有賣的弓絃時將來, 俺一就買一條, 就這裏上了這弓者。(≪原老≫ 28a)
활시위 줄도 판다면 가져오시오, 활을 사는 김에 함께 한 가닥을 사서, 여기서 이활에 활줄을 맬 것이요.

37) 明日就店裏尋你去, 一就和那親眷每, 一處喫一兩盞, 我送到你外頭去。(≪原老≫ 22a)
내일 숙소로 찾아가겠습니다. 간 김에 같이 온 친척들과 같이 한잔 하지요.

위의 각 예문에 있어, ≪飜老≫의 例文이나 諺解를 併記하지 않은 것은, ≪飜老≫에 이르러서도 '就'字의 쓰임이 변함이 없고 똑같은 자리에서 똑같이 쓰이고 있음을 볼 수 있었기 때문이다.

38) 咱每休磨拖,[30] 趁淸凉, 就馬每喫的飽時, 赶動者。(≪原老≫17a)
자, 꾸물대지 말고 서늘하고 저 말들이 잘 먹어 배부른 사이에 서둘러 가세나. (≪鄭老≫187쪽)
咱們每休磨拖, 趁凉快, 馬又喫的飽時, 赶動着。(≪飜老≫上 60a)

위의 例文 38)번은 ≪原老≫에서 단 한 차례 찾을 수 있는 '就'의 介詞 "趁"의 用例이다. "趁"은 우리말로 "~을 틈타서, ~을 이용하여"라고 새길 수 있는데, 조건과 기회를 이용한다는 의미를 가지는 介詞이다. 예문 38)번에서 볼 수 있는 "趁凉快(시원한 틈을 타다)"에서의 '趁'이 그러하고, 아래 예문39)번의 '趁'이 그러하다. 문제는 예문 39)번의 '就'字 쓰임에 대한 見解이다. "就馬每喫的飽時"에 대하여 "말들이 잘 먹어 배부른 사이에"[31]라는 鄭光의 번역을 볼 수가 있는데, 그러나 "就馬每喫的飽時"에 있어서의 '就'字는 바로 "趁"의 의미로 봐야할 것이다. '就'字의 "趁"의 용법은 近代漢語(아래 예문 40번)에서뿐만 아니라, 現代漢語(아래 예문 41번)에서도 볼 수 있다.

39) 看他左右只在早晚要死, 不若趁這機會殺了, 去山下掘箇坑埋了。(≪古今小說≫二六卷)
그는 어쨌든 조만간에 죽어야만 한다, 차라리 이 기회에 죽여서, 산 아래에 가서 구덩이를 파고 묻어버립시다.
40) 王琇急去稟命令, 要就熱亂裏放了這貴人。(≪兪世明言≫ 15卷)
王琇는 급히 극히 혼란할 때를 노려 貴人을 풀어주라는 명령을 전한다.

---

30) 磨拖 : 消磨歲月, 逍遙自在。亦作"磨跎", "磨陀", "磨駝"。關漢卿≪大德歌≫:「想人生能幾何, 十分淡薄隨緣過, 得磨陀處磨陀。」(龍潛庵 編著, ≪宋元語言詞典≫, 上海辭書出版社, 1985年, 1010쪽)

31) 鄭光 역주 해제, ≪原本老乞大≫ 187쪽 주 3)번을 보면「원문은 '就~時'로 "~하는 사이에"란 뜻이다.」라는 설명을 볼 수 있다.

41) 小李就着醫療隊進村的機會, 學了不少醫學基本知識。[32]
이군은 의료팀이 마을에 들어온 기회를 이용하여, 많은 의학의 기본지식을 배웠다.

즉 "趁清凉, 就馬每喫的飽時, 赶動者"은 "날씨가 시원하고, 말들이 배가 부를 때, 빨리 움직입시다."라고 해석을 할 수 있다. 여기에서의 "趁淸凉"은 "趁淸凉時候"이고, 마찬가지로 "就馬每喫的飽時"는 "趁馬喫的飽時候"의 의미다. 즉 "시원할 때를 이용하여", "시원한 틈을 타서", "말들이 배가 풀러 힘이 넘칠 때를 이용하여" 등의 의미라고 본다. 現代漢語로는 "趁天氣淸凉, 趁馬喫得飽有劢兒時候, 我們趕快趕路吧。"와 같은 의미가 아니겠는가?

아래의 例文은 ≪原老≫에서 출현되어 쓰이고 있는 '就'字의 23번 用例 가운데, 나머지 3개의 用例이다. 例文 42), 43)번의 '就'字는 動詞 앞에서 '卽(즉시, 곧, 바로)'의 의미를 가지는 보편적인 쓰임이므로 더 이상 설명할 필요는 없을 것이고, 52)번의 '將就'[33]는 "寬恕", "照應"의 의미를 가지는 動詞이다.

42) 那客人射的昏了, 蘇醒廻來, 恰好有捕盜官那裏巡警, 那客人就告了。(≪原老≫ 8b)
그 장사치는 기절을 했다가, 정신이 들어, 마침 포도대장이 그 곳에서 순라를 돌고 경계를 돌고 있어, 그 장사치는 즉시 고발을 하였다.

---

32) (呂叔湘 主編, ≪現代漢語八百詞≫增訂本, 商務印書館, 1999年, 318쪽)

33) 現代漢語에서 '將就'는 「衣服稍微小一點兒, 你將就穿着吧。(옷이 약간 작은데, 대충 입어두시지요).」 같이 "좋지 않은 상황이나 환경에 마지못해 따라가다"의 의미만을 가지는데, 近代漢語에서는 "差, 不好", "照顧, 寬容", "對付, 勉强" 등의 다양한 의미로 쓰이고 있음을 볼 수 있다.

43) 文契著誰寫? 牙家就寫。(≪原老≫ 24a)
계약서는 누가 작성하지요? 중개인이 작성합니다.

44) 一箇手打呵響不得有, 一箇脚行呵去不得有。咱每人厮將就厮附帶行呵好有。(≪原老≫ 31b)
한 손으로 손뼉을 치면 소리가 나지 않는 법이고, 다리 하나로는 걸을 수가 없는 법이다. 사람들은 서로 용서하고 돕고 사는 것이 좋은 것이다.

이상으로 ≪原老≫에서 '就'字는 총 23번이 出現되어, "順便"의 의미로 쓰인 경우가 9번('一就' 포함), 介詞 "在, 向, 到, 趁" 등의 用法으로는 8번, "一起, 一同"의미로 2번, 시간부사 "卽"의 의미를 가지는 副詞로서 3번, 그리고 "照顧"의 의미를 나타내는 動詞 '將就'가 한 번을 포함하여 모두 23번이다. '就'字가 이러한 의미로 쓰이고 있는 현상은 ≪原老≫에서뿐만 아니라 近代漢語 다른 문헌에서도 그 用例를 흔히 볼 수 있지만, 序頭에서 이미 言及한 바처럼 ≪原老≫에서 "卽時", 즉 "즉시, 곧, 바로" 등의 의미를 나타내는 '就'의 쓰임은 예문 1)번과 42), 43)번, 단지 3개의 用例에 불과하다. 現代漢語에서와 같은 副詞 '就'字의 쓰임은 ≪原老≫의 '便'字의 用例에서 볼 수가 있다.

18. 便

바로 앞 장에서 이미 논의한 바처럼 ≪原本老乞大≫(이하 ≪原老≫)[1] 에서 '就'字의 쓰임은 모두 23번으로, 그 쓰임은 現代漢語에서 일반적으로 쓰이고 있는 副詞적인 용법과는 다름을 '就'字의 논의에서 알 수가 있었다. 반면 ≪原老≫에서 '便'字의 用例는 모두 50번을 찾을 수가 있었는데, 그 중 40번이 現代漢語에서 쓰이고 있는 副詞 '就'의 用法의 용법과 같고, 連詞(접속사)의 用例로는 7번, 그 밖의 形容詞적인 의미로 3번 그리고 語氣助詞로는 4번의 用例를 찾을 수가 있었다.

가. '便'의 副詞 用例

元·明時期에 이르러 副詞 '卽'은 文言이나 특정한 慣用句적인 構造에

---

1) ≪原本老乞大≫는 1998년 경북대학교 南權熙교수가 최초로 古本≪老乞大≫를 發見 한 후, 정리를 거쳐 2000년 경북대학교 출판부에서 ≪元代漢語本老乞大≫라는 서명으로 출판되었고, 같은 해 北京外語教學與研究出版社에서 ≪原刊老乞大研究≫이라는 書名으로 각각 출판되었다. 2002년에 北京外語教學與研究出版社에서 修訂本(鄭光 主編)을 다시 出版하면서 ≪原本老乞大≫라고 改名을 하였다. 이에 或者는 "舊本老乞大" 또는 "元本老乞大", "古本老乞大" 等으로 부르고 있는데, 최근 발견된 ≪原本老乞大≫가 이른바 崔世珍이 ≪老乞大集覽≫ 등에서 언급한 "古本", "舊本"인지는 알 수가 없고, 또한 ≪老乞大≫의 최초의 原本인지도 알 수는 없다. 다만 鄭光이 최근 중국과 한국에서 각각 ≪原本老乞大≫라고 書名으로 解題와 譯註를 하였고, 본 논문도 鄭光 譯註解題의 ≪原本老乞大≫(2004년, 김영사)에서 原文과 譯註를 참고하였음으로 이에 ≪原本老乞大≫라는 書名을 쓰기로 하였다. 그러나 최근 鄭光 譯註 解題≪原本老乞大≫(2004년, 김영사)의 수정판인 鄭光 ≪譯註 原本老乞大≫(2010년 박문사)가 출판되었다.

서 쓰일 뿐이고, '就'와 '便'이 보편적으로 現代漢語에서의 '就'와 같은 의미로 쓰이고 있었다고 한다. '就'와 '便'이 副詞적인 의미로 쓰인 그 根源은 알 수는 없지만, 先秦以前時期에 간간히 보이다가 漢代에 이르러서 그 쓰임이 많아진 것 같다.[2] 그러나 '便'字의 先占으로 '就'의 쓰임이 상대적으로 밀리다가, 元明이후에 '就'字가 점점 '便'을 代身하고 현재에 이르고 있는 것으로 보인다.[3]

1) 那伴當, 如今赶上來那不曾? 這箇伴當便是, 夜來才來到。(≪原老≫ 1a)
그 일행은 지금은 당도해 있습니까? 여기 이 동행이 바로 그 사람인데, 어제서야 도착했습니다.
→ 那火伴如今赶上來了不曾? 這箇火伴便是, 夜來纔到。(≪飜老≫上 1a)
⇒ 那朋友如今赶的上啊來, 赶不上? 這箇朋友就是那箇, 昨兒箇纔到來了。(≪老新≫ 1a)

2) 咱每閑話且休說。兀那店子便是瓦店, 尋箇好乾淨店裏下去來。(≪原老≫ 5b)
잡담은 그만합시다. 저 곳이 바로 瓦店인데, 깨끗한 주막을 찾아 묵읍시다.
→ 咱們閑話且休說。那店子便是瓦店, 尋箇好乾淨店裏下去。(≪飜老≫上 17a)
⇒ 咱們閑話別講吧。那前頭的便是瓦店了, 尋箇好乾淨店房裏住下。(≪老新≫ 5b)

3) 這橋便是我夜來說的橋, 比在前哏好有。(≪原老≫ 11b)
이 다리가 바로 어제 말한 다리인데, 전보다 좋습니다.
→ 這橋便是我夜來說的橋, 比在前十分好。(≪飜老≫上 38b)
⇒ 這坐橋就是我夜來說的橋。比從前十分修好了。(≪老新≫ 12b)

---

2) 香坂順一 著, 江藍生 白維國 譯, ≪白話語匯研究≫ :「"便"字用作此類副詞, 其根源還不是太清楚。先秦文獻中能散見一些"便"作副詞的句子, 漢以後, "便"作副詞就用得多了。六朝以後, 則是此類副詞中使用相當普遍的一個。」(中華書局, 1997年, 197쪽)

3) 俞光中 植田均, ≪近代漢語語法研究≫:「副詞"就"與"便"相似因而在興替上相聯係。"就"之副詞用法雖然產生很早(樂府≪來羅≫有"草生日已長, 人生日就老"), 也許因爲有"便"占據了位置, 一直未能發展, 直到元明以後, "就"才替代了"便"。」(學林出版社, 2000年, 345쪽)

위의 3개(1번~3번)의 예문은 判斷句에서 사실이 그러하다는 긍정의 말투를 나타내는 副詞 '便'의 用例로서, 現代漢語의 "就是", "正是"의 '就'와 '正'으로 對譯할 수 있을 것이다. 또한 위의 제시된 例文에서 '便'과 '就'의 흐름을 알 수 있다고 본다. 즉 ≪原老≫에서의 '便'은 刪改本인 ≪飜譯老乞大≫(이하 飜老)[4]에서도 여전히 '便'이 쓰이고 있었지만, 그 후의 ≪老乞大新釋≫(이하 ≪老新≫)[5]에 이르러서 '就'로 바뀌져 있음을 알 수가 있다.

4) 你兩箇看著頭口, 俺兩箇到城裏去便來。(≪原老≫ 20a)
두 사람은 짐승들이나 지키고 계시지요, 우리 둘은 저자거리에 들어갔다가 곧 오겠습니다.
→ 你兩箇看着頭口, 我兩箇到城裏去便來。(≪飜老≫下 23b)
⇒ 你兩箇看着牲口, 我兩箇到城裏去就來。(≪老新≫ 23a)

---

4) ≪飜譯老乞大≫는 ≪老乞大≫를 中宗朝 崔世珍이 諺解한 것이다. 上下 兩卷으로 된 木版本인데 上卷이 71張, 下卷이 73張이다. 이 板本의 名稱은 원래 그대로 ≪老乞大≫로 되어 있으나 그렇게 되면 漢語本의 名稱과 구별이 되지 않고, 그렇다고 ≪老乞大諺解≫로 하면 重刊本과의 혼란이 생기므로 이에 四聲通解에 붙어있는 「飜譯老乞大朴通事凡例」란 기록에 의지하여 ≪飜譯老乞大≫로 通稱하게 된 것이다. 또한 이 책에는 序跋이나 刊記가 없어 정확한 年代를 알 수 없었는데, 이 凡例로 인해 이 책이 적어도 四聲通解의 刊年인 中宗12년(1517)이전에는 완성되었으리라고 보는 것이다(金文雄≪重刊老乞大諺解≫解題에서 인용). 본고의 原典으로는 大提閣(1974年, 影印本)韓國古典叢書(復元版)≪飜譯老乞大 朴通事≫(上)과, 鄭監 監修, 國語史資料硏究會譯註≪譯註飜譯老乞大≫(太學社, 1995年)本을 사용하였다.

5) ≪老乞大新釋≫(1761年)은 ≪老乞大≫의 改修本이다. ≪老乞大≫이후 약 300년 만에 改修되어 편찬된 ≪老乞大新釋≫本은 상당한 語彙의 변화가 보이므로 이 또한 연구의 藍本으로 삼았다. ≪老乞大新釋≫보다 약 40년이 늦은 시기에 編纂된 ≪重刊老乞大≫(1795年)本은 일부의 語彙가 ≪老乞大≫시대로 回歸된 측면이 보인다는 견해가 있다.

5) 我是他親眷, 纔從高麗田地來, 恰纔出去了, 投羊市角頭去了, 他說便來。(≪原老≫ 20a)

저는 그분의 친척인데, 이제 막 고려 땅에서 왔습니다. 조금 전 막 나갔는데요, 염소를 거래하는 시장에 갔습니다. 곧 온다고 하였습니다.

→ 我是他親眷, 纔從高麗地面來。恰纔出去了, 往羊市角頭去了, 他說便來。(≪飜老≫下 23b)

⇒ 我是他的親戚, 我纔從朝鮮地方來。纔剛出門, 往羊市角頭去了, 他說就廻來。(≪老新≫ 23a)

위의 예문 4)번과 5)번은 '便'은 現代漢語로 "立卽", "馬上" 등의 의미를 가지는 時間副詞의 의미를 副詞의 用例이다. 역시 '便'은 ≪老新≫에 이르러서 전부 '就'로 바뀌져 있음을 알 수 있다.

6) 那賊則道是死了, 便赶著那驢往前行。(≪原老≫ 8b)

그 도적은 죽은 줄 알고, 그 당나귀를 몰고 앞으로 갔지요.

→ 那賊則道是死了, 便赶着那驢, 往前行。(≪飜老≫上 29a)

⇒ 那賊只說是死了, 就赶着客人的驢子。(≪老新≫ 10a)

7) 小人每驟面間厮見, 哥哥便這般重意, 與茶飯喫, 怎麽敢怪。(≪原老≫ 12a)

소인들이 무작정 마주하게 되었는데, 형씨께서 이렇게 호의를 베풀어 음식을 주셨는데, 어찌 감히 탓을 할 수 있습니까!

→ 小人們驟面間厮見, 大哥便這般重意, 與茶飯喫, 怎麽敢怪。(≪飜老≫上 41a)

⇒ 我們與你驟然相會, 大哥就這般見愛, 給茶飯吃, 怎麽敢怪呢。(≪老新≫ 13b)

위의 예문 6)번은 現代漢語의 "想起來就說(생각이 나면 말해버리다)"에서의 "就"와 같은, 즉 앞뒤의 狀況이 바로 연이어 일어나는 상황을 나타내는 마치 접속사와 같은 역할을 해주는 副詞이고, 例文 7)번은 强調의 語感을 나타내는 副詞의 用例이다. 역시 '便'字는 ≪飜老≫에서는 변함이 없고, ≪老新≫에서 전부 '就'로 改修되어 나타나고 있음을 볼 수 있다.

나. '便'의 語氣助詞 用例

아래의 例文은 ≪原老≫의 '便是'가 現代漢語의 "就是了"와 같이 文尾에서 肯定의 말투를 나타내는 語氣助詞인데, 우리말로 "주저하지 마라", "회의를 가지지 마라" 등의 의미를 가진다.

8) 客人每喫了過去。這般時, 敢少了恁飯。不碍事, 便小時, 俺再做些箇便是。(≪原老≫ 11b)
손님들은 먹고 떠나시지요. 그리하시면, 주인장의 식사가 부족할 것입니다. 괜찮소. 모자라면, 내 또 지으면 될 것입니다.
→ 客人們喫了過去。敢少了你飯。不妨事, 便少時, 我再做些箇便是。(≪飜老≫ 上 40a)
⇒ … 這般說, 但恐怕小了你們吃的飯。不妨事。便小些飯, 我再做些使得。(≪老新≫ 13a)
9) 你罰下他十兩鈔與他賣主, 悔交去便是。索甚麽煩惱。(≪原老≫ 25b)
당신은 벌금 10兩을 지불하고 무르면 되는 것이요. 고민하실 필요가 없소이다.
→ 你罰下銀五兩與他賣主, 悔將去便是。不須惱燥。(≪飜老≫下 19b)
⇒ 你罰下五兩銀子給賣主, 毀了文券, 便好了, 不須爭論。(≪老新≫ 29a)
10) 你著一箇伴當根我去來, 到那裏便了。[6] (≪原老≫ 25a)
당신이 동행을 시켜 날 따라 가도록 하여, 그곳에 가면 되는 것입니다.
→ 你着一箇火伴跟我去來, 到那裏便了。(≪飜老≫下 18b)
⇒ 你着一箇火伴。跟了我去。(≪老新≫ 28b)

위와 같이 ≪原老≫에서 '便是' 또는 '便了'의 형태가 文尾에서 語氣助詞로 쓰이고 있는 用例는 총 4번이였다. 그러나 ≪老新≫에서는 助詞

6) 便了 : 語末助詞, 有就是。≪水滸全傳≫十一回:「不若只是一怪, 推却事故, 發付他下山去便了, 免致後患。」(許少峯 主編, ≪近代漢語詞典≫, 團結出版社, 1997年, 61쪽)

'便是'의 쓰임은 보이지 않았고, 예문 9)번 ≪老新≫에서 볼 수 있는 것처럼 '便'이 形容詞 "好" 앞에서 놓여 있음을 볼 수 있다.

다. '便'의 連詞(접속사) 用例

아래의 예문 11)번과 12)번에서의 '便'과 '便是'는 '卽使', '縱然'의 의미를 가지는 連詞(접속사)로서 "便(是)～也"의 형식이다. 現代漢語의 "就是～也", 즉 "설사～일지라도" 등으로 새기는 것으로 假設과 讓步를 겸하고 있는 접속사의 用例이다. ≪原老≫에서 '便'이 '卽使' 등의 의미로 쓰이고 있는 用例는 모두 5번을 찾을 수 있다.

11) 到那裏便早時也好, 咱每歇息頭口, 明日早行。(≪原老≫ 3b)
그곳에 도착하여, 설령 좀 일러도 좋을 것입니다, 짐승들을 쉬게 하고, 내일 일찍 길을 떠나야 하니까요.
→ 到那裏, 便早時也好, 咱們歇息頭口, 明日早行。(≪飜老≫上 10b)
뎨가 곧 일어도 쏘 됴하니 ….
⇒ 到那裏時候雖早也好。歇息牲口。明日早行的便宜。(≪老新≫ 4a)
12) 若是似往年好收時, 休道恁兩三箇人, 便是十數箇客人, 也都與茶飯喫。(≪原老≫ 15b)
막일 작년처럼 수확이 좋은 때는, 여러분과 같은 사람 서너이 아니라, 설령 열명이 넘는 사람들 일지라도, 식사 대접을 할 수 있었을 것입니다.
→ 若是似往年好收時, 休說你兩三箇人, 便是十數箇客人, 也都與茶飯喫。(≪飜老≫上 54a)
… 너희 두서 사ᄅᆞ믄 니ᄅᆞ디 말려니와 곧 여라믄 나그내라도 쏘 다 음식 주워 머길 거시라.
⇒ 若是似往年好收麽, 別說你兩三箇人, 就是十數箇客人, 我也能都給茶飯吃。(≪老新≫ 18a)
13) 我到官司, 只是拼着命, 就打死我也不招。(≪水滸全傳≫ 五十回)

내가 관아에서 목숨을 걸었고, 설사 맞아 죽는다 해도 불지 않을 것이다.

14) 人死燈滅, 就想作個鬼也不能。(≪兒女英雄傳≫ 九回)
사람이 죽는 것이 등불이 꺼지는 것과 같은 것이라, 설령 죽어서 귀신이 되고 싶어도 될 수가 없는 것이다.

위의 예문 11)번의 "到那裏便早時也好"는 現代漢語로 "到那裏就是早也好"이고, 12)번의 "休道恁兩三箇人, 便是十數箇客人, 也都與茶飯喫。"는 "不要說兩三個人, 就是十五六個人也都可以給飯吃。"라고 풀이할 수 있을 것이다. 그런데 문제는 ≪飜老≫의 諺解에서는 모두 "곧"으로 풀이를 하고 있음을 볼 수가 있고, 鄭光 역주 해제 ≪原本老乞大≫에서는 "到那裏便早時也好"를 「거기에 비록 일찍 도착해도 좋다네.」라고 번역이 되고, 「'便～也'는 "비록～여도～이다"」[7]라는 註釋을 볼 수가 있다. 그리고 위의 예문 12)번의 "便是十數箇客人, 也都與茶飯喫。"에 대해서도 鄭光 역주 해제≪原本老乞大≫에서는 「열 몇 명의 나그네한데도 모두 식사를 대접할 수 있었는데.」[8]로 번역되고 있음을 볼 수 있다. 이는 ≪飜老≫의 諺解도 문제가 있는 것이고, 여기서의 '便'이나 '便是'를 讓步의 의미를 나타내는 "雖然～也"로 새기고 있는 鄭光의 번역 또한 앞위의 문맥으로 보아 맞지 않는다고 본다. '便'의 "就是～也"의 用例는 近代漢語의 다른 文獻(위의 예문 13, 14번)에서도 쉽게 볼 수 있는 文型이다.

15) 龍香道: "總是老孺人守着在此, 便再遲兩日去, 也會他不得了。"(≪二刻拍 案驚奇≫ 卷九)
龍香이 말한다: "아무튼 孺人께서 여기서 지키고 계셨기에 망정이지, 만일 이

---

7) 鄭光 역주 해제, ≪原本老乞大≫ (김영사, 2004년, 50쪽 주 3번)

8) (同上揭書, 174쪽)

틀을 지체했다면, 그를 만나지 못했을 것이요.

16) 主人 : 索甚麽糶米, 俺的飯熟也, 客人每喫了過去。
쌀을 팔 필요가 없습니다, 우리의 밥이 다 되어가니, 손님들은 먹고 가시오.
商人 : 這般時, 敢少了恁飯。
그리하시면, 주인장의 식사가 부족할 것입니다.
主人 : 不碍事。便小時, 俺再做些箇便是。(≪原老≫ 11b)
괜찮소. 만일 모자란다면, 내 또 지으면 될 것입니다.
→ 客人們喫了過去。敢少了你飯。不妨事, 便少時, 我再做些箇便是。(≪飜老≫ 上 40a)
… 므던ᄒᆞ니 믄득 쟉거든 우리 다시 져기 ᄒᆞ면 곧 ᄀᆡ어니 ᄯᆞ나.
⇒ … 這般說, 但恐怕小了你們吃的飯。不妨事。便小些飯, 我再做些使得。(≪老新≫ 13a)

위의 15)번은 近代漢語의 다른 文獻에서 볼 수 있는 '便'이 假定의 連詞(접속사)로 쓰인 用例이고, 16)번은 ≪原老≫에서 딱 한 번을 볼 수 있는 '便'이 假定의 連詞로 쓰인 用例인데, 이해를 돕기 위하여 問答의 형식으로 구성해 본 것이다. 위의 예문 16)번의 "不碍事。便小時, 俺再做些箇便是。"에 대해서, 鄭光은「괜찮습니다. 설사 부족하게 되더라도 또 지으면 되죠.」[9]로 번역하고 있음을 볼 수 있다. 또 위의 제시된 예문 16)번 ≪飜老≫의 諺解를 보면, "便小時, 俺再做些箇便是"에서의 '便'을 "믄득(비록, 곧)"으로 諺解하고 있음을 볼 수 있다.

물론 예문 16)번의 "不碍事。便小時, 俺再做些箇便是。"에 대해서 鄭光의 번역처럼 "(밥이 모자라지도 않겠지만) 설령 모자란다고 해도 괜찮습니다, 또 지으면 되지요."라고 해도 의미는 통할 것이다. 그러나 여기서의 '時'는 假定의 의미를 나타내는 語氣助詞인 것이다. ≪老乞大≫에서 語

9) 鄭光 역주 해제, ≪原本老乞大≫ (김영사, 2004년, 135쪽)

氣助詞로서의 "時"字의 쓰임은 다음의 두 가지 형태로 크게 구분할 수가 있다. 하나는 아래의 예문 17)번에서처럼 접속사 假定을 나타내는 접속사 "若"와 더불어 "假設性因果關係"를 나타내는 문장에서 假定의 語氣助詞 등으로 쓰이거나, 또 다른 한 가지는 "時"가 혼자서 假定이나 條件 등을 나타내는 어기조사의 역할을 하고 있는 경우다. 즉 아래의 예문 18)과 19)번에서의 '時'는 假定의 의미를 쓰이는 語氣助詞인데, 바로 語氣助詞 "時"가 존재함으로서 假定의 의미를 가지는 문장이 되는 것이다. 만일 "時"字가 생략되고 없다면, 문장의 본뜻은 왜곡되거나 문장 자체가 성립될 수가 없게 된다. 예를 들어 예문 18)번의 "咱們到時"의 경우, "時"를 빼면 "條件關係"만을 나타내고 있고, "時"를 넣으면 "條件關係"를 내포하고는 있지만 "假定關係"가 主가 되는 것이다. 여기에다 假定의 의미를 나타내는 접속사 "若" 등이 호응되어 쓰인다면, 假定의 의미가 한 층 더 強調되는 것이다.[10]

17) 若背不過時, 敎當直的學生背起, 打三下。(≪飜老≫上 3b)
만일 외우지 못하면, 당번을 서는 학생을 시켜 몸을 돌리게 하여, 세 대를 때린다.

18) 天可憐見, 身子安樂時, 再着五箇日頭到了。咱們到時, 那裏安下好? (≪飜老≫上 11a)
하늘이 불쌍히 여기시고, 몸이 편안하다면, 한 5일정도면 도착하게 되겠지요. 우리가 도착하면, 어디서 묵어야 합니까?

위의 예문 16)번의 "便小時"는 "便～時", 즉 現代漢語로는 "假若～的話", "假若～時候" 등과 같은 문형이므로 "便小時, 俺再做些箇便是。"는

10) 拙稿, ≪老乞大語彙考(二)≫(中國學論叢, 25집, 09년)

「만일 모자란다면, 내 또 지으면 될 것이다.」로 번역이 되어야 하는 이유인 것이고, 또한 여기서의 '便'이 "假如", "如過" 등의 의미를 가지는 假定의 連詞가 되어야 하는 까닭인 것이다.

그 밖에 ≪原老≫에서 '便'이 '便'字 본래의 의미, 즉 "편리하다", "편하다"로 번역될 수 있는 用例를 3번이 출현되어 쓰이고 있었다.

19) 咱每到時, 那裏安下去便當? (≪原老≫3b)
우리가 도착한다면, 어디에서 묵는 것이 편리할까요?
→ 咱們到時, 那裏安下好? (≪飜老≫上 11a)
⇒ 咱們到京時。那裏住下好。(≪老新≫4a)

20) 俺年時也在那裏下來, 哏便當。(≪原老≫4a)
우리는 작년에도 그곳에서 묵었었는데, 참으로 편리했습니다.
→ 我年時也在那裏下來, 十分便當。(≪飜老≫上 11b)
⇒ 我當年也在那裏住。十分便宜。[11] (≪老新≫4a)

21) 這早晚黑地裏出入不便當, 更恁這狗子每乖。不揀怎生, 恁與俺做些箇粥如何? (≪原老≫ 15b)
이 늦은 컴컴한 밤에 출입이 불편합니다, 더욱 당신의 개가 무섭습니다. 어찌되었던 간에 우리에게 죽을 쑤어주시면 안되겠습니까?
→ 這早晚黑地裏出入不便當, 更恁這狗子每乖。(≪飜老≫上 55a)
⇒ 這黑地裏。出入不便當。你家這狗又利害。(≪老新≫ 18a)

위에서 제시된 3개의 例文이 "便當"바로 그것인데, '當'은 單音節 詞語 뒤에 붙는 詞尾이다.[12] 위의 例文에서 알 수 있듯이 '便當'은 ≪飜老≫를

11) '便宜' 또한 "편리하다" 등의 의미를 가지는 當時의 詞語이다. 現代漢語에서도 '便宜(bi ny)는 "合適, 方便"의 의미로도 쓰이고 있다.

12) 陳秀蘭 著, ≪敦煌變文詞彙研究≫: 「"～當", 置於單音節連詞, 副詞之後, 構成該詞的雙音節形式, "當", 無義。必當: 必定。況當: 何況。深當: 極。」(四川民族出版社, 2002年, 245쪽)

거처 ≪老新≫이르러서도 쓰이고 있었고, 現代漢語[13]에서는 좀 더 확대되어 쓰이고 있다.

13) '便當'은 現代漢語에서도 "方便"의 의미로 쓰이기도 하지만, "簡單, 容易"의 의미로도 쓰이고 있음을 볼 수 있다. 「"這裏乘車很便當。(이곳에서 차를 타기가 편하다)"」, 「"東西不多, 收拾起來很便當。(물건이 많지 않아서, 정리하는데 간단하다.)"」(中國社會科學院語言硏究所詞典編輯室編, ≪現代漢語詞典≫, 商務印書館, 2001年)

19. 客人

'客人' 一詞는 ≪原本老乞大≫(이하 ≪原老≫)[1]에서 총 46번이 출현이 되어 쓰이고 있음을 볼 수 있다. 近代漢語에서 '客人'은 아래의 예문(1, 2번)에서처럼 '旅客' 또는 '行商, 客商' 등의 의미로 쓰이고 있음을 볼 수 있다.

1) 嫂子, 我是過路客人, 肚中饑餓, 尋不着酒食店, 我與你一貫足錢, 央你回些酒 飯吃。(≪水滸全傳≫ 43回)
아주머니, 전 지나가는 나그네인데, 배가 고프지만, 주막을 찾을 수가 없습니다. 내 충분한 돈을 드릴 것이니, 제발 먹을 밥을 좀 주십시오.
2) 趙雲按適樓, 言天晩, 來日入城, 客人不肯, 言:「俺資本船貨物多, 城外恐有失。」(≪三國志平話≫ 卷中)

---

1) ≪原本老乞大≫는 1998년 경북대학교 南權熙교수가 최초로 古本≪老乞大≫를 發見 한 후, 정리를 거쳐 2000년 경북대학교 출판부에서 ≪元代漢語本老乞大≫라는 서명으로 출판되었고, 같은 해 北京外語教學與硏究出版社에서 ≪原刊老乞大硏究≫이라는 書名으로 각각 출판되었다. 2002년에 北京外語教學與硏究出版社에서 修訂本(鄭光 主編)을 다시 出版하면서 ≪原本老乞大≫라고 改名을 하였다. 이에 或者는 "舊本老乞大" 또는 "元本老乞大", "古本老乞大" 等으로 부르고 있는데, 최근 발견된 ≪原本老乞大≫가 이른바 崔世珍이 ≪老乞大集覽≫ 等에서 언급한 "古本", "舊本"인지는 알 수가 없고, 또한 ≪老乞大≫의 최초의 原本인지도 알 수는 없다. 다만 鄭光이 최근 중국과 한국에서 각각 ≪原本老乞大≫라고 書名으로 解題와 譯註를 하였고, 본 논문도 鄭光 譯註解題의 ≪原本老乞大≫(2004년, 김영사)에서 原文과 譯註를 참고하였음으로 이에 ≪原本老乞大≫라는 書名을 쓰기로 하였다. 그러나 최근 鄭光 譯註 解題≪原本老乞大≫(2004년, 김영사)의 수정판인 鄭光 ≪譯註 原本老乞大≫(2010년 박문사)가 출판되었다.

趙雲이 門樓에 이르러, 날이 저물고 늦었으니 내일 入城하라고 하자, 行販의 商人은 자신들의 배에 물건이 많아, 성 밖에 머물면 물건을 잃을까 걱정이 된다고 한다.

3) 楊志說道:「俺只道是歹人, 原來是幾個販棗子的客人。」(≪水滸全傳≫ 16回)
楊志가 말했다: '나쁜 사람인줄 알았더니, 알고 보니 대추를 파는 장사치들이였습니다.'

위와 같이 近代漢語에서는 '客人'이 '行人'의 의미뿐만 아니라 '行商' 등의 의미로 쓰이고 있음을 볼 수 있다. 당연히 ≪原老≫에서도 '客人' 一詞는 '旅客'의 의미와 함께 '客商'의 의미로 쓰이고 있는 用例를 찾을 수 있다.

4) 但是直東去的客人每, 別處不下, 都在那裏安下。(≪原老≫ 3b)
믈읫 遼東으로셔 가는 나그내들히/다른 듸 브리오디 아니 ᄒᆞ고… . (≪老乞大諺解≫ 以下 ≪老諺≫)[2]
→ 동쪽에서 온 모든 나그네들은 다른 데서는 머물지 않고 모두 그곳에서 묵는구먼.

5) 這哥哥甚麼言語? 你是熟客人, 咱每便是自家裏一般。(≪原老≫ 5b)
이 큰 형아 므슴 말고/너는 니기 ᄃᆞ닌 나그내니/우리 곳 내 집 ᄒᆞᆫ 가지라. (≪老諺≫)
→ 나리, 무슨 말씀을 그리하십니까? 나리께서는 단골손님으로 저희 가족과 같으니.

6) 年時又有一箇客人趕著一頭驢, 著兩箇荊籠子裏盛著棗兒, 駝著行。(≪原老≫ 8b)
젼년의 ᄯᅩ ᄒᆞᆫ 나그내 이셔/ᄒᆞᆫ 나귀를 모라/두 채롱애/대쵸다마 싯고 가더 니. (≪老諺≫)
→ 작년에 또 다른 나그네가 당나귀를 한 마리 몰고 바구니 두 개에 대추를 가득 담아 싣고 갔다.

7) 客人每, 你這馬待要賣那? 19b

---

2) ≪原老≫本은 諺解가 없기 때문에, 이에 改修本라고 할 수 있는 ≪老乞大諺解≫에서 '客人'에 대한 풀이를 참고하고자 수록하였다.

나그내ᄂᆡ/네 이 ᄆᆞᆯ을 ᄑᆞᆯ고져 ᄒᆞᄂᆞ냐. (≪老諺≫)
→ 손님, 이 말은 파실 겁니까?

위의 例文 4)번은 앞뒤의 문맥으로 보아 통틀어 '旅客'으로 볼 수 있으므로 ≪老諺≫에서처럼 '나그네'로 볼 수 있는 것이다. 5)번의 경우, 자기 집에 찾아온 '단골손님'이라는 의미이므로 역시 통틀어서 '나그네'의 의미로 볼 수 있을 것이다. 그러나 6)번과 7)번의 '客人'은 앞뒤의 문맥으로 '商人'의 의미인 것이다. 우리말의 '나그네'[3]가 '行販'의 의미를 가진다면 몰라도 말이다. 이와 같이 ≪老諺≫에서도 최근에 편찬된 譯註書[4]에서도 그대로 '나그네'로 번역이 되고 있음을 볼 수 있다. 최소한도 위의 예문 6)번은「또 작년에 한 장사치가 …」번역이 되어야 할 것이고, 7)번의 경우도「이보시오 말 장수, 이 말은 파실 겁니까?」라는 의미를 가지지만, 우리말의 특성상 '손님'이라는 호칭도 가능할 것이다. 그러나 어째든 7)번 '客人'의 의미는 '行販'의 의미를 가지고 해석되어야 할 것이다.

3) ≪새우리말 큰사전≫:「① 제 고장을 떠나서 객지에 있거나 여행 중에 있는 사람. ② 남자 어른에게 대하여 '사람'의 뜻으로 홀대하여 이르는 말. (삼성출판사, 1984년)

4) 例文 33)번~36)번에서 볼 수 있는 번역('→'표시 부분)은 鄭光 역주해제, ≪原本老乞大≫(김영사, 2004年)에서 발췌.

20. 可知

現代漢語에서 "可知"를 하나의 어휘로 쓰이기보다는 "可"는 일반적으로 副詞 또는 助動詞로서의 역할을 하고, "知" 動詞의 기능을 하고 있다고 본다면, "알 수 있다" 또는 "알 것이다" 등으로 해석할 수 있을 것이다. 그러나 老乞大時代에서의 "可知"는 副詞의 의미로서 "自然, 確實"[1]의 의미를 나타내거나 "怪不得, 難怪"[2] 또는 "當然, 果然"[3] 등의 의미로 널리 쓰이고 있었다. ≪老乞大≫에서 "可知"의 用例는 모두 6번(아래 예문 1~6번)을 볼 수가 있다.

1) 恁那衆學生內中, 多少漢兒人? 多少高麗人? 漢兒高麗中半。裏頭也有頑的麽? 可知有頑的。(≪原老≫ 6a)

2) 你那衆學生內中, 多少漢兒人多少高麗人? 漢兒高麗中半。裏頭也有頑的麽? 可知有頑的。(≪飜老≫上 7a)
네 모·든 션·ᄇᆡ 듕·에, :언·메나 漢兒人이며 :언·메·나 高麗ㅅ:사·ᄅᆞᆷ·고? 漢兒·와 高麗 :반·이·라。그 듕·에 ᄀᆞᆯ·외ᄂᆞ·니 잇ᄂᆞ·녀? ᄀᆞᆯ·외ᄂᆞ·니 잇·닷 :마·리·ᅀᅡ니ᄅᆞ·려。[4]

---

1) 元·缺名 ≪勘金環≫一折:「我可知歡喜哩。俺無甚事, 後堂中飲酒去來。」(許少峯 主編, ≪近代漢語詞典≫, 團結出版社, 1997年, 636쪽)

2) ≪水滸全傳≫四九回:「原來却是樂和舅, 可知尊顔和姆姆一般模樣。」(同上揭書, 636쪽)

3) ≪酷寒亭≫三【黃鐘尾】白:「可知有奸夫! 我踏開這門進去。」(劉堅 江藍生 主編, ≪元語言詞典≫, 上海教育出版社, 1998年, 156쪽)

4) 鄭光 監修, 國語史資料硏究會 譯註, ≪譯註飜譯老乞大≫:「諺解 "ᄀᆞᆯ·외ᄂᆞ·니 잇·닷 :마·리·ᅀᅡ 니ᄅᆞ·려"는 직역하면 "말썽피우는 사람이 있다는 말이야 하겠습니까?"이지만, "당연히 있고 말구요"라는 속뜻을 갖는 반어적 표현이다.」(太學社,

3) 你那衆學生內中, 有多少中國人, 多少朝鮮人? 大概一半是中國人, 一半是朝鮮人。這裏頭也有皮頑的麽? 是內中也有皮頑的。(≪重老≫上 6b)

4) 賣的好弓有麽? 可知有, 無呵, 做甚麽買賣裏? (≪原老≫ 27b)

5) 有賣的好弓麽? 可知有, 沒時做甚麽買賣裏? (≪飜老≫下 30b)

·폴 :됴·흔 활 잇ᄂᆞ·녀? 잇·닷 :마·리·ᅀᅡ 니ᄅᆞ·려,·업·스·면 므·슴 흥졍ᄒᆞ·리·오?[5]

6) 有賣的好弓麽? 客人, 我店內若沒有好弓, 做甚麽買賣? ≪重老≫下 29a

7) 這箇馬也行的好。可知有幾步慢竄。除了這箇馬, 別箇的都不好。(≪飜老≫ 上 12a)

·이 ᄆᆞᆯ·도 거·르·미 :됴·코·나。그·리어·니 여·러·거·름곰 즈늑즈늑·호·ᄃᆡ :재·니·라。·이 ᄆᆞᆯ :외·예, 년·근 :다:됴·티 아·니·타。

8) 客人們, 你這馬要賣麽? 可知我要賣裏。(≪飜老≫上 69a)

나·그·내·네, 네 이 ᄆᆞ·ᄅᆞᆯ·폴오·져·ᄒᆞ·노·라? 그·리어·니 내 :폴오·져·ᄒᆞ·거·니。

9) 大哥, 你這羊賣麽? 可知賣裏。(≪飜老≫下 21b)

·큰형·님, 네·이 양·을·풀·다? 그·리어·니·풀·리·라。

10) 可知, 大哥你說的正是, 我那裏好的歹的不識, 則揀賤的買。(≪飜老≫ 下 66b)

그·리어·니, 형아 네 닐·오:미 :정·히·올·타,·우·리 뎌·긔·ᄂᆞᆫ :됴·흔 것 구·즌것 모·르·고, :다·믄 :쳔·흔 거·슬:골·와·사·ᄂᆞ·니。

≪原本老乞大≫(이하 ≪原老≫)[6]와 ≪飜譯老乞大≫(이하 ≪飜老≫)[7]

1995年, 43쪽)

5) 同上揭書, 191쪽:「諺解 "잇닷 마리ᅀᅡ 니ᄅᆞ려"는 "있다는 말이야 하겠습니까?"인데, 속뜻은 "있는 것이 당연하다"는 것이다.」

6) ≪原本老乞大≫는 1998년 경북대학교 南權熙교수가 최초로 古本≪老乞大≫를 發見한 후, 정리를 거쳐 2000년 경북대학교 출판부에서 ≪元代漢語本老乞大≫라는 서명으로 출판되었고, 같은 해 北京外語教學與研究出版社에서 ≪原刊老乞大研究≫이라는 書名으로 각각 출판되었다. 2002년에 北京外語教學與研究出版社에서 修訂本(鄭光 主編)을 다시 出版하면서 ≪原本老乞大≫라고 改名

에서 "可知"의 출현 횟수는 똑같은 6번이고, ≪重刊老乞大≫(이하 ≪重老≫)[8]에 이르러서는 "可知"의 語彙가 보이지 않게 된다(위의 용례 3번과 6번). 위의 用例에서 ≪飜老≫는 "可知"에 대하여 "그·리어·니(그러하다, 그렇다)"로 諺解하고 있음을 볼 수 있는데, "그·리어·니(그러하다, 그렇다)"로 諺解한 ≪飜老≫의 풀이는 대체적으로 정확하다고 볼 수가 있다. 즉 위의 예문에서 쓰이고 있는 "可知"의 어휘를 現代漢語에서 같은 의미를 가지는 "當然", "確實", "果然" 등의 어휘를 써서 "當然有頑的", "有賣

을 하였다. 이에 或者는 "舊本老乞大" 또는 "元本老乞大", "古本老乞大" 等으로 부르고 있는데, 최근 발견된 ≪原本老乞大≫가 이른바 崔世珍이 ≪老乞大集覽≫ 等에서 언급한 "古本", "舊本"인지는 알 수가 없고, 또한 ≪老乞大≫의 최초의 原本인지도 알 수는 없다. 다만 鄭光이 최근 중국과 한국에서 각각 ≪原本老乞大≫라고 書名으로 解題와 譯註를 하였고, 본 논문도 鄭光 譯註解題의 ≪原本老乞大≫(2004년, 김영사)에서 原文과 譯註를 참고하였음으로 이에 ≪原本老乞大≫라는 書名을 쓰기로 하였다. 그러나 최근 鄭光 譯註 解題≪原本老乞大≫(2004년, 김영사)의 수정판인 鄭光 ≪譯註 原本老乞大≫(2010년 박문사)가 출판되었다.

7) ≪飜譯老乞大≫는 ≪老乞大≫를 中宗朝 崔世珍이 諺解한 것이다. 上下 兩卷으로 된 木版本인데 上卷이 71張, 下卷이 73張이다. 이 板本의 名稱은 원래 그대로 ≪老乞大≫로 되어 있으나 그렇게 되면 漢語本의 名稱과 구별이 되지 않고, 그렇다고 ≪老乞大諺解≫로 하면 重刊本과의 혼란이 생기므로 이에 四聲通解에 붙어있는 「飜譯老乞大朴通事凡例」란 기록에 의지하여 ≪飜譯老乞大≫로 通稱하게 된 것이다. 또한 이 책에는 序跋이나 刊記가 없어 정확한 年代를 알 수 없었는데, 이 凡例로 인해 이 책이 적어도 四聲通解의 刊年인 中宗12년(1517)이전에는 완성되었으리라고 보는 것이다(金文雄≪重刊老乞大諺解≫解題에서 인용). 본고의 原典으로는 大提閣(1974年, 影印本)韓國古典叢書(復元版)≪飜譯老乞大 朴通事≫(上)과, 鄭監 監修, 國語史資料硏究會譯註≪譯註飜譯老乞大≫(太學社, 1995年)本을 사용하였다.

8) ≪老乞大新釋≫보다 약 40년이 늦은 시기에 編纂된 ≪重刊老乞大≫(1795年)本은 일부의 語彙가 ≪老乞大≫시대로 回歸된 측면이 보인다는 견해가 있다.

的好弓麽？當然有”, “這箇馬也行的好。確實有幾步慢竄(이 말의 거름걸이가 느릿느릿 하지만, 실로 부드럽고 빠릅니다)”, “你這馬要賣麽? 當然我要賣呢” 등처럼 바꿔 놓는다면, 어색하지 않은 現代漢語가 되는 것이다.

21. 老金(勞金)

≪華音啓蒙諺解≫(이하 ≪華諺≫)은 1883년(고종 20년)에 당시의 역관이었던 李應憲[1]이 편찬한 ≪華音啓蒙≫을 諺解하여 간행한 중국어 會話教材이다.[2] ≪華音啓蒙≫은 從來의 ≪老乞大≫·≪朴通事≫·≪譯語類解≫ 등의 中國語는 시대가 흐름에 따라 中國語와 發音이 현실과 맞지 않음을 보고, 이에 현실에서 통용되는 실용적인 중국어를 채택하고 당시의 燕京語로 표기한 이른바 '常行實用之語', 즉 현지에서 실제로 통용

1) 장서각에 소장되어 있는 다른 異本인 ≪華音啓蒙諺解≫에 '光緒九年癸未(1883年)印出'이라는 刊記가 붙어있는 것으로 보아 ≪華音啓蒙≫을 편찬한 李應憲이 同一한 時期에 諺解하여 펴낸 것으로 推定된다. (디지털 한글박물관(연규동) '문헌자료와 해제'에서 拔萃)

2) ≪華諺≫ 서(序)와 발(跋)이 없으며, <화음계몽>의 본문만 언해되어 있다. 회화체로 된 백화문 아래에 권점을 하고 한글과 한자를 혼용하여 언해하는 체재로 이루어져 있는데, 이 형식은 16세기 <번역노걸대> 이래 전통적으로 지켜온 것이다. 백화문의 한자에는 당시의 북경음이 한글로 달려 있다. 일반적으로 우리나라에서 펴낸 중국어 교과서에는 각 한자마다 아래에 좌측에는 속음이, 우측에는 당시 중국현실음을 기록하는 방식이 하나의 전통이 되어 왔는데, <화음계몽언해>에서 이 전통은 지켜지지 않고 각 한자마다 한글로 하나의 한자음만을 기록하고 있다. 언해문의 한자에 한자음은 달려 있지 않다. 이 책은 전사자(全史字)의 고활자(古活字)로 이루어진 2권 1책의 책으로, 비슷한 시기에 간행된 것으로 보이는 어휘집 <화어유초>와 한 질을 이루고 있는 것으로 보인다. 이와 같은 방식은 이전에 간행된 역학서인 노걸대류와 유해류의 관계에서도 찾아볼 수 있는데, 이 책의 내용 일부가 목판본 <화어유초>에 '화음계몽언해 상'이라 하여 동일한 형식으로 실려 있다. …언해문에는 한문 원문의 한자어가 번역되지 않고 그대로 사용되는 경우가 빈번하게 나타나며(예: 너의 老爺들이 下次의도 우리게 照顧ᄒᆞᄂᆞᆫ거시 맛치 좃타), 원문이 직역되어 자연스럽지 않은 한국어의 예도 자주 보인다(예: 오기를 몃 날이나 ᄒᆞ엿ᄂᆞ냐). (디지털 한글박물관(연규동) '문헌자료와 해제'에서 발췌)

되었던 순수한 口語를 채택하여 표기를 했다고 尹泰駿이 序文에서 밝히고 있다.[3]

≪華諺≫ 一書는 近代漢語의 다른 어느 文獻에서보다 글자 본래의 의미와는 상관없이 소리가 같거나 비슷하면 표기를 하는 通假의 用例를 많이 볼 수가 있다. 古代漢語(文言文)에서나 近代漢語에서 이러한 通假의 現像을 소홀히 한다면, 本意와 전혀 상관없는 엉뚱한 해석이 될 것이다.[4]

아래 예문 1)번은 ≪華諺≫에서 단 한 번 찾을 수 있는 '老金' 一詞의 用例이다.

1) 我那裏開得起這樣大店? 不過是給他們吃老金的咧。(≪華諺≫上 6b)
　 닉가 어ᄃᆡ 이런 大店을 열니오 不過 져의게 사환ᄒᆞᄂᆞᆫ 이로라.

위의 '老金'에 대한 ≪華諺≫의 對譯은 '사환노릇을 하다'이다. '老金' 一詞에 대한 ≪華諺≫의 풀이가 정확하다. 단지 '勞金'을 '老金'으로, 즉 '老'字는 '勞'字의 通假字로 쓰인 것이다.[5]

---

3) 舊有≪老乞大≫ ≪朴通事≫ ≪譯語類解≫等書, 而華語之各省或異, 古今亦殊, 使驟看者轉相訛誤, 恐不無鼠璞之混, 燭盤之謬矣。今李知樞應憲, 取常行實用之語, 累加編輯, 名之曰≪華音啓蒙≫。若千字文, 百家姓, 幷用燕京話, 譯之以東諺, 開卷瞭然, 如置莊嶽而求齊語。(≪華音啓蒙≫序)

4) 通假字의 기본 규칙은 同音字로 대체하는 것인데, 세 가지의 큰 원칙이 있다. (1) 同音의 글자:「甚矣, 汝之不惠!(대단하구나, 너의 총명하지 못함이!) ≪愚公移山≫」 여기서의 '惠'字는 '慧'字와 通用된다. (2) 聲母가 같은 글자:「四時之間, 亡日休息。(일 년 사계절, 하루도 쉴 수가 없었다.) 晁錯 ≪論貴粟疏≫」 여기서 '亡'字와 '無'字는 聲母가 같다. (3) 韻母가 같은 글자:「置之河之干兮。(그것을 강가에 두어라.) ≪詩經 魏風 伐檀≫」)여기서 '干'字와 '岸'字의 韻母가 같다.

5) 王清棟, <華音啓蒙諺解의 語彙的 특징>:「이 어휘는『漢語大詞典』에서 용례가

2) 從八歲上到人家吃勞金… 差點沒餓斡了。(劉白羽≪寫在太陽初升的時候≫)
여덟 살 때부터 남의 집에서 일을 하였는데, 하마터면 굶어 죽을 뻔했습니다.
3) 二十多年來, 韓老六待對佃戶、勞金和傍的手下人, 他有一套一套的辦法。(周立波 ≪暴風驟雨≫ 第一部二)
이십여 년 동안 韓老六은 소작인과 머슴들 그리고 옆에 거느린 수하를 대하는 방법을 가지고 있었다.

위의 例文(2번과 3번)은 ≪漢語大詞典≫에서 찾을 수 있는 '勞金'의 用例이다. ≪漢語大詞典≫에서는 '勞金'에 대해 (1) 舊時地主給長工或老板給店員的工錢(예전에 지주가 머슴 또는 주인이 점원에게 주는 품삯) (2) 長工(장공: 단공보다 긴 기간 동안 하인 일을 하는 사람. 머슴) 이라는 설명을 볼 수 있다. 그러므로 위의 예문 4)번「我那裏開得起這樣大店? 不過是給他們吃老(勞)金的咧」은 '제가 어떻게 이렇게 큰 가게(식당)를 운영할 수가 있습니까? 저는 단지 그분들에게 일을 해주고 있을 뿐입니다'라고 풀이가 되는 것이다. ≪漢語大詞典≫에서 提示하고 있는 用例(위의 예문 2번과 3번)와 그 쓰임이 같은 것이다. 즉 '吃[6]老金'은「사환노릇을 하다」라고 諺解한 ≪華諺≫의 풀이가 맞는 것이고, '做長工'의 의미를 가지는 것이다.

없고,『朝鮮中韓』에서도 다른 용례가 나타나지 않았다. 그러나 '吃老本'의 어휘목록을 찾을 수 있다. '갖고 있던 지식이나 능력, 功勞로 날을 보낸다'의 뜻으로 해석하니까 여기서의 '吃老金的'과 같은 의미를 갖고 있지 않을까 한다.」(中國語言研究, 第13輯, 2001年)

6) 여기서의 '吃'는 무엇을 의지하여 생활을 하다(依靠某種事物來生活)의 의미를 가지는 동사이다. 예를 들면「靠山吃山, 靠水吃水(산에 살면 산일을 하는, 바닷가 사람들은 바다에서 생계를 꾸려나간다)」에서의 '吃'의 用法이 그것이다.

22. 裏

助詞로 쓰이는 "裏"字의 用例를 ≪老乞大≫에서는 "時"字 다음으로 많이 볼 수 있다. ≪老乞大集覽≫[1]에서는 場所 등을 나타내는 名詞적인 용법 외에도 "裏"가 語助詞로서 쓰이고 있음을 설명하고 있다.[2] 아래 例文(1～3번)은 ≪飜譯老乞大≫(이하 ≪飜老≫)[3]에서 자주 볼 수 있는 "裏"字 本然의 用例이다.

---

1) 본고에서는 奎章閣叢書第八(제446號)에 수록된 老乞大集覽(上下)와 單子解(影印本)를 참고로 하였고, 鄭監 監修, 國語史資料硏究會譯註≪譯註飜譯老乞大≫(太學社, 1995年)에 정리된 老乞大集覽을 主原典으로 삼았다. 同書凡例에는 다음과 같이 설명되어 있다:「1. 原典(text)으로는 李丙疇 編校의 ≪老朴集覽考≫를 사용했고 보조 자료로 台北 聯經出版公司에서 펴낸≪老乞大諺解 朴通事諺解≫에 들어있는 ≪老乞大集覽(上下)≫와 單子解를 참조하였다. 2. ≪老朴集覽≫중 單子解, 累字解, 그리고 老乞大集覽의 중국어 어휘들을 모아 가나다順 으로 정리하였다. …」이에 본고에서 인용한 ≪老朴集覽≫은 "태학사(1995年)"本이다.

2) ≪老乞大集覽≫ :「裏: 內也, 裏頭, 內裏。又闕內亦曰裏頭, 又曰內裏。又處也, 這裏, 那裏。又語助, 這裏, 那裏, 有裏。通作里俚哩。」(<單子解: 2a-1>)

3) ≪飜譯老乞大≫는 ≪老乞大≫를 中宗朝 崔世珍이 諺解한 것이다. 上下 兩卷으로 된 木版本인데 上卷이 71張, 下卷이 73張이다. 이 板本의 名稱은 원래 그대로 ≪老乞大≫로 되어 있으나 그렇게 되면 漢語本의 名稱과 구별이 되지 않고, 그렇다고 ≪老乞大諺解≫로 하면 重刊本과의 혼란이 생기므로 이에 四聲通解에 붙어있는「飜譯老乞大朴通事凡例」란 기록에 의지하여 ≪飜譯老乞大≫로 通稱하게 된 것이다. 또한 이 책에는 序跋이나 刊記가 없어 정확한 年代를 알 수 없었는데, 이 凡例로 인해 이 책이 적어도 四聲通解의 刊年인 中宗12년(1517) 이전에는 완성되었으리라고 보는 것이다(金文雄≪重刊老乞大諺解≫解題에서 인용). 본고의 原典으로는 大提閣(1974年, 影印本)韓國古典叢書(復元版)≪飜譯老乞大 朴通事≫(上)과, 鄭監 監修, 國語史資料硏究會譯註≪譯註飜譯老乞大≫(太學社, 1995年)本을 사용하였다.

1) 大哥, 你從那裏來? (≪飜老≫上 1a)

2) 衆學生的姓名, 都這般寫着, 一箇簽筒兒裏盛着。(≪飜老≫上 4a)

3) 你說的是, 我也心裏這般想着。(≪飜老≫上 11a)

≪老乞大≫에서 語氣助詞의 형태로 쓰이고 있는 "裏"의 쓰임은 現代漢語에서 동작의 진행이나 상태의 지속을 나타내는 어기조사 "呢"와 흡사하다. 이에 太田辰夫는 "里", "裏" 등의 處所를 나타내는 語彙에서 동작의 存在를 나타내는 語氣助詞 "呢"의 根源으로 보기도 한다.[4]

≪老乞大集覽≫에서 "裏"는 "里", "哩", "俚"와 通用되고 있다고 풀이하고 있으나, ≪老乞大≫에서는"裏"字의 用例만 보일뿐 "里"[5], "哩", "俚" 등이 쓰인 用例는 볼 수가 없다. 아마도 ≪老乞大≫時代에는 "裏"字 용례만이 쓰이고 있었을 뿐, "里", "哩", "俚" 등의 助詞는 아직 널리 통용되지 않고 있었기 때문일 수도 있는 것이다.[6] 아래의 例文(4~6번)은 ≪飜譯老乞大≫에서 쓰이고 있었던 語氣助詞 "裏"가 1795年경에 改修된 ≪重刊老乞大≫[7]에서는 보이지 않고 있음을 볼 수 있다.

4) 太田辰夫 著, 蔣紹愚, 徐昌華 譯, ≪中國語歷史文法≫ : 「呢, 作爲敍實的功能, 是表示在現在動作的存在, 不變化, 相當于時間副詞"還", "正在"等。它的來源是"里", "裏"等表示處所的詞, 從唐五代就有一些。」(北京大學出版社, 1987年, 350쪽)그러나 呂叔湘은 ≪釋景德傳燈錄中"在""着"二助詞≫에서 "在裏→裏"→里→哩 →呢"에서 그 根源을 설명하고 있다.

5) ≪老乞大≫에서 "里"字의 쓰임은 자주 볼 수 있으나, 이러한 "里"字의 쓰임은 語助詞가 아닌 거리의 單位를 나타내는 名詞로 쓰인 경우다. 例: 「咱們往前行的, 十里來田地裏, 有箇店子, 名喚瓦店。」(≪飜老≫上 10a)

6) 太田辰夫 著, 蔣紹愚, 徐昌華 譯, ≪中國語歷史文法≫ : 「"哩"是否在宋元時使用還是疑問。在宋代, 用"裏"的例子很多, 而"哩"只在不太可靠的資料中能見到。… "哩"在元曲中用得很多, 但在元刊本裏用"里", "哩"是不是元代原有的寫法, 還須要硏究。」(北京大學出版社, 1987年, 350쪽)

7) ≪重刊老乞大≫는 ≪老乞大新釋≫보다 약 40년이 늦은 시기에 改修되었다. 1795

4) 咱們往前行的, 十里來田地裏, 有箇店子, 名喚瓦店。(≪飜老≫上 10a)
⇒ 咱們往前走, 十多里路, 有箇店, 名喚瓦店。(≪重老≫下 9a)
5) 有賣的好弓麽? 可知有, 沒時做甚麽買賣裏? (≪飜老≫下 30b)
⇒ 有賣的好弓麽? 客人, 我店內若沒有好弓, 做甚麽買賣? (≪重老≫下 29a)
6) 你外頭還有火伴麽? 有一箇看行李, 就放馬裏。(≪飜老≫上 41a)
⇒ 你們外頭還有火伴麽? 有一箇在那裏, 看行李放馬了。(≪重老≫上 38b)

≪老乞大≫에서 "裏"字의 쓰임은 매우 다양하게 나타나고 있다. 그 첫 번째 쓰임은 "裏"字 本然의 의미, 즉 "外"의 相對的인 의미를 나타내는 경우로, 現代漢語에서의 쓰임과 같다 하겠다. 아래의 예문 7, 8)번과 같이 "方位"을 나타내는 경우, 예문 9)번처럼 指代詞 "這, 那, 哪" 등과 결합하여 "處所"를 나타내는 경우와 일정한 "範圍"를 나타내는 경우다. 그러나 예문 11, 12)번의 "馬市裏", "直沽裏"에서처럼, 굳이 "裏"를 쓰지 않아도 되는 경우에도 ≪老乞大≫에서는 흔히 볼 수 있는 用例라 하겠다.

7) 拜揖, 大哥, 這店裏賣毛施布的高麗客人李舍有麽? (≪飜老≫下 1a)
8) 請, 請, 裏頭坐的。(≪飜老≫下 2a)
9) 看家的有麽? 有箇後生來, 這裏不見, 敢出去了。(≪飜老≫下 2a)
10) 那鼻子裏流膿。(≪飜老≫下 19a)
11) 咱們往順城門官店裏下去來, 那裏就便投馬市裏去却近些。(≪飜老≫上 11a)
12) 五月裏到高唐, 收起綿絹, 到直沽裏上船過海, 十月裏到王京, 投到年終, 貨物都賣了。(≪飜老≫上 15a)

그리고 ≪老乞大≫에서는 "裏"字가 時間을 나타내는 의미로 쓰이는 용례를 많이 찾아 볼 수 있다(아래 예문 16~21번). "裏"字가 "時", "時候"

年에 편찬된 ≪重刊老乞大≫本은, 일부의 語彙가 ≪老乞大≫시대로 回歸된 측면이 보인다는 견해가 있다.

등의 뜻으로 쓰이고 있었던 용례는 宋 元時代에 다른 文獻에서도 흔히 볼 수가 있다(예문 13~15번). 물론 現代漢語에서도 그러한 용법을 찾을 수가 있다(예문 22번).

13) 病裏逢春, 四海無家, 一身寄客。(≪董西廂≫ 卷一)
14) 妾身年少裏, 父母俱傾棄。(宋 ≪張協壯元≫ 十六出)
15) 如今這搗子病得重, 趁他狼狽裏, 便好下手。(≪水滸全傳≫二五回)
16) 我這裏前年六月裏, 有一箇客人, 纏帶裏裝着一卷紙, 腰裏拴着, 在路旁樹底下歇凉睡。(≪飜老≫上 27b)
17) 勞困裏休飮水, 等喫一和草時飮。(≪飜老≫上 24b)
18) 這般黑地裏, 東厠裏難去, 咱們則這後園裏去。(≪飜老≫上 37a)
19) 我這裏今年夏裏天旱了, 秋裏水澇了, 田禾不收的。因此上, 我旋糴旋喫裏, 那裏有糶的米。(≪飜老≫上 53a)
20) 這早晩黑地裏, 出入不便當。(≪飜老≫上 55a)
21) 你兩箇先放馬去, 到半夜裏, 我兩箇却替你去。(≪飜老≫上 56a)
22) 許多人家門對着門, 白日裏, 日頭的影子正正的照到街心不動時, 街上半天還無一個人過身。(沈從文 ≪街≫)

앞에서 논의한 "裏"字는 場所나 方位 또는 時間 등을 나타내는 名詞적인 용법으로 쓰이고 있는 用例를 중심으로 살펴본 것이다.

아래의 用例들은 ≪老乞大≫에서는 "裏"字가 語氣助詞로 쓰이고 있는 경우를 살펴본 것이다. ≪老乞大≫에서의 語氣助詞로서 "裏"字는 現代漢語의 語氣助詞 "呢"字의 쓰임과 비슷한 양상을 보이고 있다. 먼저 語氣助詞로서 "裏"字는 진술문에서 某種의 狀態를 설명하거나 또는 動作의 持續 그리고 動作의 進行을 나타내고 있다.

23) 價錢如常, 人參正缺着裏。(≪飜老≫下 2b)

24) 你外頭還有火伴麽, 有一箇看行李, 就放馬裏。(≪飜老≫上 42a)
25) 我這裏今年夏裏天旱了, 秋裏水澇了, 田禾不收的。因此上, 我旋糴旋[8]喫裏, 那裏有糶的米? (≪飜老≫上 53a)
26) 你称如何? 我的是官称, 放着印子裏, 誰敢使私称? (≪飜老≫下 57b)
27) 這布都是地頭織來的, 我又不曾剪了稍子, 兩頭放着印記裏。(≪飜老≫下 62a)

앞에 예문 23~25)번은 動作의 進行狀態를 나타내고 있는데, 특히 23)번은 進行과 持續을 나타내는 副詞 "正"과 "着"이 同時에 호응되어 쓰이고 있음을 볼 수 있다. 예문 26, 27)번도 時態助詞 "着"와 호응되어 동작의 持續狀態를 나타내고 있다. 아래의 예문 28~34번)은 語氣助詞 "裏"가 副詞 "還"와 "不曾", "沒", "不"와 호응이 되어 상태가 변화가 없음을 나타내고 있다.

28) 高些箇射, 休小了, 低射時竄到了。… 你看, 早裏! 一會兒再添一枝箭時咱們滿了。(≪飜老≫ 下37a)
29) 你都喫了着, 家裏還有飯裏。(≪飜老≫上 42b)
30) 我這馬們不曾飲水裏, 等一會控到時飲去。(≪飜老≫上 24a)
31) 咱們舍着草料, 好生喂幾日發落, 也不遲裏。(≪飜老≫上 71a)
32) 如今爲沒有賣的, 五錢一斤家也沒處尋裏。(≪飜老≫下 2b)
33) 我從早起喫了些飯, 到這早晚, 不曾喫飯裏, 好生的飢了。(≪飜老≫上 53b)
34) 教人看了面子上的角, 背子上鋪的筋, 商量了價錢, 然後樺了也不遲裏。(≪飜老≫下 31b)

이상의 用例(28~34번)는 語氣助詞 "裏"가 단독으로 또는 다른 詞語

---

8) 旋~旋~ : 連用于兩個動詞之前, 表示一邊這樣, 一邊又那樣。唐·章碣 ≪陪浙西王侍郎夜宴≫:「深鎖雷門宴上才, 旋看歌舞旋傳杯。」(≪漢語大詞典≫, 漢語大詞典出版社, 1991年)

와 호응하여 狀態의 持續과 進行 혹은 變化가 없음을 명확히 보여주는 用例이다.

≪老乞大≫에서의 語氣助詞로서 "裏"字 또한 다른 문헌에서도 쓰이고 있었던 것처럼 약간의 과장적인 어투를 나타내는 문장에서 많이 쓰이고 있음을 볼 수가 있다.[9] 아래의 예문(35~39번)에서와 같이, 어떠한 사실을 분명히 드러내야하기 때문에 자연히 과장의 말투가 필요한데, "裏"가 이러한 역할을 하고 있다고 본다.

35) 客人們, 你這馬要賣麽? 可知我要賣裏。(≪飜老≫上 70a)
손님! 말을 파시게요? 암 팔고말구요.
36) 大哥, 你這羊賣麽? 可知賣裏。(≪飜老≫下 21b)
형씨! 이 염소를 파십니까? 물론 팔지요.
37) 好麽? 好麽? 買賣稱意麽? 托着哥哥們福陰裏, 也有些利錢。(≪飜老≫下 65b)
안녕하십니까? 장사는 잘됩니까? 아 형님의 염려 덕택으로, 이익을 좀 봤습니다.
38) 休那的說, 偏我出外時, 頂着房子走, 也要投人家, 尋飯喫裏。(≪飜老≫上 44a)
그런 말씀 마세요, 제가 출타 한다고 해서, 집을 이고 다니겠습니까? 나 역시 남의 집에 묵어야 하고, 밥도 얻어먹어야 한답니다.
39) 有賣的好弓麽? 可知有, 沒時做甚麽買賣裏? (≪飜老≫下 30b)
팔려고 내놓은 좋은 활이 있습니까? 당연히 있지요! 없다면 무슨 장사를 한단 말이요?

---

9) 曹廣順, ≪近代漢語助詞≫:「唐五代裏"裏"的用例比"在"要少, 從表達的語義看, "在"和"裏"都是"袪疑樹信"的"申言之詞", 表達肯定的語。… 元明之際"裏"仍以用于肯定的例子居多, 但所表達的肯定語氣, 較之宋代更豊富了, 有感歎, 有肯定某種事物現象的存在, 有表示停頓, 列擧等多種。疑問語氣的"裏"較少, 但例子中也有表示選擇, 反詰, 是非等多種句式。」(語文出版社, 1995年, 177쪽)

現代漢語에서는 語氣助詞 "呢"는 "你怎麽一點兒也不知道呢?"처럼 의문을 나타내는 助詞로 쓰이고 있지만, ≪老乞大≫에서는 "裏"가 의문문에서 쓰이는 用例는 볼 수가 없었고, 반문을 나타내는 의문문에서 딱 한 번 쓰인 用例(예문 39번)를 찾을 수 있었다.[10]

≪老乞大≫에서 語氣助詞 "裏"가 의문을 나타내거나 의문문에서 쓰이지 않았던 것은, 唐代에서 元代까지의 "裏"字의 쓰임은 대체적으로 "과장의 말투로 사실을 서술"하는 용도로 쓰이고 있었고, 의문문이나 의문의 어기조사로는 잘 쓰이지 않았기 때문일 것이다.

10) 曹廣順 ≪近代漢語助詞≫: 「"在"和"裏"的功能, 都近似于現代漢語語氣助詞"呢", 早期, 它們只用于肯定語氣, 宋代, 都有用于疑問句的用例, 但直到元明, 它們的功能都是以表達肯定爲主, 表達疑問語氣的, 只是個別用例。」(語文出版社, 1995年, 178쪽)

23. 利家

"利家"의 用例는 ≪原本老乞大≫와 ≪老乞大≫에서 각각 한 번의 用例가 보일뿐 ≪朴通事≫에서는 단 한 번의 用例를 찾을 수가 없다. "利家"에 대한 ≪飜譯老乞大≫에서는 "흥졍 바치(장사꾼. 상인)"으로 언해가 되어 있고, ≪老乞大諺解≫에서도 "흥졍 바치"로 언해되고 있지만, 개정본인 ≪重刊老乞大諺解≫[1]에서는 "外行"(아래 예문 3번)으로 바꾸어졌음을 볼 수 있다.

1) 你休這般胡索, 倒隔了你買賣。俺不是利家, 這緞子價錢俺都知道。(≪原老≫ 27a)[2]
2) 你休這般胡討, 倒誤了你買賣。我不是利家, 緞子價錢, 我都知道。(≪飜老≫ 下 27a)[3]
   네 이리 간대로 바드려 말라, 도로혀 네 흥졍을 머믈울이로다. 내 흥졍 바치 아니라도, 이 비단 갑슬, 내 다 아노라.
3) 離胡啊, 這樣的價錢倒悞了你的賣買。我不是外行, 這緞子價錢我都知道。(≪重老≫下 25b)[4]

---

1) ≪重刊老乞大諺解≫ 奎章閣圖書(도서번호2049), 影印本
2) 本稿는 譯註 등의 편리함 때문에 鄭光 譯註解題의 ≪原本老乞大≫本을 藍本으로 삼았고, 또한 副本으로는 汪維輝 編, ≪朝鮮時代漢語教科書叢刊≫ (中華書局, 2005年) 2卷의 影印本을 참고하여 교정을 하였다. ≪原老≫ 27a은 上記書 "影印本 27쪽의 a면"을 말함이다.
3) 本稿에서는 편의상 ≪飜譯老乞大≫를 ≪飜老≫라고 표기하기로 한다. ≪飜老≫下 27a은, ≪飜譯老乞大≫下卷 27쪽 b면, 즉 27쪽 뒷면을 나타내다.
4) 本稿에서는 편의상 ≪重刊老乞大諺解≫를 ≪重老≫라고 표기하기로 한다. ≪重老≫下 25b은, ≪重刊老乞大諺解≫下卷 25쪽 b면, 즉 25쪽 뒷면을 나타내다.

4) 利家, 音義云不會賣買的。會賣買的便叫杭家。今按: 利家亦是市行之人。杭作行是。漢俗呼市廛曰鋪行, 曰行市, 行音杭。("利家"는 장사를 잘하지 못하는 사람을 뜻한다. 장사를 잘하는 사람은 "杭家"라고 부른다. 편집자주: "利家" 역시 市廛사람이다. "杭"은 "行"이 옳다. 중국에서는 市廛을 俗稱 "鋪行", "行市"라고 하며 "行"은 "杭"으로 발음한다.) (≪老集下: 2a-7≫)

그러나 ≪老乞大集覽≫[5]에서(위의 예문 4번)는 "利家"를 "不會賣買的(장사를 잘하지 못하는 사람)"으로, "杭(行)家"는 "會賣買的(장사를 잘하는 사람)"으로 풀이되고 있음을 볼 수 있다. 현대중국어[6]에 있어 "行家"의 의미는 "內行人(전문가)"[7]을 뜻하고, 근대의 元明時代 즉 老乞大시대에서도 그 쓰임이 현재와 별 차이가 없어 보인다.[8] 그러나 "利家"에 대한 풀이, 즉 사전에서 표제어로 채택하여 풀이한 사전을 찾을 수가 없었다. 이

---

5) 本稿에서는 奎章閣叢書第八(제446號)에 수록된 老乞大集覽(上下)와 單子解(影印本)를 참고로 하였고, 鄭監 監修, 國語史資料硏究會譯註, ≪譯註飜譯老乞大≫(太學社, 1995年)에 정리된 老乞大集覽을 主原典으로 삼았다. 同書凡例에는 다음과 같이 설명되어 있다: 「1. 原典(text)으로는 李丙疇 編校의 ≪老朴集覽考≫를 사용했고 보조 자료로 台北 聯經出版公司에서 펴낸≪老乞大諺解 朴通事諺解≫에 들어있는 ≪老乞大集覽(上下)≫와 單子解를 참조하였다. 2. ≪老朴集覽≫중 單子解, 累字解, 그리고 老乞大集覽의 중국어 어휘들을 모아 가나다順 으로 정리하였다. …」 이에 본고에서 인용한 ≪老朴集覽≫은 "태학사(1995年)"本임을 밝혀둔다.

6) 漢語史의 區分은 일반적으로 현대는 淸代 中葉부터 현재까지를 말하고, 唐代에서 淸初까지를 近代로 본다.

7) (≪現代漢語詞典≫(修訂本), 商務印書館, 2001年)

8) 行家, 也作"當行", "當行家"。指對某方面熟練, 擅長, 內行。≪曲洧舊聞≫卷五: 「某雖工于語言, 也不是當行家。」 ≪貴耳集≫卷上: 「文人才士無以自見, 碌碌無聞者雜進。三十年間, 詞科又罷, 兩制皆不是當行。京彥云戾家是也。」 ≪京德傳燈錄≫卷十六: 「寶保禪師, 耕夫置玉樓, 不是行家作。」 (龍潛庵 編著, ≪宋元語言詞典≫, 上海辭書出版社, 1985年, 322쪽)

에 楊聯陞은[9] "利家"가 元明時代에서 통용되었던 말임을 전제하고, "利家"는 발음이 유사한 "戾(li)家" 또는 "隸(li)家"에서 借音되어 통용되고 있음을 말하고 있다.

楊聯陞은 또 現代漢語에서 "外行"이라는 의미를 가지는 "力把", "力笨", "劣把"[10] 등의 어휘를 제시하였는데, 그러나 같은 의미를 지닌 "戾家",[11] "利巴",[12] "力巴",[13] "力把",[14] "劣把"[15] 등과 같은 어휘들은 이미 老乞大

---

9) 楊聯陞 ≪老乞大朴通事裏的語法語彙≫:「行家利家, 似是元明時代通行語。但利家"利字的寫法, 不知以何爲正"明寧獻王朱權≪太和正音譜≫云:「…良家子弟所扮雜劇, 謂之行家生活(按: 指非伎人出身者所扮演的雜劇)。娼優所扮者, 謂之戾家把戲(按: 指伎人出身者所扮演的雜劇)。良人貴其恥, 所扮者寡。今少矣。反以娼優扮者謂之行家。失之遠也。…他不過是奴隸之役, 供笑獻勤… "爲奴隸之役"幾個字, 可以注意。明·唐寅 ≪六如畵譜≫卷三引王思善: "趙子昂問錢舜擧曰: 如何是士夫畵。舜擧答曰, 隸家畵也。觀之王維…皆士夫之畵也 …」也許"隸家"是正字, 可能本意是隸屬, 付隸之意。明·何良俊 ≪四友齋畵論≫說:「我朝善畵者甚多。若行家當以戴文進第一, …利家則以沈石田第一, …」(東方學志, 1955年)

10) 同 前揭書 :「現代口語, 管外行叫"力把"(也有人寫"力笨", "劣把"。≪北方俗語詞典≫頁 112有"離八手", "離把頭"。」

11) 戾家 : 外行的, 也指外行的人。 ≪貴耳集≫卷上:「文人才士無以自見, 碌碌無聞者雜進。三十年間, 詞科又罷, 兩制皆不是當行。京彥云戾家是也。」宋 耐得翁, ≪都城紀勝 四司六局≫: "常諺曰: 燒香點茶, 掛畵揷花, 四般閑事, 不許戾家。(龍潛庵 編著, ≪宋元語言詞典≫, 上海辭書出版社 1985年, 562쪽)

12) 利巴 : 外行。≪醒世姻緣傳≫六三回:「這樣南京的雜貨原是沒有行款的東西, 一倍兩倍, 若是撞見一個利巴, 就是三倍也是不可知的。(高文達 主編, ≪近代漢語詞典≫, 智識出版社 1992年)

13) 力巴 : 生手, 外行。≪兒女英雄傳≫六回:「女子見這般人渾頭渾腦, 都是些力巴。(吳士勛 王東明 主編, ≪宋元明淸百部小說詞語大辭典≫, 陝西敎育出版社, 1992年, 595쪽)

14) 力把 : 外行。≪兒女英雄傳≫十一回:「行家莫說力把話, 你難道沒帶着眼睛, 還要問"却是如何"」(許少峯 主編, ≪近代漢語詞典≫, 團結出版社, 1997年, 689쪽)

15) 劣把 : 外行。也作"力把"。≪兒女英雄傳≫十七回:「咱們這裏雖說不短人擡, 都是

時代에서 쓰여 지고 있었음을 당시의 다른 문헌에서 찾아볼 수가 있다.

≪老乞大≫에서 쓰고 있는 "利家" 또한 다른 많은 "外行"의 의미를 가지고 쓰이고 있는 "戾家", "利巴", "力巴", "力把", "劣把"와 마찬가지로 그 당시에 일반적으로 통용되었던 어휘라고 볼 수 있을 것이다. 따라서 ≪飜老≫에서의 "我不是利家"라는 말을 ≪老乞大集覽≫의 풀이를 빌어 "我不是不會(做)賣買的"라고 할 수가 있을 것이고, 이것 곧 改修된 ≪重刊老乞大諺解≫의 "我不是外行"과 같은 말이 되는 것이다. 그렇다면 "흥졍 바치(장사꾼. 상인)"로 諺解된 ≪飜譯老乞大≫나 ≪老乞大諺解≫의 풀이는 잘못되었다고 본다. 특히 ≪老乞大集覽≫에서 "利家 또한 市廛 사람이다(今按: 利家亦是市行之人)"라는 풀이를 주목할 필요가 있겠다.

劣把。」(許少峯 主編, ≪近代漢語詞典≫, 團結出版社, 1997年, 706쪽)

24. 人情

'人情' 一詞에 대해 ≪現代漢語詞典≫[1]에는「(1) 人的感情; 人之常情 (2) 情面 (3) 恩惠; 情誼 (4) 指禮節應酬等習俗 (5) 禮物」이라는 설명을 볼 수 있고, 우리말사전[2]에서도「(1) 사람이 본디 지니고 있는 온갖 감정. (2) 남을 생각하고 도와주는 따뜻한 마음씨. 인심(人心). (3) 세상 사람의 마음. (4) 지난 날 벼슬아치들에게 은근히 주던 선물이나 뇌물 따위를 이르는 말.」이라는 설명을 볼 수 있다.

1) 咳, 我眞個不曾知道來。我也明日到羊市裏, 五錢銀子買一個羊腔子, 做人情去饋他補生日。(≪朴諺≫上 58b)
아이고! 전 정말 모르고 있었습니다. 저는 내일 양고기를 파는 저잣거리에 나가, 은자(銀子) 다섯 전(錢)어치 양고기 포(羊腔子)를 사서, 생일선물로 드리면서 늦은 생일축하를 해야겠습니다.
2) 那厮那裏肯饋? 不通人情不得仁義的小厮。(≪朴諺≫上 58a)
그 놈이 주겠습니까? 인정머리도 없고 仁義도 모르는 놈입니다.
3) 曹大家裏人情來麽? (≪朴諺≫下 41a)
曹씨 어른집에 訃告가 왔습니까?
甚麽人情?
무슨 부고입니까?
却不沒了老曹來。
曹씨가 죽었다지 않습니까!
我不曾知道來。
난 몰랐습니다.

---

1) 中國社會科學院, ≪現代漢語詞典(修訂本≫(商務印書館, 2001年)

2) 이기문 감수, ≪새국어사전(개정증보판)≫(동아출판사, 1989年)

4) 妹子, 你那裏人情去? 我不人情去, 我待嫁人哩。(≪救風塵≫ 一【寄生草】)
동생, 동생은 어딜 초대받아 가는가? 난 손님노릇을 가는 것이 아니라, 시집을 가는 것이네!
5) 父親, 母親人情去了, 這早晚敢待來也。(≪魯齋郎≫三 白)
아버지 어머니께서는 인사하러 가셔서, 일찍 돌아오실 것입니다.
6) 不請街坊, 不會親憐, 不受人情。(≪西廂記≫二本二折【幺篇】)
이웃을 청하지도 않고, 친척도 모시지 않을 것이고, 賀禮도 받지 않을 것이다.
7) 休波, 省人情的奶奶忒慮過, 恐怕張羅。(≪西廂記≫ 二本三折【攪箏琶】)
관둬라! 물정을 아시는 어머니의 지나친 염려이시고, 판이 커질 것이 염려가 된 것이지!

위의 예문 1)번은 앞 장의 예문 1)번의 대화와 바로 이어지는 대목으로, 여기서의 '做人情'은 위의 두 사전의 설명에서처럼 '생일선물로 주다', '뇌물을 주다'의 의미로 쓰인 어휘이고, 예문 2)번은 ≪朴通事諺解≫(이하 ≪朴諺≫)[3] 제34화에서 나오는 장면으로, 물건을 빌려주지 않는 사람의 인정을 타박하는 대목이며, 3)번은 어느 喪家에 問喪이나 賻儀를 했는가를 묻는 ≪朴諺≫ 第94話의 한 장면이다. 예문의 4)번에서 7)번은 近代漢語에서 다양하게 쓰이고 있는 '人情'에 대한 用例들이다. 위의 1)번에서 7)번까지의 例文에서 알 수 있듯이「賀客 또는 相互應待 그리고 선물을 주는 행위」등을 '人情'이라고 하고 있음을 알 수 있다.[4]

---

3) ≪朴通事諺解≫는 上中下 3卷(상권 76장, 중권 61장, 하권 62장)으로 肅宗 3년(1677년)에 邊暹·朴世華 등 12명이 편찬한 판본이다. 李聃命의 序文에 의하면 ≪老乞大諺解≫가 ≪飜譯老乞大≫를 참조하여 편찬한 것과는 달리, ≪朴諺≫은 ≪飜朴≫을 직접 보지 못하고『老朴集覽』에만 의거하여 ≪朴通事≫漢語文에 대한 諺解(번역)와 註釋의 작업을 진행했음을 알 수 있다. 원본은 현재 奎章閣(奎1810)에 소장되어 있다.

4) 顧學頡 王學奇, ≪元曲釋詞≫卷三 '人情'條'에 다음과 같은 설명을 볼 수 있다:「賀客이나 상호 應待를하고 선물을 주는 모든 것을 '人情', '行人情', 또는 '送人

≪朴諺≫에서는 위의 예문 1)번에서 3)번에서처럼 총 3번의 '人情'의 用例를 찾을 수 있다. 그리고 각각 「人情을 삼아가」, 「人情을 통티 못ㅎ、고」, 「人情이 왓더냐」로 諺解되고 있음을 볼 수 있다. '人情이 왓더냐'는 '부고가 왔는가'로, '人情을 통티 못ㅎ、고'는 '인정머리가 없다'로 이해가 되지만, 예문 9)번의 '人情을 삼아가다'[5]라는 諺解는 앞뒤의 문맥과 '做人情' 一句의 구조적인 특성으로 보아 '(양고기 포를 사서)선물로 주다'로 하는 것이 本義를 전달할 수 있는 확실한 번역이 될 것 같다.

情'이라고 한다. … 杜甫의 詩에 "粔籹作人情(油密果를 선물로 주었다)"라는 말이 있는데, 이 말은 唐나라 때 이미 '送人情'의 풍속이 있다는 것을 말하는 것이다. 淸나라 때 翟灝가 지은 "通俗篇"을 보면, "예물을 서로 주고받는 것을 '送人情'이라고 하는데, 唐宋은 물론이고 원나라 사람들도 다 그렇게 말을 썼다"라는 설명을 볼 수 있다. 지금도 여전히 그렇게 말하고 있다. 예를 들면 친지가 哀慶事를 당하면 예물을 증정하는데, 이것을 "隨人情" 또는 "送人情"이라고 한다. (出外作客, 往來應酬, 餽贈禮物, 均謂之人情, 行人情或送人情。… 杜甫 ≪戲作俳諧體遣悶≫詩云: "粔籹作人情", 這說明在唐代已有人送人情的風尙。淸·翟灝 ≪通俗篇≫亦云: "以禮物相遺曰送人情, 唐, 宋, 元人皆言之也。" 現在仍有此說法, 如遇親友婚喪時, 贈送禮物, 叫做"隨人情" 或"送人情"。)」(中國社會科學出版社, 1988年, 201쪽)

5) 정승혜 등이 엮고 지음, ≪박통사 원나라 대도를 거닐다≫에서는: 「양 몸통을 은닷 냥어치 사서 인정 삼아 생일부조를 …」(박문사, 2011년, 312쪽)로 번역하고 있고, 王霞 崔宰榮의 <朴通事諺解譯註(5)>에는 「머리 없는 양을 사가지고 성의 표시하러 가서…」(中國語文論譯叢刊 第23輯 08年)로 번역되어 있다.

25. 上

≪老朴集覽≫[1]에는 "因此上, 猶言上頭"라고 하였고, "上頭"의 해석을 보면, "젼ᄎᆞ로(까닭으로, 이유로) 今不用(累字解2-1)"이라 하였다.[2]

가. 因此上

"因此"는 현대 중국어[3]에서 "그러므로, 이 때문에" 해석되어 쓰이는 접속사로 쓰이고 있지만, ≪飜譯老乞大≫(이하 ≪飜老≫)[4]에서는 "因此

---

1) 본고에서는 奎章閣叢書第八(제446號)에 수록된 老乞大集覽(上下)와 單子解(影印本)를 참고로 하였고, 鄭監 監修, 國語史資料硏究會 譯註, ≪譯註飜譯老乞大≫(太學社, 1995年)에 정리된 老乞大集覽을 主原典으로 삼았다. 同書凡例에는 다음과 같이 설명되어 있다:「1. 原典(text)으로는 李丙疇 編校의 ≪老朴集覽考≫를 사용했고 보조 자료로 台北 聯經出版公司에서 펴낸 ≪老乞大諺解 朴通事諺解≫에 들어있는 ≪老乞大集覽(上下)≫와 單子解를 참조하였다. 2. ≪老朴集覽≫중 單子解, 累字解, 그리고 老乞大集覽의 중국어 어휘들을 모아 가나다順 으로 정리하였다. …」이에 본고에서 인용한 ≪老朴集覽≫은 "태학사(1995年)"本임을 밝혀둔다.

2) 정광 감수, ≪역주번역노걸대≫태학사, 1995年 381쪽. 양오진≪노걸대박통사연구≫ 태학사, 1998년, 191쪽. 재인용.

3) 漢語史의 區分은 일반적으로 현대는 淸代 中葉부터 현재까지를 말하고, 唐代에서 淸初까지를 近代로 본다.

4) ≪老乞大≫는 ≪朴通事≫와 함께 고려 말부터 중국어 학습교재로 사용되었다. 이 두 中國語學習教材는 항상 같이 언급되었으며 오늘날 전해지는 異本으로 가장 오랜 된 것은 中宗朝에 崔世珍이 編纂한 老乞大와 朴通事의 飜譯本으로 알려져 있다. ≪老乞大≫의 原文이 그대로 보존되어 있고, 또한 최초의 諺解本이기 때문에 본고에서 ≪飜譯老乞大≫를 藍本으로 택하였다. 漢文原本≪老乞大≫는

上"이 "因" 또는 "因此"보다는 그 用例가 많이 쓰이고 있음을 볼 수가 있다.

1) 我沿路上慢慢的行着等候來。因此上, 來的遲了。(≪飜老≫上 1b)
2) 我漢兒人上學文書。因此上, 些小漢兒言語省的。(≪飜老≫上 1b)
3) 每日和漢兒學生們, 一處學文書來, 因此上, 些小理會的。(≪飜老≫上 6a)
4) 他漢兒言語說不得的, 因此上, 不敢說語。≪飜老≫上 51b
5) 我這裏今年夏裏天旱了, 秋裏水澇了, 田禾不收的, 因此上, 我旋糴旋喫裏。(≪飜老≫上 53a)
6) 我昨日冷酒多喫了。那般時消化不得, 因此上腦痛頭眩, 不思飮食。(≪飜老≫下 40a)
7) 回言道 : 使時使了我的錢, 壞時壞了我的家私, 幹你甚麽事? 因此上衆人再不曾勸他, 隨着他胡使錢。(≪飜老≫下 49a)
8) 這參你來時節有些濕, 如今乾了, 因此上折了這十斤。(≪飜老≫下 58b)

原著者나 著述年代도 未詳이지만 老乞大라는 冊名自體의 由來도 알 길이 없다. 다만 本文중에 우리나라의 호칭을 高麗라고 한 것을 보아 대체로 高麗朝부터 漢語教習서로 쓰인 것으로 추정된다. ≪老乞大≫, ≪老乞大新釋≫(1761年) , ≪重刊老乞大≫(1795年)는 현존하는 세 가지 漢語本이다. 그중에서≪老乞大≫가 가장 오래된 것으로 추정된다. ≪飜譯老乞大≫는 ≪老乞大≫를 中宗朝 崔世珍이 諺解한 것이다. 上下 兩卷으로 된 木版本인데 上卷이 71張, 下卷이 73張이다. 이 板本의 名稱은 원래 그대로 ≪老乞大≫로 되어 있으나 그렇게 되면 漢語本의 名稱과 구별이 되지 않고, 그렇다고 ≪老乞大諺解≫로 하면 重刊本과의 혼란이 생기므로 이에 四聲通解에 붙어있는「飜譯老乞大朴通事凡例」란 기록에 의지하여 ≪飜譯老乞大≫로 通稱하게 된 것이다. 또한 이 책에는 序跋이나 刊記가 없어 정확한 年代를 알 수 없었는데, 이 凡例로 인해 이 책이 적어도 四聲通解의 刊年인 中宗12년(1517)이전에는 완성되었으리라고 보는 것이다(金文雄≪重刊老乞大諺解≫解題에서 인용). 본고의 原典으로는 大提閣(1974年, 影印本)韓國古典叢書(復元版)≪飜譯老乞大 朴通事≫(上)과, 鄭監 監修, 國語史資料硏究會 譯註, ≪譯註飜譯老乞大≫(太學社, 1995年)本을 사용하였다.

위의 예문에서 본바와 같이 ≪飜老≫에서 "因此上"은 총 8번이 쓰여지고 있었으나, "因"이나 "因此"가 사용된 用例는 각각 한차례에 불과하였다(아래 예문 9, 10번). 그러나 예문 9)의 "因"은 접속사가 아닌 원인을 나타내는 전치사로 쓰이고 있다.

9) 小人姓王, 在遼東城裏住, 大哥因事到我那裏, 不棄嫌小人時, 是必家裏來。(≪飜老≫上 44b)

10) 那人們却是達達人家走出來的, 因此, 將那人家連累。(≪飜老≫上 50b)

그러나 "因此上"이 접속사 등의 용법으로 사용된 例는 ≪老乞大≫, ≪朴通事≫에서만 볼 수 있거나 극히 제한된 지역에서 통용되었던 특수하게 쓰였던 어휘가 아니고 다른 많은 문헌에서 광범위하게 쓰이고 있었던 用例를 찾아 볼 수가 있다. 예를 들면, 董解元 ≪西廂記諸宮調≫[5] 작품에서 총2회(아래 예문 11번과 12번), 王實甫 ≪西廂記≫[6] 작품에서는 총5회(아래 예문 13~17번), 王伯成 ≪天寶遺事諸宮調≫[7] 작품에서도 총3회(아래 예문 18~20번)에 걸쳐 "因此上"의 어휘가 사용되고 있음을 불수가 있다.

11) 化了的相國姑夫, 在時曾許聘與鶯鶯。不幸身死, 因此上未就親。(≪董西廂≫

---

5) 董解元, 金 章宗(1189-1208년)시대의 山西 絳州사람으로 추정된다.

6) 王實甫, 元大都(지금의 北京)사람으로, 西廂記의 成書 년대는 1299-1307年으로 추정된다.

7) 元代王伯成, 他是涿州人, 生平未詳, 鍾嗣成錄鬼簿稱王伯成「有天寶遺事諸宮調行於世」…他的生平可知者如此而已。大概是1300以前的人。鍾氏錄鬼簿成於1330年, 稱他爲前輩可知。(孟瑤, ≪中國戲曲史≫第一冊, 傳記文學出版社, 1979年, 臺灣, 91쪽)

卷八【古輪臺】)[8]

12) 怕賢不信, 試問普救裏僧行, 我手下兵卒。因此上夫人把親許。(≪董西廂≫卷八【文如錦】)

13) 夫主京師祿命終, 子母孤孀途路窮, 因此上旅櫬在梵王宮。(≪王西廂≫一 楔子【仙呂賞花時】)[9]

14) 只爲那兄妹排連, 因此上魚水難同。(≪王西廂≫ 2/4【紫花兒序】)

15) 這雲似我羅幃數重, 只恐怕姮娥心動, 因此上圍住廣寒宮。(≪王西廂≫ 2/4【小桃紅】)

16) 只爲他威而不猛, 言而有信, 因此上不敢慢於人。(≪王西廂≫5/3【小桃 紅】)

17) 他在衛尚書家做了女婿也, 因此上我怒他, 依舊許了鄭恒。(≪王西廂≫ 5/4【得勝令】白)

18) 爲你强如他萬千, 因此上怕見你那羞花面。(≪天寶遺事≫十美人賞月【醉扶歸】)

19) 教千里途程阻隔的難, 我因此上一點春心醞釀的反! (≪天寶遺事≫祿山謀反【尾聲】)

20) 對面又難爲, 因此上不免的依隨。(≪天寶遺事≫力士泣楊妃【六么序】)

위의 宋金時代의 諸宮調작품이나, 元代의 雜劇에서 “因此上”의 어휘가 장기간에 걸쳐 널리 쓰이고 있음을 用例를 통하여 알 수가 있고, 심지어는 아래의 用例(21～28)에서 戲文[10]이나 淸代의 희곡작품은 물론이고 小說에서 조차도 “因此上”의 어휘가 여전히 통용되고 있었다.

21) 他將我這尸骸恁般摩弄, 因此上向兒行一星星悲控。(元·朱凱 ≪昊天塔≫一

8) 本稿에서는 凌景埏校 注本 ≪董解元西廂記≫(人民出版社, 1980年)을 채택하였으며, 편의상 ≪董西廂≫이라고 지칭하기로 한다.

9) 本稿에서는 王季思 校注 ≪西廂記≫(新文藝出版社, 1954年)을 채택하였으며, 편의상 ≪王西廂≫이라고 지칭하기로 한다. ≪王西廂≫ 1/楔子는 ≪王實甫西廂記≫ 第一本, 楔子를 말함이다.

10) 中國 元代의 南方系 고전극의 형식으로, 北方系 雜劇과 대응되는 명칭이다.

折)[11]

22) 後來因此閑言語上, 不曾踏上它門。(元·無名氏 ≪小孫屠≫ 戲文 第九出)[12]

23) 曾經回首顧前身, 是個慣惹眶風的造孽人, 因此上罰來闈闥作愁民。(清·李·漁 ≪意中緣 拒妁≫)[13]

24) 保得他國無灾, 庶民無恙, 因此上感威靈歲歲燒香。(元·楊景賢 ≪西遊記≫ 二本七出)

25) 偶然到親戚一家兒走走, 也是裏頭嬷嬷媽, 外頭嬷嬷爹的跟着, 因此上把個小 爺養活得十分腼腆。(≪兒女英雄傳≫一回)[14]

26) 有個做花的女兒叫做蓮女, 十分中我意, …你不見我房裏插滿花枝? 因此上起。(≪清平山堂話本 花燈轎蓮女成佛記≫一回)

27) 爲因高門不答, 低門不就, 因此上未曾成其配偶。(≪破窯記≫一折)[15]

28) 但歇息呵, 論前王後王, 恰合眼, 慮興邦喪邦, 因此上曉夜無眠想萬方。(≪金瓶梅詞話≫七一回)

29) 奈何天, 傷懷日, 寂寥時, 試遣愚衷, 因此上, 演出這悲金悼玉的。(≪紅樓夢≫五回)[16]

위의 예문 22)의 ≪小孫屠≫은 作者未詳의 元代 戲文이고, 예문 23)의 李漁(1611-1685年)는 淸代 浙江省 사람이며, 예문 25)의 ≪兒女英雄傳≫의 著者인 費莫文康 역시 淸代 滿洲族인 , 道光年間(1821-1850)사람이다. 예문 26)의 ≪淸平山堂話本≫著者인 洪楩은 明代의 嘉靖年間 사람으로 錢塘(지금의 杭州) 사람이다.

---

11) 許少峯 主編, ≪近代漢語詞典≫(團結出版社, 1997年, 990쪽에서 인용)

12) 高文達 主編, ≪近代漢語詞典≫(知識出版社, 1992年, 687쪽에서 인용)

13) ≪漢語大詞典≫(漢語大詞典出版社, 1991年版에서 인용)

14) 例24, 25은 許少峯 主編, ≪近代漢語詞典≫團結出版社, 1997年, 1390쪽에서 인용.

15) 例26, 27은 龍潛庵 編著, ≪宋元語言詞典≫上海辭書出版社 1985年, 311쪽에서 인용.

16) ≪漢語大詞典≫ 漢語大詞典出版社, 1991年版에서 인용.

現代漢語에서는 "因此上"의 어휘는 전혀 사용되지 않고 있으나, 그러나 과거 近代漢語에서는 "因此上"이 "원인"이나 "까닭"의 의미를 나타내는 어휘로 쓰여 졌던 기간은 앞에서 제시된 예문을 보아도 최소 700년 동안 계속 사용되었다고 보아야할 것이다. 따라서 "因此上"이 ≪老乞大≫, ≪朴通事≫에서만 제한적으로 쓰인 특수한 어휘나 용법이 아니며 또한 특정 일부지역에서만 쓰여 진 어휘는 아닌 것 같다.

또한 "因此上"에 대한 ≪老朴集覽≫의 해석은 정확하고 諺解 또한 바르게 해석되었음을 다른 문헌을 통하여 증명되고 있다.

나. 上頭

앞에서 언급한 바와 같이 老乞大集覽 에는 "因此上, 猶言上頭"라고 하였고, "上頭"의 해석을 보면, "젼ᄎᆞ로 今不用(累字解2-1)"이라고 하였다.

現代中國語에는 "上頭"를 "위" "위쪽", "표면" "겉"이라는 方位詞로 쓰이기도 하고 또한 "방면" "분야" 그리고 "상부" 등의 의미로 확대 되어 쓰이고 있지만, 老乞大時代에서는 "원인" "까닭" 등의 의미로도 쓰이고 있다. ≪飜老≫에서 "上頭"의 用例는 총 6개를 찾을 수가 있다.

1) 那免帖上, 寫着免打三下, 師傅上頭畵着花押。(≪飜老≫上 4b)
2) 從年時天旱, 田禾不收, 飢荒的上頭, 生出歹人來。(≪飜老≫上 27a)
3) 鞍子轡頭, 自己睡臥房子裏放着, 上頭披氈盖着。(≪飜老≫下 45b)
4) 到夏間, 好极細的毛施布布衫, 上頭綉銀條紗搭胡鴨綠紗直身。(≪飜老≫ 下 50a)
5) 又有貂鼠皮狐帽, 上頭都有金釘子。(≪飜老≫下 52b)
6) 穿靴時, 春間穿皀麂皮靴, 上頭縫着倒提云。(≪飜老≫下 52b)

이상의 예문에서 예문 2)를 제외하고 나머지는 모두 "위" "표면" 등의 의미로 사용되고 있지만, 예문 2)의 "飢荒的上頭"에서의 "上頭"는 전혀 다른 의미로 쓰이고 있음을 볼 수 있다. 그 의미는 바로 ≪飜老≫에서는 "간난ᄒᆞ ·젼·ᄎᆞ·로(까닭으로, 이유로)"로 諺解가 되어 있는데, 諺解의 풀이는 완전히 정확한 것이다.

劉堅, 江藍生 主編한 ≪元語言詞典≫의 "上"條에 보면, 「"上"은 "原因"을 나타내는데 흔히 "爲, 以"等의 介詞와 어울려서 사용되며 "上頭"라고도 한다」[17]라고 설명하고 用例(아래의 7과 8번)를 들고 있고, 또한 高文達 主編의 ≪近代漢語詞典≫에서도 ≪飜老≫의 用例와 같이 "上頭"가 "위" "위쪽"의 의미로 쓰이고 있는 例(아래 8번)와 "原因"의 의미로 쓰이는 例(아래 10번)를 들고 있다.[18] 또한 明 施耐庵의 ≪水滸傳≫작품에서도 유사한 用例(11번)[19]을 찾을 수가 있다.

7) 想劉禹不孝父母, 不敬六親上頭, 折罰劉禹子嗣。(徐本 ≪老生兒≫二【倘秀才】白)

8) 爲奉養他母親上頭, 將針做鉤兒于斡難河裏釣魚。(≪蒙古秘史≫[20]卷二)

---

17) "上"表示原因。常同"爲, 以"等介詞配合使用。也說"上頭"。(劉堅 江藍生 主編, ≪元語言詞典≫上海敎育出版社, 1998年, 278쪽)

18) "上" 亦作"上頭"。原因, 方面。(高文達 主編, ≪近代漢語詞典≫, 知識出版社, 1992年, 687쪽)

19) (吳士勛 王東明 主編, ≪宋元明淸百部小說詞語大辭典≫ 陝西敎育出版社, 1992年, 862쪽)

20) ≪蒙古秘史≫ 또는 ≪元朝秘史≫라고 하는데, 성립연대는 13세기 중기(1257년 이후)이고, 저자는 알 수 없다. 처음에는 위구르식의 몽골글자로 쓰여졌으나, 1380년대 명나라 초기에 한자로 음역되고 각 권으로 나누어졌다. 즉 각 단어 오른쪽에 중국어로 의미를 풀어 놓고, 각 절마다 그 끝에 중국어 번역문이 덧붙여졌다. 책 이름도 이때 붙여졌다. (인터넷 네이버 백과사전에서 인용)

9) 峽嶺分明是假山, 亂堆怪石入雲間; 上頭更種青璟樹, 下照春江玉鏡寒。(楊萬里 ≪出眞陽峽≫詩)
10) 爲做好事勾當的上頭, 來的時分, 去的時分, 不揀是誰, 休德遮當者。(≪滎陽洞林寺聖旨碑≫)
11) 差矣先生, 我今日只爲衆豪傑義氣爲重上頭, 火拼了這不仁之賊。(≪水滸傳≫十九回)
12) 咱弟兄們和順的上頭, 皇帝的大福陰裏, 酒也醉了, 茶飯也飽了。(≪朴通事諺解≫ 7b)[21]

위의 예문(12번)에서 본바와 같이 "原因" 등의 의미로 쓰이는 "上頭"의 用例를 ≪朴通事≫에서도 찾아 볼 수도 있고, 다른 문헌에서도 이러한 用例들을 많이 찾아 볼 수 있다. ≪老朴集覽≫(累字解 2a-6)에서 "上頭 젼·츠·로 今不用"이라고 밝히고 있는데, 아마 최세진이 ≪老朴集覽≫을 편찬한 時期에서는 "上頭"가 더 이상 "原因"을 나타내는 어휘로서의 기능이 상실된 것으로 보인다.

다. 上

≪飜老≫에서의 "上"의 쓰임은 어느 다른 文獻이나 戲劇작품에서처럼 다양하면서도 ≪老乞大≫시대의 특징을 보여주고 있다. 먼저 ≪飜老≫에서의 "上"의 모든 쓰임을 종합하여 그 事例를 보면 다음과 같다.

動詞의 用例 :

1) 到直沽裏上船過海, 十月裏到王京。(≪飜老≫上 15a)
2) 你將這一張黃樺弓上弦着, 我試扯, 氣力有時我買。(≪飜老≫下 30b)

---

21) ≪老乞大朴通事諺解≫(亞細亞文化社, 1973年, 影印本)

3) 新上了的弓, 慢慢的扯, 是好弓時怕甚麼扯? (≪飜老≫下 30b)
4) 那靴底都是兩層淨底, 上的線, 蜡打了, 錐兒細線粗, 上的分外的牢壯, 好看。(≪飜老≫下 53a)
5) 似這一等的馬, 賣十五兩以上。(≪飜老≫上 9a)
6) 這裏到京裏, 還有五百里之上。(≪飜老≫上 10b)

위의 例文은 "上"은 흔히 쓰이는 動詞적인 용법으로, 例文 1)은 "升起: 由底處到高處"의 쓰임이고, 例文 2)와 3)은 "安裝"의 의미로, 例文 4)는 "縫製, 縫合"의 의미로 쓰이고 있고, 例文 5)와 6)은 "超越, 過分"의 뜻을 나타내고 있다.

名詞의 用例 :

7) 這箇靑馬多少歲數? 你則拿着牙齒看。我看了也, 上下衢都沒有, 十分老了。(≪飜老≫下 8b)
8) 這弓最好, 上等弓。(≪飜老≫下 31b)
9) 鞍子轡頭, 自己睡臥房子裏放着, 上頭披氈盖着。(≪飜老≫下 39a)
10) 我只要上等官銀。(≪飜老≫下 57b)

위의 例文은 "上"은 名詞적인 용법으로 쓰인 用例이다. 例文 7)과 9)은 "位置在高處"를 나타내고, 例文 8)과 10)의 "上"은 "等第高或品質良好"의 의미로 쓰이고 있다.

名詞+上(方位詞) :

11) 我沿路上慢慢的行着等候來。(≪飜老≫上 1b)
12) 怎的是撤簽背念書? 怎的是免帖? 每一箇竹簽上, 寫着一箇學生的姓名。(≪飜老≫上 2a)
13) 這馬上駝着的些小毛施布。(≪飜老≫上 8b)

動詞+上(補語) :

14) 那火伴如今趕上來了不曾? (≪飜老≫上 1b)

15) 你燒的鍋滾時, 下上豆子。(≪飜老≫上 19b)

16) 捕盜官將着弓兵, 往前赶到約二十里地, 趕上那賊。(≪飜老≫上 29b)

17) 炒的半熟時, 調上些醬水生葱料物拌了。(≪飜老≫上 21b)

18) 都沒甚麽月表 , 便將到市上, 市上人也出不上價錢。(≪飜老≫上 70a)

위의 例文 11)에서 13)의 "上"은 名詞뒤에 놓여 "在物體的表面" 또는 "一定的處所或範圍"를 나타내는 方位詞 적인 의미로 쓰이고 있고, 14)에서 18)은 "上"이 動詞뒤에 놓여 "達到", "放置, 添加" 등을 나타내는 補語의 용법으로 쓰이고 있음을 알 수 있다. 그러나 아래의 用例 19)의 "上"은 "爲"와 호응하여 "원인, 까닭"을 나타내는 의미로 쓰이고 있음을 볼 수가 있는데, "원인, 까닭"의 의미로 쓰이고 있는 "上"의 이러한 용법은 ≪飜老≫에서는 딱 한 차례를 찾아볼 수 있을 뿐이나, 다른 문헌(아래 20번과 21번)에서는 쉽게 찾아볼 수가 있다.

19) 窄時做衣裳不勾, 若少些時, 又要這一等的布零截, 又使一錢銀。爲這上買的人少。(≪飜老≫下 63a)

20) 命不快上遭逢着這火醉婆娘, 干誤了我晚夕參聖一爐香, 半夜裏觀乾象。(徐本 ≪陳摶高臥≫四【步步高】)[22]

21) 我們不是這條苦計, 怎得生命在此。雖然救了一人, 却也難得史進爲義氣上放了我們。(≪陳摶高臥≫二十四)[23]

위의 例文 19)의 "爲這上買的人少"는 "因爲這個原因, 所以買的人

22) (劉堅 江藍生 主編, ≪元語言詞典≫上海教育出版社, 1998年, 278쪽)

23) (≪漢語大詞典≫, 漢語大詞典出版社, 1991年)

少”[24]라고 볼 수가 있는데, 이러한 例는 例文 21)의 “雖然救了一人, 却也難得史進爲義氣上放了我們”의 경우에도 같은 경우이다. 즉 “雖然只救了一人, 却也難得的。史進這個人, 因爲重義氣的關係(原因), 所以放了我們”이라고 볼 수가 있다. “(因)爲 … 上”과 같은 비슷한 用例를 다른 문헌에서도 볼 수 있다.

22) 在先我在它家中來往, 多使了些錢, 後來因此閑言語上, 不曾踏上它門。(元·無名氏, ≪小孫屠≫戲文 第九出)

23) 都則爲這老的他有那潑天也似家私, 寸男尺女皆無, 所以上, 與他家做女婿, 滿意的則是圖他家私。(≪老生兒≫一折)

24) 洒家不瞞你說, 因爲你上, 就那日回到壯元橋下, 正遇着鄭屠那廝, 被洒家三拳打死了。(≪水滸傳≫第四回)

따라서 老乞大시대를 비롯한 近代漢語時期에서는 “원인, 까닭”의 의미를 나타내는 名詞 “上”의 용법이 널리 쓰이고 있었으며, 또한 因果關係를 나타내는 접속사 “因此”, “所以”, “因爲” 등과 호응하여 “因此…上”, “爲…上”, “因爲…上” 등의 구조를 이루거나, 접속사와 바로 연결되어 “因此上”, “所以上” 등으로 쓰이고 있음을 알 수가 있는 것이다.

≪飜老≫에서의 “因此上”의 “因”은 “因爲”로서 접속사이고, “此”는 指代詞 “這個”이고, “上”은 “理由, 緣故”의 명사로 분류할 수 있지만, 전체적으로 본다면 “爲此緣故, 因這關係。因這個緣故”의 뜻을 가지는 접속

---

24) 爲 : 因, 因爲。≪水滸全傳≫十五回:「他雖是個不通文墨的人, 爲見他與人結交眞有義氣, 是個好男子, 因此和他來往。」(許少峯 主編, ≪近代漢語詞典≫, 團結出版社, 1997年, 1181쪽。) ≪水滸傳≫18回:「爲是小二哥不識字, 央我替他抄了半個月。」(吳士勛 王東明 主編, ≪宋元明淸百部小說詞語大辭典≫ 陝西教育出版社, 1992年, 1033쪽)

사로 봐야 할 것이다.

25) 我漢兒人上學文書。因此上, 些小漢兒言語省的。

→ 因爲這個(我在漢兒人上學文書)原因, 所以漢兒言語有些懂的。

26) 每日和漢兒學生們, 一處學文書來, 因此上, 些小理會的。

→ 因爲這個(每日和漢兒學生們, 一處學文書來)緣故, 所以些小理會的。

27) 他漢兒言語說不得的, 因此上, 不敢說語。

→ 有于他漢兒言語說不得的上頭, 因此不敢說語。

28) 我昨日冷酒多喫了。那般時消化不得, 因此上腦痛頭眩, 不思飮食。

→ 因爲這個(我昨日冷酒喫多了)原因。所以腦痛頭眩。

→ 因爲這個(消化不得)原因, 所以不想吃東西。

29) 這參你來時節有些濕, 如今乾了, 因此上折了這十斤。

→ 因爲這個(這人參你來時節有些濕, 如今乾了)緣故, 所以小算了十斤。

앞에서 제시한 "上頭"의 用例에서 알 수 있듯이 現代漢語에서는 "上頭"[25]를 "위, 위쪽"을 나타내는 方位詞의 역할만을 하지만, 近代漢語에서는 方位詞의 용법과 함께 "원인, 까닭"을 나타내는 名詞로 널리 쓰였다고 보는 것이다.[26] ≪飜老≫에서 "因此上"의 이러한 용법은 나중에 ≪老乞大新釋≫(18세기 중엽)에서 "所以" 등으로 고쳐지면서 살아 있는 생생한

---

25) 現代漢語에서는 "上頭"를 "方位詞(上)+後綴(頭)"의 형태로 보고 있지만, "頭"는 본시 "方位詞"로서, "上", "中" 또는 "邊", "前" 등의 의미를 나타내는 말로 쓰였다。王鍈, ≪詩詞曲語辭例釋≫:「頭, 方位詞, 除了表示 "上", "中" 등방위외, 환가이표시 "邊", "前"等方位。盧仝≪苦雪寄退之≫詩: "市頭博米不用物, "…邊頭…棚頭, …夜頭…四例猶言"市上", "邊上", "竹棚中", "夜間"。此種用法, 略與現代"床頭", "心頭"之類相同。」(中和書局(增訂本), 1991年, 233쪽)

26) 梁伍鎭, ≪老乞大朴通事硏究≫:「元朝秘史의 자료를 살펴보면 對譯文의 "禿刺(tula)"와 대칭되는 것으로 분명히 원대어의 흔적임을 짐작할 수 있다.(余志鴻:1992;6)」라는 말이 있는데, 余志鴻의 ≪元代漢語的後置詞系統≫논문을 보지는 못했지만, 혹시 對譯文의 "禿刺(tula)"을 漢語로 번역하면서 당시(明代)에 "원인, 까닭"의 의미로 쓰이고 있었던 "上頭"를 쓴 것은 아닐까?」(太學社, 1998年, 186쪽)

중국어학습교재로 거듭나고 있었던 것이다.

30) 我漢兒人上學文書。因此上, 些小漢兒言語省的。(≪飜老≫上 1b)
→ 我在中國人根前學書來着, 所以些須知道官話。(≪老乞大新釋≫1a)

라. 人稱名詞+上

앞에서 이미 ≪飜老≫에서 "上"이 쓰인 用例를 모두 살펴보았는데, 여기에서 별도로 논의하고자 살펴보고자 하는 것은 사람을 나타내는 名詞나 代名詞 뒤에 오는 "上", 즉 ≪老乞大≫, ≪朴通事≫에서 특징적으로 쓰이고 있는 "人稱名詞+上"의 용법이다. ≪飜老≫에서 총 5개 "人稱名詞+上"의 用例(아래 例文 1~5번)를 찾을 수가 있었다. 5번 모두 사람을 나타내는 名詞 뒤에 현상을 볼 수 있지만, "上"이 代名詞 뒤에 오는 경우는 보이지 않고 있다. ≪朴通事≫에서는 代名詞 뒤에 "上"이 붙는 用例(例文 6번)를 찾을 수 있어 제시해 보았다.

1) 你是高麗人, 却怎麽漢兒言語說的好, 我漢兒人上學文書。(≪飜老≫上 2a)
2) 每日淸早晨起來, 到學裏, 師傅上受了文書。(≪飜老≫上)2b
3) 每日學長, 將那頑學生, 師傅上禀了。(≪飜老≫上 7a)
4) 誰是舅舅上孩兒? 誰是姑姑上孩兒? (≪飜老≫上 16a)
5) 明日病痊疴了時, 太医上重重的酬謝。(≪飜老≫下 41a)
6) 錢是你上有, 物在我根底。[27] (≪朴諺≫中 57b[28])

方位詞 "上"은 본래 名詞 뒤에 붙어 물체의 표면 또는 위쪽의 방향을

27) 根底 : 根, 同"跟"。亦作"跟底"。跟前, 身邊, 面前。≪爭報恩≫四【側磚兒】:「我這裏急慌忙那身起, 大走到向他根底。」(劉堅 江藍生 主編, ≪元語言詞典≫, 上海教育出版社, 1998年, 106쪽)

28) ≪老乞大, 朴通事諺解≫ (亞細亞文化史, 影印本, 1973年)

나타내는 용도로 쓰였지만, 나중에는 "장소", "범위", "사물의 어느 한 방향" 등의 의미로 확대되어 쓰이고 있다. 위의 ≪飜老≫에서 볼 수 있는 "人稱名詞+上"에서의 "上"에 경우, "這/那裏, 這/那邊"의 의미로 번역될 수 있다. 즉 " 我漢兒人上學文書"를 "我在漢兒人那裏學文書"로 해석 될 수 있고, "將那頑學生, 師傅上稟了"는 "將那頑學生, 師傅那邊去稟了"로, ≪朴諺≫의 "錢是你上有, 物在我根底"는 "錢是你那裏有, 東西在我這邊"으로 해석이 가능한 것이다.

"人稱名詞+上"의 이러한 용례는 비단 ≪老乞大≫, ≪朴通事≫에서만 보이는 현상은 아니다. "上"의 이러한 용법은 江藍生의 ≪近代漢語探源≫[29] 에서 그 用例와 연구결과를 볼 수 있다:

7) 某郡張甲者, 與司徒蔡謨上有親, 僑住謨家。(幽明錄, 鉤沉引御覽, 卷743, 又948, 廣記, 276; 蔡謨上, 猶言蔡謨那邊, 蔡謨方面)

---

29) 江藍生, ≪近代漢語探源≫에서 "～行"과 "～上"에 관하여 연구를 하고 결론을 내고 있는데, 결론의 내용이 본 연구 주제중 하나인 "人稱名詞+上"의 논의에 필요하다고 생각되어 상관된 부분만을 발췌 번역했음을 밝혀둔다: 『(一) 宋元明時期의 白話文獻에서 나타나는 後置詞 "～行"은 두 가지의 文型으로 나타나고 있다: A式은 "動/介+行(+VP)"이고, B式은 "N行+VP"이다. 文型의 측면에서 본다면 A式은 漢語 고유의 기능이고, B式은 元代漢語가 蒙古語 語順에 의하여 만들어진 新興의 文型이다. B式은 元代에 만들어졌기 때문에 元代에 만들어진 문헌에서는 흔히 볼 수 있지만, 元朝의 統治이후에는 쇠퇴하고 결국 소실되었다. 明代의 楊銘(몽고인)은 ≪正統臨戎綠≫에서 明의 英宗이 蒙古族인 瓦剌部에게 포로로 잡힌 사건을 기술하고 있는데, B式인 "N行+VP"의 文型을 자주 볼 수가 있다. 예를 들어 "我有個比喩皇帝上說"가 그와 같은데, 이로서 B식이 蒙古語에서 유래되었으며 또한 後置詞 "行"의 本字는 "上"이라는 것이 증명된 것이다. (二) 지금의 山東, 山西지방의 방언에서 본다면 "～行"은 "～上"의 變音이다. "N行"은 대체적으로 處所나 位置를 나타내는 "這/那裏, 這/那邊"로 해석할 수가 있는 것이다.』(商務印書館, 2000年, 218쪽)

8) 甚愧丈人厚, 甚知丈人眞。每于百僚上, 猥誦佳句新。(杜甫, 奉贈書左丞丈二十二韻詩: "每于百僚上"二句, 言經常在衆同僚那裏誦讀杜甫的新佳句)

9) 過失推向將軍上, 漢家兵法任交虜。(變文集 李陵變文, 95頁; 此言把過失推到將軍李陵身上。將軍上, 指將軍方面)

"人稱名詞+上"의 이러한 용법은 唐이전부터 볼 수 있는 것이고, 다만 ≪老乞大≫, ≪朴通事≫에서 보이고 있는 "人稱名詞+上"의 文型이 독특하게 전개되고 있음을 지적하고 있다. 즉 위의 用例(7~8번) 등은 "動/介+行(+VP)"의 "N行"A式이고,[30] "N行+VP", 즉 "N行"B式은 ≪老乞大≫, ≪朴通事≫ 등 한정된 몇몇의 문헌에서만 전개되는 양상 이라는 것이다.[31] ≪飜老≫이러한 문형은 나중에 改修[32]를 거치면서 고쳐져서 漢語

30) 江藍生, ≪近代漢語探源≫에서 元曲과 ≪元朝秘史≫에서 나타나고 있는 "動/介+N行(+VP)"과 元代이전의 用例(본문예문 7~9번)에서 나타나고 있는 "動/介+N上(+VP)"과는 文型면에서 보면 같은 문형에 속하고, 그러기 때문에 "~上"과 "~行"은 어법적인 의미에서도 같다고 하였다. (商務印書館, 2000年, 211쪽)

* 過失推向將軍上(본문의 예문 9번) 衷腸說與誰行(琵琶記, 二十三出)
* 與司徒蔡謨上有親(본문의 예문 7번) 向哥哥行有句言(竇娥冤, 三折)
* 于百僚上, 誦佳句(본문의 예문 8번) 向賤妾行告耽饒(㑳梅香, 二折)

31) "N行+VP"와 같은 이러한 형식의 문형은 ≪老乞大≫, ≪朴通事≫와 明代 楊銘의 ≪正統臨戎綠≫에서 몇 개의 용례를 찾아볼 수 있기 때문이다. (江藍生, ≪近代漢語探源≫, 商務印書館, 2000年, 211쪽)

32) 你是高麗人, 却怎麽漢兒言語說的好? 我漢兒人上學文書, 因此上些小漢兒言語省的。你誰根底學文書來? 我在漢兒學堂裏學文書來。≪飜老≫上 2a → 你却是朝鮮人, 怎麽能說我們的官話呢? 我在中國人根前學書來着, 所以些須知道官話。你跟着誰學書來着? 我在中國人學堂裏學書來着。(≪老乞大新釋≫1a) 위의 용례는 ≪飜老≫에서의 문장이 ≪老乞大新釋≫시대에 이르러 새롭게 改修된 형태를 보여주는데, 語彙의 측면에서 본다면 "高麗人"·"漢兒人"·"漢兒言語"은 "朝鮮人"·"中國人"·"官話"로 고쳐졌고; 어법적인 측면에서 본다면 "我漢兒人上學文書"·"你誰根底學文書來"는 "我在中國人根前學書來着"·"你跟着誰學書

본래의 그 당시의 모습으로 돌아 왔다는 것이 江藍生의 주장이고 또한 통계와 도표를 제시하며 조심스럽게 "~行"은 그 根源이 "~上"이고, "~行"은 "~上"의 變音이라고 의견을 내놓고 있다. 또한 "~行"의 讀音은 몽고어의 격조사와는 무관하다는 결론을 도출하고 있다.[33]

앞에서 충분히 "~上"과 "~行"의 밀접한 관계를 살펴보았다. 宋元時代의 口語에서 흔히 쓰였던 "人稱名詞+行(h ng)"의 用例, 즉 "這/那裏, 這/那邊"의 쓰이는 ~行"의 用例는 ≪飜老≫에서는 전혀 찾아 볼 수는 없었다.[34]

余志鴻은 ≪蒙古秘史≫의 音譯과 對譯文 등을 종합하여 後置詞 "~行"의 용법은 蒙古語에서 영향을 받은 언어현상이라고 보았고, 江藍生은 "~行"의 역사적인 根源, 즉 北宋이전부터 사용 用例 등에서 부정적인 입장을 보이고 있다.[35] ≪飜老≫에서 보이고 있는 "人稱名詞+上"의 用例는 이른바 江藍生이 말하는 B式의 "N行+VP"文型으로 蒙古語 語順 등에 영향을 받아 생긴 그때 當時의 언어일 것이다.

來着"로 각각 고쳐졌는데, 이것은 "N上+VP(B式)"이 "介+N上+VP(A式)"으로 고쳐진 것이다. 이것은 또한 (B式)은 外來의 산물이고, (A式)은 漢語 本來의 型式였음을 설명하고 있는 것이다. (江藍生, ≪近代漢語探源≫, 商務印書館, 2000年, 212쪽)

33) 江藍生, ≪近代漢語探源≫(商務印書館, 2000年, 213쪽)

34) ≪飜老≫에서 "行"이 쓰인 용례를 많이 볼 수가 있는데, 거의 대부분이 動詞로서 "여행하다" "움직이다" "행동하다" 등의 의미로 쓰이고 있고, 우리가 앞에서 논의한 "這/那裏, 這/那邊" 등의 의미를 나타내는 方位詞의 용례는 전혀 보이지 않았다. 1) 我這高麗言語, 只是高麗地面裏行的。(≪飜老≫上 5b) 2) 咱們今夜那裏宿去? 咱們往前行的。(≪飜老≫上 9b) 3) 咱們歇息頭口, 明日早行。(≪飜老≫ 上 10b) 4) 咱們世上人做男兒行時, 自己祖上的名聲休壞了。(≪飜老≫ 上48a)

35) (江藍生, ≪近代漢語探源≫商務印書館, 2000年, 201쪽) (後置詞"行"的考辨)

26. 商量

現代漢語에서 '商量'은 '交換意見'[1]이라는 풀이를 볼 수 있고, 우리말 사전에는 '헤아려 잘 생각함'이라고 설명하고 있다. 아래의 例文 1)번은 ≪原本老乞大≫(이하 ≪原老≫)[2]에서 볼 수 있는 '商量'의 用例이고 아래의 우리말 번역은 鄭光 역주해제, ≪原本老乞大≫(이하 ≪鄭光本≫)[3]의 것을 그대로 옮긴 것이다.

1) 俺怎麽敢胡說? 怕你不信時, 別箇店裏試商量去。(≪原老≫ 5b)
   제가 어찌 거짓말을 하겠습니까? 만일 믿지 못하신다면 어서 다른 여관에 가서 물어보시죠. (≪鄭光本≫ 71쪽)

---

1) ≪現代漢語詞典(修正本)≫(商務印書館):「商量, 交換意見 : "這件事要跟他商量一下。"」

2) ≪原本老乞大≫는 1998년 경북대학교 南權熙교수가 최초로 古本≪老乞大≫를 發見 한 후, 정리를 거쳐 2000년 경북대학교 출판부에서 ≪元代漢語本老乞大≫라는 서명으로 출판되었고, 같은 해 北京外語教學與研究出版社에서 ≪原刊老乞大研究≫이라는 書名으로 각각 출판되었다. 2002년에 北京外語教學與研究出版社에서 修訂本(鄭光 主編)을 다시 出版하면서 ≪原本老乞大≫라고 改名을 하였다. 이에 或者는 '舊本老乞大' 또는 '元本老乞大', '古本老乞大' 等으로 부르고 있는데, 최근 발견된 ≪原本老乞大≫가 이른바 崔世珍이 ≪老乞大集覽≫ 等에서 언급한 '古本', '舊本'인지는 알 수가 없고, 또한 ≪老乞大≫의 최초의 原本인지도 알 수는 없다. 다만 鄭光이 최근 중국과 한국에서 각각 ≪原本老乞大≫라고 書名으로 解題와 譯註를 하였고, 본 논문도 鄭光 譯註 解題의 ≪原本老乞大≫(2004년, 김영사)에서 原文과 譯註를 참고하였음으로 이에 ≪原本老乞大≫라는 書名을 쓰기로 하였다.

3) 鄭光 譯註解題, ≪原本老乞大≫(김영사, 2004年)

위의 例文의 '商量'에 대해서 ≪鄭光本≫ 71쪽 8)번의 주석에는 「원문 '商量'은 "상의하다"는 뜻인데 ≪原老≫에서는 값을 흥정하는 뜻으로 사용되었다」라는 설명을 볼 수가 있다. 물론 '商量'은 近代漢語에서뿐 만아니라 現代漢語도 '討論, 磋商'의 의미로 쓰이고 있지만, 近代漢語에서는 아래의 例文 2)번에서처럼 '策劃(계획하다, 꾸미다)', 例文 3)번의 '購買, 問價(값을 흥정하다)', 例文 4)번의 '考慮(헤아려 생각하다)' 등이 그것이고, 그 밖에도 문맥에 따라서 '準備', '醞釀',[4] 그리고 '敎演', '演奏'[5] 등의 의미로도 쓰이고 있음을 볼 수가 있다.

2) 妾身本是典身三年的文書, 不想趙太公暗暗的商量, 改做了賣身文契, 與他家永遠使用。(關漢卿≪五侯宴≫ 一 正旦白)
   첩은 본시 삼년 계약에 몸을 잡힌 몸이었지만, 생각지도 못했는데 趙太公이 암암리에 일을 꾸며서, 몸을 판 문서를 만들어, 영원히 부릴 수 있도록 했습니다.
3) 那楊志…缺少果足, 未免將一口寶刀出市貨賣。終日價無人商量。(≪宣和遺事≫ 元集)
   楊志는 …여비가 모자라자, 하는 수 없이 한 자루의 寶刀를 저잣거리에 팔려고 내놓았다. 하루 종일 흥정을 하는 사람이 없었다.
4) 說的是, 自有個商量; 說的不是呵, 番官那裏? 就拿去殺壞者! (明·黃元吉 ≪流星馬≫第二折)
   맞습니다, 나름대로 생각이 있습니다. 아니라고 생각이 되면 番官이 무슨 소용입니까? 바로 잡아서 죽여 없애버릴 것입니다!

따라서 「원문 '商量'은 "상의하다"는 뜻인데 ≪原老≫에서는 값을 흥정

---

4) 元 喬吉小令 ≪水仙子 雨窓寄事≫:「客懷寥落雨聲中, 春事商量花信風。」又, 淸 無名氏 ≪十醋記≫七 :「你且忍耐商量, 不可造次胡行也。」

5) 元 湯顯祖 ≪紫釵記≫ 三 :「生下女兒, 名呼小玉。年方二八, 貌不尋常。昔時亦老身處涉獵詩書, 新近請鮑四娘商量絲竹。」

하는 뜻으로 사용되었다」라고 설명하고 있는 ≪鄭光本≫풀이는 '商量'이라는 語彙의 의미를 現代漢語의 관점에서만 해석을 했기 때문으로 보인다. ≪原老≫ 전체의 이야기는, 한 무리의 高麗商人들이 물품을 가지고 지금의 北京으로 가서 장사를 하는 내용이므로, ≪原老≫에서 '商量'의 어휘가 출현되는 총17번의 用例 가운데 거의 대부분의 用例(아래의 5~7번)는 "購買(물건을 사다), 問價(가격을 흥정하다)"의 의미로 쓰이고 있음을 볼 수 있고, '商量'이 "策劃(계획하다; 상의하다)"의 의미로 쓰인 用例는 아래의 例文 8)번에서 찾을 수가 있다.

5) 旣你待賣時, 咱每商量, 這箇靑馬後生那老? (≪原老≫ 22a)
당신이 파신다면, 우리 흥정이나 해봅시다, 이 靑馬는 나이가 몇 살입니까?
6) 這箇馬如何, 今春新騸了的, 哏壯馬。這好的歹的都一發商量。(≪原老≫ 22b)
이 말은 어떻소? 올 봄에 불알을 깐 튼튼한 말이요. 좋은 말 나쁜 말 모두 한꺼번에 흥정을 합시다.
7) 似你這般定價錢, 就高麗田地裏也買不得。那裏是實買馬的? 則是胡商量的。(≪原老≫ 23b)
당신의 이 가격은, 우리 고려 땅에서도 살 수가 없습니다. 어찌 말을 사려는 사람이라고 할 수 있겠소? 장난으로 흥정을 하는 것입니다.
8) 咱每買些甚麽行貨廻去時好? 商量其間, 涿州買賣去來的伴當到來相見。(≪原老≫ 37b)
우리는 무슨 물건들을 사가지고 가면 좋을까요? 서로의 의견을 주고받는 사이에, 涿州로 장사를 가던 일행들이 돌아와 만났다.

27. 時

≪老乞大≫[1]에서 "時"字가 본래의 의미인 시간 등을 나타내는 名詞로 쓰이는 用例[2]보다는 助詞의 형태로 쓰이고 있는 횟수를 40회 이상을 찾아 볼 수가 있었고, ≪老乞大≫의 複文의 80%가 "時"字句가 될 만큼 "時"字의 쓰임이 빈번함을 볼 수가 있다.[3] 이러한 "時"字에 대하여 많은 先學들은 "詞組助詞"[4] 또는 "語助詞"[5] 아니면 "語氣詞"[6] 또는 "間歇之詞"[7] 등의 用語로 "時"의 성격을 설명하고 있다. 여기서 주목해야 할 것은 "間歇之詞"라는 用語이다.

---

1) ≪老乞大≫(1480년)는 ≪原本老乞大≫가 발견되기 이전까지는 최고본이었으나 ≪原本老乞大≫本이 세상에 드러나고, 또한 ≪老乞大≫本은 "≪原本老乞大≫本의 改修本일 것이다"라고 하여 ≪刪改老乞大≫ 또는 ≪(修正本)老乞大≫ 등으로 부르고 있다. ≪老乞大諺解≫는 조선 顯宗(1670 전후) 때 朴世華 등이 ≪老乞大≫本을 藍本으로 하고 ≪飜譯老乞大諺解≫의 諺解를 改修한 新諺解本인 것이다. 이에 본고는 ≪老乞大≫라는 서명을 그대로 썼다.

2) 饑時得一口, 强如飽時得一斗, 我正饑渴時, 主人家, 這般與茶飯喫。(≪飜老≫ 上 43b)

3) 兪光中 植田均, ≪近代漢語語法硏究≫ 頁236 附注② : 據胡明揚先生(1984)統計, ≪老乞大≫復句有80%以上是用"時"字結尾的。(學林出版社, 2000年)

4) 太田辰夫, ≪中國語歷史文法≫ :「助詞之中, 方在一般詞組後面(不管是不是出現在句末都沒有關係)的叫詞組助詞。僅僅用在句末的叫句末助詞。」(北京大學出版社, 1987年, 318쪽)

5) (劉堅, 江藍生, ≪元語言詞典≫, 上海教育出版社, 1998年, 288쪽)

6) (龍潛庵 編著, ≪宋元語言詞典≫, 上海辭書出版社, 1985年, 423쪽)

7) 顧學頡, 王學奇, ≪元曲釋詞≫卷三:「用作語氣間歇之詞。猶現代漢語中"呵"或"啊"字。」(中國社會科學出版社, 1988年, 351쪽)

張相의 ≪詩詞曲語辭匯釋≫(1991년)에서도 "語助辭"라는 용어를 써서 詞語를 풀이하는 경우는 자주 볼 수 있지만,[8] "時"字를 "語氣間歇之用, 猶呵或啊也"[9]이라고 풀이하고 있음이다.

≪老乞大≫에서도 시간을 나타내는 의미보다는 助詞의 형태로 더 많이 쓰이고 있는 이러한 "時"字에 대하여 ≪老乞大集覽≫에서는「古本에서의 "呵"를 "時"字로 바꾸거나 "便"자로 바꿨다」[10]라고 풀이하고 있음을 볼 수 있는데, 이것은 舊本에서 사용되었던 "呵"[11]字를 당시에 널리 쓰이고 있었던 新興의 "時"字로 새롭게 改修한 것으로 보인다.[12]

아래의 예문(1~6번)은 假設의 因果關係를 나타내는 古代漢語와 現代漢語로 이뤄진 複文인데, 어디에도 假定의 의미를 나타내는 關聯詞語 "若" 등의 語彙를 쓰고 있지는 않았지만, 우리는 아래의 글들을 "만약에 ~이라면"이라고 글 풀이를 할 것이다. 關聯詞語를 쓰지 아니하고 假定의 複文 등의 문장을 만들어낼 수 있는 이러한 현상은 漢語 자체 어떤 특징(부정문을 병렬하면 가정의 의미를 나타냄)과 語順의 排列 등에서 비롯되었을 것이다.

---

8) 예를 들어, "却, 語助辭, 用於動辭之後", "裏, 語助辭, 猶哩也", "者, 語助辭, 猶着也; 亦猶焉也" 등이다.

9) (張相, ≪詩詞曲語辭匯釋≫, 中華書局, 1991年, 上冊, 335쪽)

10) ≪老乞大集覽≫ <單字解 5a>:「時 猶則也 古本用呵字 今本皆易用時字 或用便字」

11) ≪原本老乞大≫에서 "呵"字의 출현 횟수는 총 90번이다.

12) 兪光中 植田均, ≪近代漢語語法研究≫ :「"時"字句自五代開其端, 元明時其鼎盛期, 淸代開始走向消亡。文體上看, 元明北系會話識者課本性質的≪老乞大≫, ≪朴通事≫跟南系≪水滸傳≫均多見, 足見是當時南北共有的語法現象。」(學林出版社, 2000年, 233쪽)

1) 人無遠慮, 必有近憂。(論語 · 衛靈公)

2) 無惻隱之心, 非人也; 無羞惡之心, 非人也。(孟子 · 公孫丑)

3) 種瓜得瓜; 種豆得豆。

4) 你是問道兒的嗎? …問道兒, 下驢來問啊。(兒女英雄傳 一四)

5) 活着, 咱們一處活着; 不活着, 咱們一處化灰, 化烟。(曹雪芹)

⇒ 活啊, 咱們一起活啊; 死啊, 咱們一起死啊。

⇒ 活的話 咱們一起活着; 死的話, 咱們一起死去。

6) 早知如此, 我就不來了。

⇒ 要是早知道這樣的話, 我就不來了。

⇒ 早知道這樣, 所以我就沒有來。

위 예문의 複文에 있어, 조건을 나타내는 앞 문장과 결과를 나타내는 문장 사이에는 숨을 잠시 멈추는 그러한 읽음이 있어야만, 假定의 어투가 비교적 명확해질 수가 있는 것이다. 現代漢語에서는 문장을 끊어주는 콤마가 있지만, 古代漢語에서는 斷句가 되어있지 않기 때문에 이러한 "끊어 읽음"은 더욱 중요했다고 본다. 만약 假定의 의미를 더욱 강화하거나 강조할 필요가 있을 경우, 예문 5, 6)번처럼 助詞 "啊", " 的話"를 쓰거나 접속사 "要是" 등을 사용하면 더욱 假定의 의미가 더욱 명확해지고 강조가 되는 것이다.

바로 끊어 읽어야할 자리에 "間歇之詞"와 같은 語氣助詞, 즉 "時"字가 그러한 역할을 대신하고 있음이다. 즉 古代漢語에서는 喜怒哀樂의 다양한 감정을 나타내는 語氣助詞가 발달되지 않았지만,[13] 唐五代의 早期白話 形成期를 거쳐 早期白話 成熟期인 宋元時期에 이르러 "宋儒語錄,

13) 秦漢以前 즉 中古以前의 文言語氣詞는 "也 , 矣, 耳, 焉, 乎, 邪, 耶, 哉, 歟" 등으로, 이러한 文言語氣詞는 規範化되어 文言作品에서 천여 년 동안 쓰이고 있었다.

禪家語錄, 話本小說” 등의 散文作品과 “宋詞, 南戲, 諸宮調, 元雜曲” 등의 韻文作品에서는 語氣助詞가 다양한 감정을 표현하고 전달하고자 하는 중요한 手段으로 다양하게 출현된다. 즉 단순한 “陳述, 疑問, 命令, 感歎” 등을 어감을 나타내는 語氣詞에서 “決斷, 疑惑, 驚愕, 諷刺, 嘲笑” 등의 다양하고 세밀한 감정을 표현해 내는 중요한 도구가 된 것이다. “時”字는 바로 그러한 시기에 쓰였던 語氣詞의 하나이고, 더욱 假設性因果關係”나 “推斷性因果關係”의 文型을 만들어 주는 核心인 것이다.

語氣助詞 “呵”는 先秦時代에서도 감탄이나 사역 또는 문장에서 숨을 고르는 語氣助詞로서의 역할을 하고 있음을 알 수 있다.[14] 그러나 唐五代時期에는 語氣助詞 “後”, “好” 등이 “呵”의 그러한 기능, 즉 문장 중간에서 숨을 고르거나(間歇) 假定의 의미를 나타내는 語氣助詞로 쓰이고 있었고, 宋元時期에는 다시 “呵”의 쓰임이 많아지면서 점차 語氣助詞 “呵”가 “後”, “好”의 기능을 兼有하게 되고 또한 확대 응용되어 쓰이고 있었다고 한다.[15]

---

14) 兪光中 植田均, ≪近代漢語語法研究≫ :「語氣助詞“呵”先秦兩漢就有。文物出版社1976年出版的, 由馬王堆漢墓帛書整理小組校定的王堆帛書≪老子≫, 無論“甲本”還是“乙本”, 出現的“呵”都是表示感歎, 祈使或停頓的。例如: “俗人昭昭, 我獨若昏呵。俗人察察, 我獨悶悶呵。忽呵其若海, 恍呵其若無所止。”(甲本24頁) … 但這個“呵”以後却一度很少見用。例如 ≪祖堂集≫中除了“呵斥”的“呵”外, 幷無語氣助詞“呵”。宋元以後于曲詞中及詞曲作家其他作品中又出現“呵”, 或表感歎祈使, 或表停頓, 顯然是先秦兩漢“呵”的遺存。」(學林出版社, 2000年, 433～434쪽)

15) 孫錫信, ≪近代漢語語氣詞≫ :「“後”與“呵”的關係: “後”作語氣詞用最早蓋見于晚唐, 五代, 宋, 元時仍沿用, 明代已不見; “呵”見于宋代, 元代運用甚多。在表語氣間歇和假設方面“後”“呵”相通。…雖音有差異, 但相去還不過遠, 很可能“呵”是“後”音變而代興的語氣詞。」(語文出版社, 1999年, 49쪽)

7) 我且歸家, 你而今休呵。(歐陽修詞)

8) 那日尊前, 秪今問有誰呵? (方千里詞)

9) 歸來呵, 休敎獨自, 腸斷對團圓。(李之儀詞)[16]

10) 若是這般呵, 功名成就多時了。≪元曲選·謝天香≫第四折

11) 金印將來歸去呵, 紅日看看西下落。≪劉知遠諸宮調≫第11

12) 禮數不周休怪呵! ≪西廂記諸宮調≫卷三[17]

위의 例文은 宋元時代에 語氣助詞 "呵"의 用例이다. 語氣助詞 "呵"는 命令이나 禁止를 나타내거나(위 예문 7번), 또는 疑問이나 推測을(예문 8번), 아니면 假定의 文장에서(예문 9번, 10번), 그렇지 않으면 문장 중간에서 숨을 고르는 助詞의 역할을 하거나(예문 11번), 또는 文尾에서 감탄의 語氣助詞로(예문 12번) 쓰이고 있음을 볼 수 있다.

13) 玄德公也, 若你不來時, 萬事罷論; 若來呵, 便揷翅也飛不過這大江去。(元·朱凱) ≪黃鶴樓≫一折

14) 我則道別離時易, 誰承望相見呵難。(王愛山小令) ≪水仙子≫

15) 我有酒後寬洪海量, 沒酒時腹熱腸慌。涵芬本 ≪遇上皇≫

16) 你不去時, 與我叫過狗兒都管過來。≪錯立身≫戲文

17) 你若肯時肯, 不肯時罷手, 休把人空迤逗。(止軒小令) ≪醉扶歸≫

위의 예문 13, 14번은 "時"와 "呵"가 같은 이미를 가지면서 상호 호응되어 쓰이고 있는 用例이고, 예문 15번의 경우 또한 "後"와 "時"가 앞뒤에서 같은 의미로 쓰였고, 예문 16, 17번은 "時"가 語氣助詞로 쓰이고 있는

16) 예문 7)번에서 9)번까지는 太田辰夫 著, 蔣紹愚, 徐昌華 譯, ≪中國語歷史文法≫ 344쪽과 345쪽에서 재인용. (北京大學出版社, 1987年)

17) 예문 10)번~12)번까지는 孫錫信, ≪近代漢語語氣詞≫ 121쪽에서 재인용. (語文出版社, 1999年)

用例이다. 그러나 ≪老乞大≫에서는 “呵”字의 用例는 전혀 보이지 않고, “時”字의 用例만을 찾아볼 수가 있다. 語氣助詞로서의 “時”字의 쓰임은 老乞大時代 前後에서 널리 쓰이고 있었던 語氣助詞 “呵”와 함께 활발하게 쓰이고 있었던 當時 言語의 한 現象인 것이다.

18) 京裏喫食貴賤? 我那相識人曾說, 他來時, 八分銀子一斗粳米, 五分一斗小米, … 似這般時, 我年時在京裏來, 價錢都一般。咱們今夜那裏宿去? 咱們往前行的, 十里來田地裏, 有箇店子, 名喚瓦店。咱們到時, 或早或晚, 只[18]那裏 宿去。若過去了時, 那邊有二十里地, 沒人家。旣那般時, 前不着[19]村, 後不 着店, 咱們只投那裏宿去。(≪飜老≫上9a～ 10a)[20]

:셔·울 머·글 거·슨 :노·던·가 흔·턴·가? 내·더 사·괴·는 :사·ᄅᆞ·미 일·즉 닐·오·ᄃᆡ, :제 올 저·긔, 여·듧 :픈 은·에 ᄒᆞᆫ·말 :경·미·오, 닷 :분·에 ᄒᆞᆫ·말 조·ᄡᆞ리·오, …·이·러·ᄐᆞᆺ ᄒᆞ·면,·내·니·건·ᄒᆡ :셔울 잇·다·니,·갑·시 :다 ᄒᆞᆫ 가지로·다。·우·리 오·ᄂᆞᆳ 바·ᄆᆡ 어·듸·가 자·고 가·료?·우·리 ᅀᅡᇁ·프·로 나·ᅀᅡ·가,·십·리·만 ᄯᅡ·해, ᄒᆞᆫ·뎜·이 이·쇼·ᄃᆡ, 일·호·믈 瓦店·이·라·ᄒᆞ·야 브르ᄂᆞ·니。·우·리 가·면,·혹 이르거·나·혹 늣거·낫 듕·에, 그저 뎨·가 자·고 가·져。·ᄒᆞ다·가 :디·나 가·면, 뎌 녀·긔 :ᅀᅵ·십 :릿 ᄯᅡ·해,

18) 只 : 就。≪盛世恒言≫二一卷:「師父若教弟子三年嚴限, 只在中原之地, 度三千餘人, 興俺道家。」(許少峯 主編, ≪近代漢語詞典≫, 團結出版社, 1997年, 頁1494)

19) 不着 ; 不得, 沒有。≪金瓶梅詞話≫九十回:「(來旺)作辭雪娥, 挑擔兒出門, 正是: 不着家神, 弄不得家鬼。」(許少峯 主編, ≪近代漢語詞典≫, 團結出版社, 1997年, 頁95)

20) ≪飜譯老乞大諺解≫는 ≪老乞大≫를 中宗10년(1515년) 崔世珍이 諺解한 것으로 上下 兩卷으로 名稱은 원래 그대로 ≪老乞大≫로 되어 있으나 그렇게 되면 漢語本의 名稱과 구별이 되지 않고, 그렇다고 ≪老乞大諺解≫로 하면 重刊本과의 혼란이 생기므로 이에 四聲通解에 붙어있는 「飜譯老乞大朴通事凡例」란 기록에 의지하여 ≪飜譯老乞大≫로 通稱하게 된 것이다. ≪老乞大≫를 諺解한 또 다른 ≪老乞大諺解≫本(1670年)이 있으나, 漢語本文의 내용은 일부 字形을 제외하고는 내용이 거의 ≪飜譯老乞大≫와 일치한다고 한다. 이에 本稿는 ≪老乞大≫의 漢語原文이 그대로 보존되어 있으며 또한 最初의 諺解本이고 원문의 번역이나 이해에 참고를 위하여 ≪飜譯老乞大諺解≫本을 藍本으로 택하였다.

人家ㅣ :업·스니·라。ᄒᆞ·마 그·러ᄒᆞ·면, 앏·프·로 촌·애 다ᄃᆞᆫ·디·몯 ᄒᆞ·고, :뒤·후·로ᄂᆞᆫ :뎜·에다ᄃᆞᆫ·디 :몯 ᄒᆞ·리·니,·우·리 그저 뎨·드·러자·고 가·져。

위의 예문 18)번은 ≪老乞大≫에서 "時"字가 얼마나 많이 쓰이고 있는지를 분명하게 잘 나타내주고 있는 事例라 할 수 있다. 예문 18)번에서 "時"字는 총 6회가 쓰이고 있는데, 그 중에 1회가 "他來時(:제 올 저·긔)"의 用例처럼 "時間"을 나타내는 본래의 의미로 쓰였고, 나머지는 4회는 "似這般時(·이·러·틋 ᄒᆞ·면)", "咱們到時(·우·리 가·면)", "若過去了時(·ᄒᆞ다·가 :디·나 가·면)", "旣那般時(ᄒᆞ·마 그·러ᄒᆞ·면)" 등처럼 假定이나 條件을 나타내는 語氣助詞로 쓰이고 있음을 볼 수가 있다.

≪老乞大≫에서 語氣助詞로서의 "時"字의 쓰임은 다음의 두 가지 형태로 크게 구분할 수가 있겠다. 하나는 아래의 예문 19~21)번에서처럼 접속사 "旣, 旣是"와 함께 "推論의 因果關係"를 나타내는 문형에서 쓰이고 있거나, 假定을 나타내는 접속사 "若"와 더불어 "假定의 因果關係"나타내는 문장에서 假定의 語氣助詞로 쓰이거나, 또는 "讓步의 轉換關係"를 나나타내는 접속사 "雖然"과 함께 쓰이는 경우인데, 여기서의 "時"字는 단순히 語氣助詞로서 어감을 강조해주거나 조절해주는 역할을 하고 있다. 즉 아래 예문 22~24)번까지 用例에서 "時"字가 없다고 해도 본래의 뜻은 그대로 전달되기 때문이다.

19) 你旣賣馬去時, 咱們恰好做火伴去。(≪飜老≫上 8b)

20) 你旣往北京去時, 我是高麗人, 漢兒地面裏不慣行, 你好歹[21]拖帶[22]我, 做火 伴

---

21) 好歹 : 無論如何。≪京本通俗小說 錯斬崔寧≫:「若是半路里追不着的時節, 直到他爹娘家中, 好歹追他轉來, 問個明白。」(龍潛庵 編著, ≪宋元語言詞典≫, 上海辭書出版社, 1985年, 頁379)

22) 拖帶: 提携, 挈帶。≪西廂記≫一本三折【調笑令】白:「願俺姐姐早尋一個姊夫, 拖

去。(≪飜老≫上 7b)

21) 旣是好銀時, 咱先看了銀子寫契。(≪飜老≫下 14a)

22) 若背不過時, 教當直的學生背[23]起, 打三下。(≪飜老≫上 3b)

23) 是秆草好, 若是稻草時, 這頭口們多有不喫的。(≪飜老≫上 18a)

24) 那箇是劉淸甫酒館, 是我街坊,[24] 怎麽不認的? 雖然這般時, 房子要實窄, 宿不得。(≪飜老≫上 49a)

그러나 또 다른 한 가지 用例는 "時"가 혼자서 假定이나 條件 등을 나타내는 어기조사의 역할을 하고 있는 경우다. 즉 아래의 예문 25~28번처럼 語氣助詞 "時"가 존재함으로서 假定의 의미를 가지는 문장이 되는데, 만일 "時"字가 생략되고 없다면, 문장의 본뜻은 왜곡되거나 문장 자체가 성립될 수가 없게 되는 것이다. 예를 들어 예문 25)번의 "咱們到時"의 경우, "時"를 빼면 "條件關係"만을 나타내고 있지만, "時"를 넣으면 "條件關係"를 내포하고는 있지만 "假定關係"가 主가 되는 것이다. 여기에다 假定의 의미를 나타내는 접속사 "若" 등이 호응되어 쓰인다면, 假定의 의미가 한 층 강조될 것이다.

25) 天可憐見, 身子安樂時, 再着五箇日頭到了。咱們到時, 那裏安下好? (≪飜老≫上 11a)
하늘이 불쌍히 여기시고, 몸이 편안하다면, 한 5일정도면 도착하게 되겠지요.

帶紅娘咱。」(劉堅 江藍生 主編, ≪元語言詞典≫, 上海敎育出版社, 1998年, 326쪽)

23) 背 : 把雙臂放在背後或擱在背後。如: 背着手; 反持兩手。≪水滸傳≫三七回: 「但凡新人流配的人, 須先打一百殺威棒。左右, 與我捉去背起來!」(≪漢語大詞典≫, 漢語大詞典出版社, 1991年)

24) 街坊 : 附近隣居。元· 岳伯川 ≪鐵拐李≫三折: 「孩兒是小李屠, 不幸患病死了, 今日三日也。心上還有些熱, 孩兒着衆街坊抬出來我看。」(許少峯 主編, ≪近代漢語詞典≫, 團結出版社, 1997年, 570쪽)

우리가 도착하면, 어디서 묵어야 합니까?

26) 沒來由這般胡討價錢。我不是矯商量的。你說的是時, 兩三句話, 交易便成了。(≪飜老≫下 10b)
근거도 없이 이렇게 엉터리 가격을 부르는 것이요? 난 속임수로 흥정을 아니오. 당신의 말이 진실이라면 두세 마디에, 거래가 성사될 것이요.

27) 有賣的好弓麼? 可知有, 沒時做甚麼買賣裏? (≪飜老≫下 30b)
파는 좋은 활이 있소? 몰론 있지요, 없다면 무슨 장사를 하겠소?

28) 這的有甚麼難, 你着一箇火伴跟我去來, 到那裏便了。更不時, 你都只 這裏等候着, 我去稅了, 送將來與你。(≪飜老≫下 18b)
그게 뭐가 어렵겠소, 한 사람을 시켜 나랑 가게 하시오, 거기에 가면 될 것이요. 그렇지 않으면, 당신은 이곳에서 기다리고 있으시오, 내가 가서 세금을 지불하고, 가져다 당신에게 줄 것이오.

"你不來的時候, 我怎麼辦呢?"처럼 現代漢語에서도 "~的時候"가 假定文으로 쓰이고 있다. 이때의 "~的時候"는 시간을 나타내는 名詞가 아닌 語氣助詞로 봐야 한다.[25] 앞에서 이미 제기한 바처럼 語氣助詞 "時"가 唐五代부터 假定의 의미를 나타내는 助詞로 쓰이고 있었고, 名詞 "時"가 "時候"처럼 두 음절의 어휘로 발전하였듯이, 假定을 나타내는 語氣助詞 "時"도 "時候"로 되었고, 발음상의 이유로 "的"가 보태지면서 현재에 쓰이고 있는 "的時候"의 형태가 되었다고 한다.[26]

---

25) "時"字가 假定의 의미로 쓰이는 경우, 假定文에는 시간적 요소가 있으므로 "時"字가 원래의 의미를 나타내고 있다는 오해를 쉽게 가지게 된다.

26) 太田辰夫 著, 蔣紹愚, 徐昌華 譯, ≪中國語歷史文法≫ :「的時候 早期白話中單用"時"。多和"若"等相呼應。…後來, 名詞的"時"成了復音節的"時候", 因此, 這種表假設的"時"也成了"時候", 因爲語調的關係, 就帶上"的", 成爲現在說的"的時候"。"若發了病的時候, 拏出來吃一丸。(紅樓夢7)」(北京大學出版社, 1987年, 330쪽)

29) 每日學長, 將那頑學生, 師傅上稟了。那般打了時, 只是不怕。(≪飜老≫上 7a)

30) 茶飯如何? 茶飯時, 我店裏家小, 新近出去了委實沒人整治, 你客人們自做飯喫。(≪飜老≫上 68a)

위의 예문 29, 30)번은 앞에서 논의한 "假定"이나 "條件" 등을 나타내는 의미로 쓰이지 않고, 말투를 조절해주는 語氣助詞 "啊"나 "呵", 所謂 "停頓"의 "間歇詞"의 역할을 하고 있는 用例도 볼 수가 있다.

≪老乞大≫에서 많이 쓰여 지고 있었던 語氣助詞 "時"는 ≪重刊老乞大≫(1795年)에서는 "時"字가 語氣助詞로서 쓰이는 用例를 볼 수가 없다. ≪重刊老乞大≫에서는 "時"字 대신에 접속사 "若"를 써서 假定의 의미를 나타내고 있거나(아래 예문 31, 32번), "時"字를 아예 없애버리는 등의 수정이 이뤄졌다.

31) 我與你二兩銀, 肯時便賣, 你不肯時, 赶將去罷。休要只說二兩, 你再添五錢, 賣與你。添不得, 肯時肯, 不肯時罷。(≪飜老≫下 22a)
→ 我給你二兩銀, 若肯便賣, 若不肯你就赶了去罷。你不要只說二兩, 若再添五錢, 我就賣與你了。添不得, 肯賣不肯賣憑你罷。(≪重老≫下 21b)

32) 這銀子雖是看了, 眞假我不識。你記認着, 久後使不得時, 我則問牙家換。(≪飜老≫下 14b)
→ 這銀子雖是看了, 眞假我不認得。你記認着, 久後若使不得, 我只問牙家換。(≪重老≫下 14a)

33) 你這馬和布子, 到北京賣了時, 却買些甚麽貨物, 廻還高麗地面裏賣去? (≪飜老≫上 12b)
→ 你這馬與布, 到北京賣了, 却買些甚麽貨物, 回到朝鮮去賣? (≪重老≫上 11b)

34) 你且出去, 等一會再來。旣他羊市角頭去時, 又不遠, 我則這裏等。(≪飜老≫下 1b)
→ 你且在外頭, 等一會再來。他旣往羊市角頭去, 路又不遠, 我只這裏等他罷。(≪重老≫下 1b)

28. 十分(哏)

≪原本老乞大≫(이하 ≪原老≫)[1]에서 6번이나 사용되었던 語彙 '底似'는, 改修本인 ≪飜譯老乞大諺解≫(이하 ≪飜老≫)[2]에서는 단 한 차례도 '底似'의 用例를 찾을 수가 없고, 대신 '十分'으로 改修되어 나타나고 있음을 밝힌바 있다. 그러나 '十分'이라는 語彙는 現代漢語에서와는 달리 『老乞大』時代의 近代漢語에서는 다양한 의미로 응용되어 쓰이고 있음을

1) ≪原本老乞大≫는 1998년 경북대학교 南權熙교수가 최초로 古本≪老乞大≫를 發見 한 후, 정리를 거쳐 2000년 경북대학교 출판부에서 ≪元代漢語本老乞大≫라는 서명으로 출판되었고, 같은 해 北京外語教學與研究出版社에서 ≪原刊老乞大研究≫이라는 書名으로 각각 출판되었다. 2002년에 北京外語教學與研究出版社에서 修訂本(鄭光 主編)을 다시 出版하면서 ≪原本老乞大≫라고 改名을 하였다. 이에 或者는 "舊本老乞大" 또는 "元本老乞大", "古本老乞大" 等으로 부르고 있는데, 최근 발견된 ≪原本老乞大≫가 이른바 崔世珍이 ≪老乞大集覽≫等에서 언급한 "古本", "舊本"인지는 알 수가 없고, 또한 ≪老乞大≫의 최초의 原本인지도 알 수는 없다. 다만 鄭光이 최근 중국과 한국에서 각각 ≪原本老乞大≫라고 書名으로 解題와 譯註를 하였고, 본 논문도 鄭光 譯註解題의 ≪原本老乞大≫(2004년, 김영사)에서 原文과 譯註를 참고하였음으로 이에 ≪原本老乞大≫라는 書名을 쓰기로 하였다.

2) ≪飜譯老乞大諺解≫는 ≪老乞大≫를 中宗10년(1515년) 崔世珍이 諺解한 것으로上下 兩卷으로 名稱은 원래 그대로 ≪老乞大≫로 되어 있으나 그렇게 되면 漢語本의 名稱과 구별이 되지 않고, 그렇다고 ≪老乞大諺解≫로 하면 重刊本과의 혼란이 생기므로 이에 四聲通解에 붙어있는 「飜譯老乞大朴通事凡例」란 기록에 의지하여 ≪飜譯老乞大≫로 通稱하게 된 것이다. ≪老乞大≫를 諺解한 또 다른 ≪老乞大諺解≫本(1670年)이 있으나, 漢語本文의 내용은 일부 字形을 제외하고는 내용이 거의 ≪飜譯老乞大≫와 일치한다고 한다. 이에 本稿는 ≪老乞大≫의 漢語原文이 그대로 보존되어 있으며 또한 最初의 諺解本이고 원문의 번역이나 이해에 참고를 위하여 ≪飜譯老乞大諺解≫本을 藍本으로 택하였다.

볼 수가 있다. 그러나 改修本 ≪飜老≫의 諺解本에서는 '十分'을 한결같이 'ᄀᆞ장'[3]이라고만 諺解하고 있고, 또한 최근에 간행된 譯註書에서 조차도 諺解의 해석을 濾過 없이 그대로 인용되고 있음을 볼 수가 있다.

『十分, 副詞, 表示程度很高; 很。多用于書面。』이것은 呂叔湘 主編 ≪現代漢語八百詞≫[4]에서 볼 수 있는 語彙 '十分'에 대한 설명이다. 즉 現代漢語에서 '十分'은 程度副詞로서 "很(非常)"의 의미로만 쓰이고 있다는 무척이나 단순한 해석이다. 그러나 아래에 제시된 用例의 例文(1번에서 7번)에서의 '十分'은 近代漢語에서는 실로 다양한 의미로 폭넓게 사용되고 있음을 알 수 있다.

1) 聞知他有個小姐, 生的十分標致, 大有顏色。(元 缺名 ≪鴛鴦被≫一折)
그에게 딸이 있다고 들었는데, 얼굴이 매우 곱고 자태가 아름답다고 합니다.
2) 只見那夫人從樓上下來, 不敢十分穿重孝, 只是淡粧輕抹。(≪水滸全傳≫四五回)
그 부인이 이층에서 내려오는데, 과한 喪服은 입질 못하고, 오직 엷은 화장을 한 모습이었다.
3) 一個是大老婆, 一個是小老婆, 明日兩個對養, 十分養不出來。(≪金瓶梅≫三十回)
(금련이 말한다)하나는 큰마누라 애이고, 하나는 작은마누라 애이니, 내일부터 두 아이를 먹여 키워야 하니, 정말로 둘을 기를 수가 없다.
4) 收拾直待過年罷了, 先打發家小去纔好, 十分在衙門中也不方便。(≪金瓶梅≫

---

3) 漢語의 大家인 崔世珍이 당시에 널리 사용되고 있었던 '十分'에 대해서 그 다양성을 看過하여 일률적으로 'ᄀᆞ장'으로 諺解했다고는 보기는 어렵다. 그러나 현재우리가 볼 수 있는 국어사전이나 李朝語사전에서 '가장', '자못'이라는 단순한 풀이만을 볼 수 있고, 'ᄀᆞ장'이 다양한 의미로 쓰인 그 어떠한 用例도 찾을 수가 없다.
4) 呂叔湘 主編, ≪現代漢語八百詞≫(增訂本):「十分, 副詞, 表示程度很高; 很。多用于書面。a) 十分+形容詞。例: 這些經驗都十分寶貴。 b) 十分+動詞。例: 十分傷腦筋。"」(商務印書館, 1999年, 493쪽)

七一回)

수습하여 설을 지내고 봅시다, 먼저 가족들을 보는 것이 좋겠소, 줄곧 관아에 있는 것도 편하지도 않습니다.

5) 出門不曉事體, 十分是被人拐了。(≪岐路燈≫ 四四回)

밖에 나가서는 세상 돌아가는 사정을 모르니, 틀림없이 사기를 당했을 것이다.

6) 看那婦人, 雖無十分的容貌, 也有些動人的顏色。(≪水滸傳≫ 三回)

저 부인을 보면, 비록 완벽한 용모는 없으나, 사람의 마음을 움직이는 자태는 지니고 있지요.

7) 批頭棍大腿上十分楞, 不由他怎不招成! (關漢卿 ≪四春園≫三【調笑令】)

몽둥이로 장딴지를 세차게 내리치니, 어찌 토설하지 않고 버티겠는가?

위의 用例를 살펴보면, 近代漢語에서의 '十分'은 '很, 分外, 非常(예문 1번)'외에도 '太, 過分(예문 2번)', '實在, 確實(예문 3번)', '總是, 老是(예문 4번)', '准定, 肯定(예문 5번)', '十全十美, 十足(예문 6번)', '狠狠(예문 7번)' 등의 다양한 의미로 해석되어 쓰이고 있음을 볼 수가 있다.

그렇다면 ≪原老≫에서 '十分'의 쓰임은 어떠할까? 아래의 예문(8번과 9번)은 ≪原老≫에서 볼 수 있는 '十分'의 用例들이다. 총 3번의 쓰임 가운데 形容詞로서 名詞를 수식하는 限定語로 쓰인 경우가 2번(예문 8번)이고, 副詞로 쓰인 경우가 딱 한 차례(예문 9번)의 用例를 찾아 볼 수 있다. 제시된 例文의 번역문은 鄭光 역주·해제 ≪原本老乞大≫(이하 ≪鄭光≫)[5]의 원문을 그대로 옮겨 적은 것이다.

8) 若這般厮覷當呵, 便有十分病也減了五分。朋友有些病疾, 廻避著不照覷, 那病人想著沒朋友的情分, 凄惶呵, 縱有五分病添做十分也者。(≪原老≫ 32b)

만일 열(十)의 심한 병이라도 다섯(五) 정도의 병으로 가벼워질 것이다.… 설사 다섯 정도의 병이라도 열정도로 나빠질 것이다. (≪鄭光≫ 350쪽)

5) 鄭光 역주·해제, ≪原本老乞大≫(太學社, 1995年)

⇒ 若這般相看時, 便有十分病也減了五分。朋友有些病疾, 你不照觑他, 那病人想着沒朋友的情分, 凄惶時, 縱有五分病, 添做十分了。(≪飜老≫)

이렇듯이 서로 돌봐주면 설사 열 정도의 심한 병이라도 다섯 정도로 덜어질 것이다.…비록 다섯 정도의 병이라도 더 심하게 되어 열정도로 되어 갈 것이다. (鄭光 ≪飜老≫ 362쪽)

9) 我曾打聽得高麗田地裏賣的行貨, 底似十分好的倒賣不得, 則宜豹子行貨, 倒著主兒快。(≪原老≫ 38a)

내가 전에 듣기로는 고려 땅에서 팔리는 물품으로는 너무 좋은 것이 오히려 안 팔리고, 조악(粗惡)한 물건이 반대로 살 사람이 빨리 생긴다고 한다. (≪鄭光≫ 402쪽.)

⇒ 我曾打听得, 高麗地面裏賣的貨物, 十分好的倒賣不得, 則宜將就的貨物, 倒着 主兒快。(≪飜老≫)

내가 전에 듣기로는 고려 땅에서 팔리는 물품으로는 너무 좋은 것이 오히려 안 팔리고 다만 두루 쓸 물건이 마땅하여 반대로 살 사람 얻는 것이 빠르다고 하데그려. (鄭光 ≪飜老≫411쪽)

반면 ≪原老≫의 刪改本이라고 할 수 있는 ≪飜老≫에서는 총 13번의 '十分'의 用例를 찾을 수가 있었다. 그런데 ≪飜老≫에서 사용된 '十分'의 어휘는 ≪原老≫의 '哏'[6]과 '底似'를 대신하고 있다는 사실이다. 즉 ≪原老≫에서 쓰이고 있었던 '哏'[7]과 '底似'는 刪改本인 ≪飜老≫에 이르러서

6) '哏'字는 '很'字가 程度副詞로서 通用되기 이전의 글자이다("哏", "很"字的早期寫法。劉堅 江藍生 主編, ≪元語言詞典≫上海教育出版社, 1998年, 120쪽). ≪原老≫에서는 총 11번의 '哏'字의 用例(본문의 예문 10, 11번)를 찾을 수가 있는데, 그 가운데 6번이≪飜老≫에서 '十分'으로 고쳐지고, '正'字로는 2번(아래 예문 1번), 나머지는 각각 1번으로 '還'字(아래 예문 2번)와 '忒'字(아래 예문 3번) 그리고 '最'字(아래 예문 4번)로 刪改되어 나타나고 있음을 볼 수 있다. 1) 主人家哥說的哏是。(≪原老≫ 15b) ⇒ 主人家哥說的正是。 2) 旣這般時價錢, 哏虧著俺。(≪原老≫ 23b) ⇒ 旣這般時價錢, 還虧着俺。 3) 這幾箇布哏窄有。(≪原老≫ 36b) ⇒ 這幾箇布忒窄。 4) 人蔘正闕著, 哏好價錢。(≪原老≫ 20b) ⇒ 人蔘正缺着裏, 最好價錢。

7) 許少峯, ≪近代漢語大詞典≫: "哏", 甚。同"很"。(中華書局, 2008年, 747쪽)

는 '十分'으로 改修되어 있었던 것이다. 즉 ≪原老≫에서의 '哏'이 ≪飜老≫에서 '十分'으로 改修되어 쓰인 경우가 6번(아래 예문 10, 11번)이고, ≪原老≫에서의 '底似'가 ≪飜老≫에서 '十分'으로 改修된 경우는 총 4번(아래 예문 12, 13번)으로 나타나고 있는 것이다.

10) 漢兒小厮每哏頑, 高麗小厮每較爭些箇。(≪原老≫ 2b)
⇒ 漢兒小厮們, 十分頑, 高麗小厮們較好些。(≪飜老≫ 7a)
漢兒 아·히·들·히 ᄀ·장 글·외거·니·와 高麗ㅅ 아·히·들ᄒᆞᆫ·져·기·어·디니: 라.
한인 아이들이 매우 심하게 말썽을 부리지만 고려인 아이들은 비교적 얌전합니다. (鄭光 ≪飜老≫63쪽)
11) 俺年時也在那裏下來, 哏便當。(≪原老≫ 4a)
⇒ 我年時也在那裏下來, 十分便當。(≪飜老≫ 11b)
나·도 젼년·회 뎨 브·리·엿다·니 ᄀ·장 편안·ᄒᆞ·더·라.
나도 지난해 거기 묶었는데 제일 편안했습니다. (鄭光 ≪飜老≫ 76쪽)
12) 買著一斤猪肉者。休要底似肥的, 帶脇條肉買者。(≪原老≫ 6b)
⇒ 買一斤猪肉着, 休要十分肥的, 帶肋條的肉買着。(≪飜老≫ 21a)
ᄒᆞᆫ 근 고·기·를:사·듸 ᄀ·장·슬·지·란:말:오·녑·발·치 조·ᄎᆞᆫ 고·기·를:사·다 가·편: 굵·게 사·ᄒᆞ·라 봇·가·오·라.
한 근 고기를 사되 거의가 비계인 것은 말고 갈비 살로 깨끗한 고기를 사다가 크게 썰어서 볶아주게. (鄭光 ≪飜老≫ 104쪽)
13) 你底似的休早行, 俺聽得前頭路澁有。(≪原老≫ 8a)
⇒ 你十分休要早行, 我聽得前頭路澀。(≪飜老≫2 6b)
:네 ᄀ·장·일·가·기 말·라.·내 드·르·니 앏·픠:길 어·렵·다·ᄒᆞᄂᆞ·다.
당신들 그렇게 일찍 가지 마시오. 내가 듣은 바로는 앞으로 가는 길이 위험하다고 합니다. (鄭光 ≪飜老≫ 118쪽)
→ 你們不要十分早行, 我聽得前頭路澁有歹人。(≪重老≫)
14) 伴當每, 恁底似的休多索, 恁兩箇枉了, 成合不得。(≪原老≫23a)
⇒ 牙子說: 客人們, 你不要十分多討, 你兩箇枉自成不得。(≪飜老≫)
나·그·내:네:네 ᄀ·장 너므 바·도려:말·라. 너희:들·히·쇽·졀:업·시일·우·디:

몯ᄒᆞ·리로·다.

손님들, 당신은 너무 많이 받으려고 하지 마시오. 당신들 두 분이 헛되게 이루지 못할 것이오. (鄭光 ≪飜老≫ 260쪽)

→ 牙子你說罷。客人們, 你多要也是枉然。(≪重老≫)

위의 제시된 예문에서 볼 수 있는 것처럼, ≪原老≫에서의 '哏'과 '底似'는 ≪飜老≫에서 '十分'으로 改修되어 쓰이고 있음을 볼 수가 있고, 또 앞의 예문 9)번에서 볼 수 있는 것처럼 ≪原老≫의 「底似十分好的倒賣不得」句節이 ≪飜老≫에서는 '底似'어휘가 삭제되어 「十分好的倒賣不得」로 改修되고 있음을 볼 수가 있었다. 그런데 문제는 ≪飜老≫에서의 '十分'이 모두 'ᄀᆞ·장'으로 諺解되고 있다는 사실이다. 물론 ≪原老≫에서의 '哏'字는 "狠、很"字의 前身이고, '十分'또한 '很、極' 등의 의미로 쓰였기 때문에 'ᄀᆞ·장(매우、가장)'으로의 諺解는 타당할 것이다. 또한 앞에서 이미 충분히 설명한 바처럼 예문 12)번의 '底似'가 "分外"의 의미로도 쓰이기 때문에, 'ᄀᆞ·장'으로 諺解하고, '매우、가장'으로 번역하는 것도 당연할 것이다.

그러나 예문 13)번과 14)번의 '十分'을 'ᄀᆞ·장'으로만 諺解하고, 최근에 볼 수 있는 譯註書에서 조차도 '매우, 가장'으로만 飜譯되고 있는 것은, 近代漢語에 있어 '十分'의 쓰임이 무척이나 다양하다는 사실을 看過했기 때문일 것이다. 예문 13)번을 보면, ≪原老≫의 「你底似的休早行」은 ≪飜老≫에서는 「你十分休要早行」으로 改修되고, 제일 뒤에 改修된 ≪重刊老乞大≫(이하 ≪重老≫)[8]에서는 「你們不要十分早行」으로 改修되고

8) ≪重刊老乞大≫(1795年)本은 ≪老乞大新釋≫보다 약 40년이 늦은 시기에 編纂된 ≪老乞大新釋≫의 改修本인데 일부의 語彙가 ≪老乞大≫시대로 回歸된 측면이 보인다는 견해가 있다. ≪老乞大新釋≫(1761年)은 ≪老乞大≫의 改修本으

있음을 볼 수 있다. 程度副詞 '十分'이 형용사 '早'를 修飾하고, '十分早'가 副詞句가 되어 動詞를 수식하도록 改修한 ≪重老≫의 「你們不要十分早行」은 「你們不要很早就出發」 처럼 現代漢語에서도 통용될 수 있는 語句라고 할 수 있을 것이다.

그러나 ≪原老≫의 「你底似的休早行」에서의 '底似'와 ≪飜老≫의 「你十分休要早行」에서의 '十分'은 문장전체, 즉 뒤에 오는 '休早行', '休要早行'을 수식하고 있기 때문에 程度副詞 '很'이나 '分外'로 해석하거나 바꿔 쓸 수는 없다고 본다. 만약 '底似'와 '十分'을 程度副詞 '很'이나 '分外' 등의 의미로 본다면 「你休底似的早行」, 「你休要十分早行」 등과 같은 語順이 되어야 할 것이다.

그렇다면 ≪原老≫의 著者가 유독 이 두 문장에서 '底似'와 '十分'의 위치를 잘못 배열했다는 말인가? 아닐 것이다. 왜냐하면 ≪原老≫에서 '十分'이 'ᄀᆞ장(매우)'의 의미를 가지는 문장에서는 앞에서 제시한 예문(9번~12번)에서처럼, '十分'이 놓이는 위치(어순)는 정확하기 때문이다.

近代漢語에서 '十分'은 '很、分外、非常'외에도 '太, 過分'、'實在, 確實'、'總是, 老是'、'准定, 肯定' 등의 다양한 의미로 쓰이고 있음을 앞에서 用例(예문 1~7번)와 함께 설명한 바 있다. 그러므로 예문 13)번 ≪飜老≫의 「你十分休要早行」에서의 '十分'과 예문 14)번 「你不要十分多討」에서의 '十分'은 'ᄀᆞ장(매우)'의 의미보다는 각각 '實在、總是'와 '過分' 등의 의미로 해석을 해야만 전체의 문맥이 맞아 떨어진다고 본다.

15) 商人: 有一坐橋塌了來, 如今修起了不曾?
다리가 무너져 있었는데, 지금은 다시 세워졌습니까?

로 ≪老乞大≫이후 약 300년 만에 改修되었다.

店主: 早修起了也, 更比在前高二尺, 闊三尺, 如法好有。

벌써 고쳤습니다. 전보다 두 자나 높아지고, 넓이는 세 자나 더 넓어지고, 규격대로 잘 만들어졌습니다.

商人: 那般呵, 俺明日早則放心的去也。

그렇다면 우리는 내일 일찍 안심하고 가도 되겠습니다!

店主: 你底似的休早行, 俺聽得前頭路澁有。(≪原老≫ 8a)

⇒ 你十分休要早行, 我聽得前頭路澀。(≪飜老≫ 26b)

노형들은 아무튼 일찍 길을 나서지는 마세요, 내가 듣기로 길이 (강도들 때문에) 험하다고 합니다.

16) 牙人道: 伴當每, 恁底似的休多索, 恁兩箇枉了, 成合不得。(≪原老≫ 23a)

⇒ 牙子說: 客人們, 你不要十分多討, 你兩箇枉自成不得。(≪飜老≫)

(중개인이 말한다) 손님들, 손님들은 한 치의 양보도 없이 지나치게 많이 부르지 마세요, (그렇게 서로 많이 받으려고 한다면) 두 분은 헛수고만 하시고 거래는 이뤄지니 않을 것입니다.

現代漢語에서와는 달리 近代漢語에서는 '十分'이 程度副詞 외에도 語氣副詞나 情態副詞 등으로 쓰이고 있는 것은 당시의 時流였던 것이고, ≪原老≫에서도 '十分'의 그러한 다양한 쓰임을 나타내고 있는 것이다.

'十分'이 '很, 分外, 非常'의 의미를 가지는 문장에서 'ㄱ장'이라고 諺解가 되고, '太, 過分', '實在, 確實', '總是, 老是', '准定, 肯定' 등의 의미를 가지고 있는 문장에서도 'ㄱ장'으로 諺解되고 이해되고 있었던 사실은 ≪老乞大諺解≫에서뿐만 아니라, ≪朴通事諺解≫(이하 ≪朴諺≫)[9]에서도 똑

9) ≪朴通事諺解≫는 上中下 3卷(상권 76장, 중권 61장, 하권 62장)으로 肅宗 3년(1677년)에 邊暹 · 朴世華 등 12명이 편찬한 판본이다. 李聃命의 序文에 의하면 ≪老乞大諺解≫가 ≪飜譯老乞大≫를 참조하여 편찬한 것과는 달리, ≪朴通事諺解≫은 ≪飜譯朴通事≫를 직접 보지 못하고『老朴集覽』에만 의거하여 ≪朴通事≫ 漢語文에 대한 諺解(번역)와 註釋의 작업을 진행했음을 알 수 있다. 원본은 현재 奎章閣(奎1810)에 소장되어 있다.

같이 되풀이 되고 있음을 볼 수가 있다.

17) 今年雨水十分大。(≪朴諺≫上 9b)
올해의 비는 엄청 많이 내렸습니다.

18) 那女孩儿生的十分可喜, 俊如觀音菩薩。(≪朴諺≫上 41b)
그 색시는 매우 곱게 생겨서, 고운 것이 마치 관음보살 같습니다.

19) 艾氣肚裏入去, 氣脈通行, 便好了。只是腿上十分無氣力, 你且休上馬。(≪朴諺≫上 35b)
쑥뜸의 기운이 배속으로 들어가서, 기맥이 통하면, 낫게 되는 것입니다. 그런데 다리는 힘이 빠지게 될 것이니, 말에 오르지는 마십시오.

20) 徐五的徒弟李大, 如今搬去法藏寺西邊混堂間壁住里, 那厮十分做的好。可知那厮使長的大帽也做裏, 休道是街上百姓的。(≪朴諺≫中 25b)
徐五의 제자 李大는, 지금은 法藏寺 서쪽 混堂 사이에서 사는데, 그 사람 이 확실히 잘 만듭니다. 알고 보니 그 사람은 일반 사람들의 모자뿐 아니 라, 使長의 큰 갓(大帽)도 만들었다고 합니다.

21) 官人十分休駁彈。怕甚麽? 駁彈的是買主。(≪朴諺≫中 37b)
나리께서는 자꾸만 흠만 잡지마세요. 뭐가 염려되는 것입니까? 사는 사람이 당연히 하자를 찾는 것이지요.
* 官人아 ᄀᆞ장 나므라디 말라

22) 前日三更前后, 賊入來, 把我二三年布施來的金銀紗錠偸將去了。沒計奈何, 我如今又往江南地面里布施去。一來是十分命不快, 告諸佛菩薩。願滿[10]之 日, 死時也不愁。(≪朴諺≫下3a)
(鑄造한 佛像에 금을 입히셨는지요?) 그제 삼경전후에, 도적이 들어, 내 가요 몇 년 동안 시주해온 금은과 돈을 훔쳐갔습니다. 어쩔 수가 없어, 난 지금 강남 땅으로 또 시주하러 가는 것입니다. 또 다른 하나는 내 팔자가 유달리 험해서, 부처님과 보살님들에게 축원하고자 하는 것입니다. 佛事가 이뤄지면, 죽어도 여한이 없지요.
*一來 ᄀᆞ장 命이 快티 몯ᄒᆞ여

10) '願滿'은 '圓滿'을 잘못 표기한 것으로 보인다. '圓滿'은「佛事를 완성시키다」의 의미를 가지므로, 앞뒤의 문맥으로 보아 '圓滿'의 의미로 새겼다.

23) 哥, 你們再也敢和我打球麽? 你十分休小看人。常言道: 寸鐵入木, 九牛之力。(≪朴諺≫下 36b)
형님들께서는 저와 또 공을 차시겠습니까? 형님들은 정말 사람을 얕잡아보지 마세요. 한 치의 쇠못이 나무에 박히면 엄청난 힘을 발휘한다는 말이 있습니다.
* 네 ᄀ장 사름을 小看티 말라

위의 예문 17)에서 23)번은≪朴諺≫에서 쓰이고 있는 '十分'의 用例들인데, 특히 '十分'이 '很, 分外, 非常'의 의미로 쓰이는 用例(예문 17, 18번)보다는 '太, 過分', '實在, 確實', '總是, 老是', '准定, 肯定' 등의 의미로 쓰이고 있는 用例(예문 19~23번)를 중심으로 살펴본 것이다.

예문 17, 18)번에서 쓰이고 있는 '十分'은 程度副詞 '很, 分外, 非常'의 의미로서 뒤에 오는 '大'나 '可喜'를 수식하고 있다. 그러므로「올히 우수 ᄀ장 만ᄒ여」,「뎌 새각시 얼굴이 ᄀ장 고아, 쥰슈홈이 觀音菩薩ᄀᆞᆺ고」라고 새긴 諺解는 정확하다고 본다. 즉 여기서의 '十分'은 'ᄀ장'의 의미를 가지는 것이다.

그러나 예문 19)번「只是腿上十分無氣力」의 경우, '十分'을 程度副詞 '很'으로 보고 '很沒有氣力'라고는 할 수 없는 것이다. 여기서의 '十分'은 '格外' 또는 '總是' 등의 의미로「格外地沒有氣力」또는「總是沒有氣力」라고 새길 수 있을 것이다. 즉「쑥뜸이 몸에 들어가 맥이 통하여 몸은 우선하나 약간의 부작용으로 다리에 힘이 완전히 빠져 일시적으로 말을 탈 수 없다」라는 전체적인 내용인 것이다. 그러나 ≪朴諺≫에서는「그저 쉰 다리에 ᄀ장 기력이 업세라」라고 諺解되고 있음을 볼 수 있다.

예문 20)번「那厮十分做的好」의 경우, 물론 '十分'이 '好'앞에 놓여「那厮做的十分好」라고 해야 정상적인 語順이고 또 그렇게 되어야 한다고 볼 수 있을 것이다. 그러나 이러한 시각은 近代漢語에서 '十分'의 다양성을 看過했기 때문이라고 본다. 여기서의 '十分'은 '確實'의 의미로 보고 「那厮確實做的好」라고 해석이 되어야 문장 전체의 맥이 통하게 된다. 즉 「모자를 만드는 匠人 李大는 스승인 徐五보다 확실히 잘 만드는 것 같다, 왜냐하면 벼슬아치들의 모자를 만들어 바치는 것이 그 증거이다」라는 해석을 해도 무방할 것이다. 왜 굳이 「그자가 만든 모자가 가장 좋다」라고 새겨야만 하는가? ≪朴諺≫에서는 또한 「뎌 놈이 ᄀᆞ장 ᄆᆡᆫᄃᆞᆯ기를 잘ᄒᆞᄂᆞ니」라고 풀이하고 있는데, 현대 국어의 문법으로 볼 때「뎌 놈이 ᄆᆡᆫᄃᆞᆯ기를 ᄀᆞ장 잘ᄒᆞᄂᆞ니」라고 'ᄀᆞ장'의 위치는 '잘ᄒᆞᄂᆞ니'앞에 놓여야 된다고 본다.

예문 21)번과 23)번의 경우, '十分'이 禁止詞 '休' 앞에 놓여 「官人十分休駁彈」과 「你十分休小看人」의 형태로 되어 있음을 볼 수 있다. 이에 혹자는 '十分'이 '駁彈(비평하다, 흠을 골라내다)'과 '小看(얕잡아 보다)' 앞에 놓여 「官人休十分駁彈」과 「你休十分小看人」이 되어야만 정상적인 語順이라는 것이다.[11] 물론 여기서의 '十分'을 '格外'의 의미로 보고 「不要格外地駁彈(지나치게 험 잡지 마세요)」 또는 「不要格外地小看人(너무 지나치게 사람을 얕잡아 보지 마라)」라고 새겨도 무방할 것이다. 그러나 「官人休十分駁彈」 一句의 경우, 「옷감을 사는 사람이 이것저것 계속해서

---

11) 예를 들어 梁伍鎭의 ≪老乞大朴通事硏究≫에서 이러한 '十分'에 대하여 다음과 같은 설명을 볼 수 있다. 『'老朴'에서의 어순은 수식어에서도 특이한 형태도 볼 수 있다. 즉 수식어와 피수식어 성분의 결합이 밀접하지 않고 그 사이에 다른 성분이 들어가는 형태를 자주 발견할 수 있다. …예 ④에서 동사 '駁彈(비평하다)'과 결합되어 「官人休十分駁彈」으로, 예 ⑤에서는 역시 동사 '小看'(얕잡아 보다)과 결합되어 「你休十分小看人」의 형식이 되어야 정상적인 어순이라 할 수 있을 것이다. 그러나 이상 예문들에서는 '十分'이 能願動詞의 否定形인 '休'(不要)의 앞에 놓임으로써 전도된 양상을 보이고 있다.』(김영사, 2004年, 256쪽)

지적하고 흠만 잡으므로, 자꾸만 구실만을 잡지 마라」라는 '總是', '老是'의 의미로 볼 수도 있을 것이고, 「你十分休小看人」에서의 '十分' 또한 '實在, 確實'의 의미로 보고 「你實在不要小看人」이라고 볼 수도 있을 것이다. 즉 「당신들은 평소에 사람을 얕잡아 보는 습관이 있는, 앞으로는 정말 사람들을 얕잡아 보지 마라」의 의미를 가지는 語氣副詞로 볼 수도 있을 것이다.

이렇듯이 '十分'을 정도부사 'ᄀᆞ장(很)'의 의미로만 보지 않는 이유는 앞의 ≪原老≫에서처럼, ≪朴諺≫에서도 '十分'의 用例가 총 17번이 쓰이고 있었는데, 앞에 예문 17)번과 18)번에서처럼 程度副詞의 의미로 쓰인 用例가 8번이고, 그리고 2번은 「他敬我五分刺, 我也敬他十分；他敬我一分時, 我敬他五分」과 같이 名詞적인 용법으로 쓰인 用例였고, 나머지 7번이 앞의 예문 19)번에서 23)번에서와 같이 '太, 過分', '實在, 確實', '總是, 老是', '准定, 肯定' 등의 語氣副詞나 情態副詞 등의 의미로 쓰이고 있었기 때문이다. 즉 近代漢語에서는 '十分'이 程度副詞 외에도 語氣副詞나 情態副詞 등으로 쓰이고 있는 것은 당시의 時流였던 것이고, '十分'의 이러한 쓰임은 ≪朴諺≫의 用例에서도 찾아 볼 수가 있는 것이다.

29. 手帕

아래의 예문 1)번은 ≪朴通事諺解≫(이하 ≪朴諺≫)[1]의 第35話에서 볼 수 있는 대화의 한 장면이다.

1) 你昨日張千戶的生日裏, 何故不來? (≪朴諺≫ 上 58b)
어제 張千戶의 생신에 왜 오지 않았소?
小人其實不曾知道。那裏做生日來?
사실 소인은 알지 못했소. 어디에서 생일잔치를 했소?
八里庄梁家花園裏做來, 我也那一日遞了手帕之後, 吃幾盞酒, 過兩道湯, 便上馬出來了。
八里庄에 있는 梁씨네 화원에서 했소. 나도 그날 수건을 건네주고 술 몇 잔 마시고 두 가지 탕을 먹은 후에 곧 말을 타고 나왔소.

위의 번역은 王霞·崔宰榮 <朴通事諺解譯註(5)>[2]에서의 번역문을 그대로 옮겨놓은 것이다. 그러나 문제는 '手帕'에 대한 해석이다. '手帕'는 물론 '手巾(수건)'이라는 의미를 가지지만, 朴通事時代에서는 '手帕'는 '壽禮'[3]라는 의미로, 禮物의 代稱으로도 쓰이는 어휘이다.

---

1) ≪朴通事諺解≫는 上中下 3卷(상권 76장, 중권 61장, 하권 62장)으로 肅宗 3년(1677년)에 邊暹·朴世華 등 12명이 편찬한 판본이다. 李聃命의 序文에 의하면 ≪老乞大諺解≫가 ≪飜譯老乞大≫를 참조하여 편찬한 것과는 달리, ≪朴通事諺解≫은 ≪飜譯朴通事≫를 직접 보지 못하고『老朴集覽』에만 의거하여 ≪朴通事≫漢語文에 대한 諺解(번역)와 註釋의 작업을 진행했음을 알 수 있다. 원본은 현재 奎章閣(奎1810)에 소장되어 있다.

2) 中國語文論譯叢刊, 第23輯, 08年.

3) 王學奇, 王靜竹 撰著, ≪宋金元明淸曲辭通釋≫ :「手帕, 壽禮的代稱。自然, 這

2) 再將來紗羅紵絲三十匹, 權爲手帕, 休嫌輕微也! (≪玩江亭≫ 一折)
우선 紗羅紵絲 30필을 가져와 먼저 생신의 선물로 올리니 너무 허물치 마십시오.
3) 今日是對門王媽媽生辰, 我着孩子去送手帕。(≪兩世姻緣≫ 一折)
오늘은 앞집의 왕씨 아주머니의 생신이니, 내 아이들을 시켜 생일선물을 보내겠습니다.

그러나 ≪朴諺≫에는「나도 그날에 手帕을 드린 후에」라는 설명을 볼 수 있으며, 바로 이어서「手帕卽手巾也」라고 풀이한 '夾註'를 볼 수가 있다. ≪飜譯朴通事≫(이하 ≪飜朴≫[4]에서도「나도 그날 슈건 받ᄌᆞ온 후에」라고 諺解하고 있음을 볼 수 있고 또한 최근에 출간되어 나온 書冊[5]에서도 별다른 고침 없이 諺解의 풀이를 그대로 받아쓰고 있음을 볼 수 있다. 위의 2)번과 3)번의 用例에서 볼 수 있듯이, '手帕'는 문맥에 따라 '禮物' 등을 나타내는 말로도 쓰이고 있었던 語彙이므로 ≪朴諺≫의「我也那一日遞了手帕之後, 吃幾盞酒, 過兩道湯, 便上馬出來了。」에서의 '手帕'는 '禮物'의 의미를 가진다. 그러므로「난 그날 (생신)선물을 건네주고, 술 몇 잔과 두어 가지의 음식을 먹고는, 그 자리를 떠나왔소이다.」라고 번역이 되어야 할 것이다.

種壽禮亦不排除以手帕直接充當。明·李開先 ≪詞謔≫十五引 ≪落梅風≫詞云: "你生日, 我怎知? 知道時做個準備, 白綾手帕權當作禮。" 是其例也。」(語文出版社, 2002, 1010쪽)

4) ≪飜譯朴通事≫ 大提閣, (1974年, 影印本)韓國古典叢書(復元版)

5) 정승혜 등이 엮고 지은 ≪박통사 원나라 대도를 거닐다≫:「나도 그날 수건을 드린 후에 술을 몇 잔 먹고」(박문사, 2011년, 312쪽)

30. 田地, 地面, 地頭

가. 田地

現代漢語에서의"田地"는 일반적으로 "논밭", "경작지"를 뜻하고 있지만, 元·明時代에서는 "地方", "處所"(아래 예문 1번)의 의미로 쓰이기도 하고, 또한 距離의 "路程"(아래 예문 2, 3번)의 의미를 나타내는 말로도 쓰이고 있음을 볼 수 있다. ≪原本老乞大≫(이하 ≪原老≫)[1]에서 "田地"의 어휘는 총 11번이 쓰이고 있었는데, 그 가운데 "地方", "處所"의 의미로 쓰인 횟수는 10번(아래 예문 4번)이였고, "路程"의 의미로 쓰인 경우는 딱 한 번(아래 예문 6번) 볼 수가 있다.

1) 有那同州是個要害田地, 須索個好伴當每去据守。(≪五代史 梁上≫)[2]

---

1) ≪原本老乞大≫는 1998년 경북대학교 南權熙교수가 최초로 古本≪老乞大≫를 發見 한 후, 정리를 거쳐 2000년 경북대학교 출판부에서 ≪元代漢語本老乞大≫라는 서명으로 출판되었고, 같은 해 北京外語教學與硏究出版社에서 ≪原刊老乞大硏究≫이라는 書名으로 각각 출판되었다. 2002년에 北京外語教學與硏究出版社에서 修訂本(鄭光 主編)을 다시 出版하면서 ≪原本老乞大≫라고 改名을 하였다. 이에 或者는 "舊本老乞大" 또는 "元本老乞大", "古本老乞大" 等으로 부르고 있는데, 최근 발견된 ≪原本老乞大≫가 이른바 崔世珍이 ≪老乞大集覽≫ 等에서 언급한 "古本", "舊本"인지는 알 수가 없고, 또한 ≪老乞大≫의 최초의 原本인지도 알 수는 없다. 다만 鄭光이 최근 중국과 한국에서 각각 ≪原本老乞大≫라고 書名으로 解題와 譯註를 하였고, 본 논문도 鄭光 譯註解題의 ≪原本老乞大≫(2004년, 김영사)에서 原文과 譯註를 참고하였음으로 이에 ≪原本老乞大≫라는 書名을 쓰기로 하였다.

2) (劉堅 江藍生 主編, ≪元語言詞典≫, 上海教育出版社, 1998年, 316쪽)

2) 朝官, 你不要鬧, 我與你一個銀子, 借這堝田地, 等俺歇息咱。(元 鄭廷玉 ≪看錢奴≫第三折)
3) 貧僧非是凡僧, 我是個禪和尚, 兩頭見日, 行三百里田地哩。(元 鄭廷玉 ≪忍字記≫第一折) [3]
4) 咱這高麗言語, 只是高麗田地裏行的。過的義州, 漢兒田地來, 都是漢兒言語。(≪原老≫ 2b)
5) 我這高麗言語, 只是高麗地面裏行的。過的義州, 漢兒地面來, 都是漢兒言語。(≪飜老≫上 5b)
6) 咱每今夜那裏宿去? 咱每往前行的十里來田地裏, 有箇店子, 名喚瓦店。(≪原老≫ 3a)
7) 咱們今夜那裏宿去? 咱們往前行的十里來田地裏, 有箇店子, 名喚瓦店。(≪飜老≫上 10a)
8) 咱們今夜那裏去住? 咱們往前走, 十多里路, 有個店, 名叫瓦店。(≪重老≫上 9a)

그러나 ≪飜譯老乞大≫(이하 ≪飜老≫)[4]에서는 "田地"의 쓰임은 ≪原老≫와는 달리 딱 한 차례(위의 예문 6번)의 用例를 볼 수가 있었는데, "路程"의 의미로 쓰이고 있었다. ≪原老≫에서 "地方", "處所"를 나타내는 의미로 쓰였던 "田地"는, ≪飜老≫에서는 모두 "地面"(위의 예문 5번)이 그 자리를 대신하고 있음을 볼 수 있다. 그리고 ≪原老≫나 ≪飜老≫에

---

3) (≪漢語大詞典≫, 漢語大詞典出版社, 1991年)

4) ≪飜譯老乞大諺解≫는 ≪老乞大≫를 中宗10년(1515년) 崔世珍이 諺解한 것으로上下 兩卷으로 名稱은 원래 그대로 ≪老乞大≫로 되어 있으나 그렇게 되면 漢語本의 名稱과 구별이 되지 않고, 그렇다고 ≪老乞大諺解≫로 하면 重刊本과의 혼란이 생기므로 이에 四聲通解에 붙어있는「飜譯老乞大朴通事凡例」란 기록에 의지하여 ≪飜譯老乞大≫로 通稱하게 된 것이다. ≪老乞大≫를 諺解한 또 다른 ≪老乞大諺解≫本(1670年)이 있으나, 漢語本文의 내용은 일부 字形을 제외하고는 내용이 거의 ≪飜譯老乞大≫와 일치한다고 한다. 이에 本稿는 ≪老乞大≫의 漢語原文이 그대로 보존되어 있으며 또한 最初의 諺解本이고 원문의 번역이나 이해에 참고를 위하여 ≪飜譯老乞大諺解≫本을 藍本으로 택하였다.

서 "路程"의 의미로 쓰이고 있었던 "田地"의 이러한 쓰임은 제일 늦은 시기에 改修된 ≪重刊老乞大≫(이하 ≪重老≫)[5]에서는 "十多里路"의 "~路"로 改修되어 있음을 볼 수 있다. "田地"의 用例는 ≪朴通事諺解≫(이하 ≪朴諺≫)[6]에서도 두 번의 用例를 볼 수 있었는데, 하나는 "路程"의 뜻으로(아래 예문 9번), 하나는 "地方", "處所"를 나타내는 의미로(아래 예문 10번) 쓰이고 있었다.

9) 往回二千里田地，到那里住三个月，納房錢空費了。(≪朴諺≫上 53b)
10) 干淨田地上樹底下拴着。喂的好着。(≪朴諺≫上 43b)

그러나 ≪原老≫나 ≪飜老≫에서 距離의 "路程", "路途"을 나타내는 말에는 "田地"보다는 "地"(아래 예문 11~14번) 또는 "路"(아래 예문 15~17번)가 주로 사용되고 있었음을 볼 수 있다.

11) 若過去了呵, 那壁有二十里地無人家。(≪原老≫ 3b)
12) 這裏到京裏, 有幾程地, 這裏到京裏, 還有五百里之上。(≪飜老≫上 10b)
13) 你這店西, 約二十里來地, 有一坐橋塌了來。(≪飜老≫上 26a)

---

5) ≪重刊老乞大≫(1795年)本은 ≪老乞大新釋≫보다 약 40년이 늦은 시기에 編纂된 ≪老乞大新釋≫의 改修本인데 일부의 語彙가 ≪老乞大≫시대로 回歸된 측면이 보인다는 견해가 있다. ≪老乞大新釋≫(1761年)은 ≪老乞大≫의 改修本으로 ≪老乞大≫이후 약 300년 만에 改修되어다.

6) ≪朴通事諺解≫는 上中下 3卷(상권 76장, 중권 61장, 하권 62장)으로 肅宗 3년(1677년)에 邊暹·朴世華 등 12명이 편찬한 판본이다. 李聃命의 序文에 의하면 ≪老乞大諺解≫가 ≪飜譯老乞大≫를 참조하여 편찬한 것과는 달리, ≪朴通事諺解≫은 ≪飜譯朴通事≫를 직접 보지 못하고『老朴集覽』에만 의거하여 ≪朴通事≫漢語文에 대한 諺解(번역)와 註釋의 작업을 진행했음을 알 수 있다. 원본은 현재 奎章閣(奎1810)에 소장되어 있다.

14) 離閣有多少近遠, 離閣有一百步地。(≪飜老≫上 48b)

15) 這裏到那裏, 演裏有七八里路。(≪原老≫ 17a)

16) 這裏到夏店有多少路? 敢有三十里多地。(≪飜老≫上 59b)

17) 這裏到那裏, 還有七八里路。(≪飜老≫上 60a)

나. 地面

老乞大時代에서 "地面"은 "地表面"[7]이라는 뜻 외에도 "地區", "地方"[8]을 나타내는 말로 쓰이기도 하였고, 또한 간혹 "轄境(관할지역)"[9] 등의 의미로 다양하게 쓰이고 있었지만, ≪原老≫나 ≪飜老≫에서는 대부분 "地方", "地區"의 의미로 쓰이고 있었다(아래 예문 2~5번). 諺解 또한 모두 "짜(땅)"、"짜ㅎ"、"짜해(곳에)" 등으로 풀이하고 있다.

1) 咱這高麗言語, 只是高麗田地裏行的。過的義州, 漢兒田地裏來, 都是漢兒言語。(≪原老≫ 2a)

2) 我這高麗言語, 只是高麗地面裏行的。過的義州, 漢兒地面來, 都是漢兒言語。(≪飜老≫上 5b)

→ 我這朝鮮話, 只可在朝鮮地方行得去, 過了義州, 到了中國地方, 都是官話。(≪

7) ≪元史 天文志一≫:「混天儀也, 其制以銅爲之, 平設單環, 刻周天度, 晝十二辰位, 以準地面。(≪漢語大詞典≫, 漢語大詞典出版社, 1991年)

8) 元· 缺名 ≪鴛鴦被≫四折:「如今來到洛陽地面, 張千, 是甚麽人吵鬧, 與我拿將過來。」(許少峯主編, ≪近代漢語詞典≫, 團結出版社, 1997年, 269쪽。) ≪朱砂担≫楔子:「孩兒待將些小本錢, 到江西南昌地面, 做些賣買。」(龍潛庵 編著, ≪宋元語言詞典≫, 上海辭書出版社, 1985年, 290쪽)

9) ≪古今小說≫六卷:「這袞州, 與河北逼近, 河北便是後唐李克用地面, 所以梁太祖特着親信的大臣鎭守。」(許少峯 主編, ≪近代漢語詞典≫, 團結出版社, 1997年, 269쪽)

重老≫上 5a)

3) 我是高麗人, 漢兒地面裏不慣[10]行。(≪飜老≫上 7b)

→ 我是朝鮮人, 中國地面素來行不慣。(≪重老≫上 7a)

4) 你高麗地面裏沒井阿怎麽? (≪飜老≫上 36a)

→ 你們朝鮮地方, 有井沒有? (≪重老≫上 32a)

5) 我買些羊, 到涿州地面賣去。(≪飜老≫下 21a)

→ 我買些羊, 到涿州地方去賣。(≪重老≫下 20a)

6) 他是高麗人, 從高麗地面裏來, 他們高麗地面, 守口子渡江處的官司, 比咱們這裏一般嚴。(≪飜老≫上 51a)

→ 他是朝鮮人, 從朝鮮地方來, 他那裏口子渡江處, 有官把守着, 比咱們這裏一般嚴緊。(≪重老≫ 上51a)

앞에서 언급한 바처럼 ≪原老≫에서 "地方", "處所"의 의미로 쓰였던 "田地"가 ≪飜老≫에 이르러서는 모두 "地面"으로 나타나고(위의 예문 1번과 2번 비교), 또 다시 ≪飜老≫에서의 "地面"는 ≪重刊老乞大≫이 이르러서 대체적으로 "地方"으로 改修되어 나타나고 있음을 볼 수가 있다. 그러나 위의 예문 3)번에서처럼 ≪重刊老乞大≫에서도 여전히 "地面"이 사용되고 있음도 볼 수 있다. 現代中國語에서 "地面"은 일반적으로 "地的表面", "(집이나 건물 등의) 흙바닥; 마룻바닥; 시멘트바닥", "(행정구역의)地區", "當地"[11] 등의 의미로 쓰이고 있다.

---

10) 慣 : 熟練, 擅長。關漢卿 ≪謝天香≫一折:「能吹彈, 好比人每日常看伺, 慣歌謳, 好比人每日常差使。」(許少峯 主編, ≪近代漢語詞典≫, 團結出版社, 1997年, 426쪽)

11) 曹禺, ≪日出≫第一幕:「告他們! 告誰呀! 他們都跟地面上的人有來往, 怎麽告?」(≪漢語大詞典≫, 漢語大詞典出版社, 1991年)

다. 地頭

現代中國語에서는 "地頭"를 "田地的兩頭(밭 양끝머리)"로 사용되고, 일부 方言에서는 "目的地" 또는 "本地方; 當地" 등의 의미로 쓰이고 있는 用例를 찾을 수 있다.[12] 그러나 ≪老乞大≫時代에서 "地頭"가 "本地方", "當地"[13]의 의미로 흔히 쓰이고 있었던 語彙였음을 ≪老乞大≫에서 뿐 만 아니라 그 時代의 다른 문헌에서도 찾아 볼 수가 있다. 아래의 예문 1)번의 "地頭"는 다른 문헌에서 볼 수 있었던 "田地的兩頭"의 뜻으로 쓰인 用例이고, 나머지 2)번에서 6)번은 모두 ≪老乞大≫에서 쓰이고 있는 "本地方, 當地" 등의 의미로 쓰이고 있는 用例이다.

1) 天天都是在地頭上做歇馬涼亭, 什麽奇奇怪怪的事不見呢! (≪紅樓夢≫三九 回)
2) 孩兒路上在意, 山峻難行, 到地頭便稍信來, 與我知之。(≪淸平山堂話本≫)[14]
3) 恁那綾絹綿子, 就地頭多少價錢買來? 到王京多少價錢賣? ≪原老≫ 4b
4) 你那綾絹綿子, 就地頭多少價錢買來? ≪飜老≫上 13b
→ 你那綾絹涼花, 在本地多少價錢買來? ≪重老≫上 12a
5) 這緞子地頭是那裏的? ≪飜老≫下 29a
→ 這衮子地頭是那裏的? ≪重老≫下 27b
6) 這布都是地頭織來的。≪飜老≫下 61b
→ 這布都是本地方織來的。≪重老≫下 57b

---

12) ≪現代漢語詞典≫(修訂本) :「地頭 : (1) 田地的兩端: 請大家在地頭休息一會兒。(2) <方>目的地: 快到了地頭, 你準備下車吧。(3) <方>(~兒)本地方; 當地: 你地頭兒熟, 連繫起來方便。」(商務印書館, 1996年, 274쪽)

13) 地頭 : 應是"當地, 就地"之意。顧學頡 王學奇, ≪元曲釋詞≫卷一:「地頭鬼, 謂勾引外地流氓, 爲害鄕里的無賴。…現在還有"地頭蛇"的說法, 意指當地的壞人, 故"地頭", "地裏", "地土"都有當地, 就地之意。」(中國社會科學出版社, 1983年, 448쪽)

14) (≪漢語大詞典≫, 漢語大詞典出版社, 1991年)

≪原老≫나 ≪飜老≫에서 "地頭"의 출현은 각각 3번으로, 모두 "本地", "當地"의 의미로 사용되고 있었고, ≪重刊老乞大≫에 이르러서 "本地" 또는 "本地方"으로 改修되었거나 예문의 5)번에서처럼 여전히 "地頭"가 사용되고 있음도 볼 수가 있다. 현재 중국의 일부방언에서 "地頭"가 여전히 "本地方, 當地"의 의미로 쓰이고 있는 것은 老乞大時代의 殘影일 것이다.

31. 土程(途程)

'土程' 一詞는 ≪華音啓蒙諺解≫(이하 ≪華諺≫)[1]에서 딱 한 번 출현되는 語彙이다. '土程' 또한 '途程'의 通假字이다.

1) 我是朝鮮國人, 打天津下船要往京裏去的, 今天赶着土程的緣故, 所以不知道天黑咧! (≪華諺≫上 6b)
나ᄂᆞᆫ 이 朝鮮 사ᄅᆞᆷ으로 天津으로 븟터 下船하여 北京으로 가려 ᄒᆞᄂᆞ니 오ᄂᆞᆯ 赶程ᄒᆞᄂᆞᆫ 연고로 이러므로 하ᄂᆞᆯ이 어두오믈 아지 못ᄒᆞ엿도다.
2) 奴家少長閨門, 豈識途路? (明·高明 ≪琵琶記·義倉賑濟≫
저는 어려서부터 규방에서 자란 몸인데, 어떻게 길을 알겠습니까?
3) 有誰從小康人家而墜入困頓的麽, 我以爲在這路途中, 可以看見世人的眞面目。(魯迅 ≪吶喊·自序≫)
평온한 가정에서 어려운 상황으로 떨어진다는 것을 누가 알았겠는가? 난 이번 길에서 세상의 진면목을 볼 수 있을 것으로 생각한다.
4) 又見軍士挨了一夜, 肚中料是飢餓, 即令埋鍋造飯, 然後赶程。(≪洪秀全演義≫第九回)
사들이 밤새 대기한 것을 보니 배가 고플 것으로 생각되어, 바로 솥을 걸고 밥을 지어먹고 길을 재촉하도록 명령을 하였다.

'土(途)程'은 '途路'이고 '路途'와 '道路'의 의미다. 그러므로 '赶着土程'은 現代漢語에서의 '趕路(길을 재촉하다)'와 똑같은 의미인 것이다. 위의 예문 1)번 '赶着土程'의 對譯文은 '赶程ᄒᆞᄂᆞᆫ'으로 풀이되고 있는데, '赶程'은 '途程'의 정확한 해석이다. 아래의 예문 5)의 諺解 '下次의도'처럼

1) ≪華音啓蒙諺解≫은 1883년(고종 20년)에 당시의 역관이었던 李應憲이 편찬한 ≪華音啓蒙≫을 諺解하여 간행한 중국어 會話教材이다.

≪華諺≫에서는 '赶程ᄒᆞᄂᆞᆫ'와 같이 中國語 原文의 漢字語가 飜譯되지 않고 그대로 사용되는 경우를 자주 볼 수 있다.[2]

5) 你們老爺們趕下次也照顧我們纔好。(≪華諺≫上 18b)
너의 老爺들이 下次의도 우리게 照顧ᄒᆞᄂᆞᆫ거시 맛치 죳타

2) 王清棟, <華音啓蒙諺解의 語彙的 특징>(中國語言研究, 第13輯, 2001年)에서 「언해문에서는 '赶着土程'을 '赶程'으로 언해를 했다. '趕程'이라면 '길을 재촉하다'의 뜻으로 해석할 수 있다. 그러나, 가령 '土程'이란 어휘가 그 당시에 쓰인 어휘라면, 왜 언해하는 사람이 '要回家也罷沒有盤纏(도라가고ᄌᆞ ᄒᆞ여도 盤纏이 잇지 아니코)'에서 '沒有盤纏'을 직접 '盤纏이 잇지 아니코'를 언해한 것처럼 '土程을 赶ᄒᆞ다'로 언해하지 않고 '赶程ᄒᆞ다'로 언해했는가 하는 의문이 든다.」라는 견해를 볼 수 있다. ≪華音啓蒙諺解≫에서 中國語 原文의 漢字語가 飜譯되지 않고 그대로 사용되고 있는 경우를 흔히 볼 수가 있는데, 이는 ≪老乞大≫와 ≪朴通事≫ 등의 다른 譯學書들과는 다르다고 할 것이다.

32. 問

≪原本老乞大≫(이하 ≪原老≫)[1]에서 '問'字의 출현은 총 18번으로, 그 가운데 '묻다' '안부를 묻다' '심문하다' '따지다' 등의 動詞로 쓰인 用例는 아래의 예문(1~4번)에서처럼 총 12번의 用例를 찾을 수가 있다.

1) 有人問著, 一句話也說不得時, 教別人將咱每做甚麼人看? (≪原老≫ 2a)
어떤 사람이 물었을 때 한마디라도 대답하지 못한다면 다른 사람들이 우리를, 어떤 사람으로 보겠습니까?
2) 早起晚夕休離了, 煎湯煮水問候者。(≪原老≫ 32b)
아침저녁으로 떠나지 말고, 약을 먹고 음식을 먹었는지 안부를 물어 보시오.
3) 驗了文引, 仔細的盤問了, 纔放過來。(≪原老≫ 14b)
통행증을 검사하고, 자세하게 심문을 한 다음, 비로소(국경을)건너도록 허락합니다.

---

1) ≪原本老乞大≫는 1998년 경북대학교 南權熙교수가 최초로 古本≪老乞大≫를 發見 한 후, 정리를 거쳐 2000년 경북대학교 출판부에서 ≪元代漢語本老乞大≫라는 서명으로 출판되었고, 같은 해 北京外語教學與研究出版社에서 ≪原刊老乞大研究≫이라는 書名으로 각각 출판되었다. 2002년에 北京外語教學與研究出版社에서 修訂本(鄭光 主編)을 다시 出版하면서 ≪原本老乞大≫라고 改名을 하였다. 이에 或者는 "舊本老乞大" 또는 "元本老乞大", "古本老乞大" 等으로 부르고 있는데, 최근 발견된 ≪原本老乞大≫가 이른바 崔世珍이 ≪老乞大集覽≫ 等에서 언급한 "古本", "舊本"인지는 알 수가 없고, 또한 ≪老乞大≫의 최초의 原本인지도 알 수는 없다. 다만 鄭光이 최근 중국과 한국에서 각각 ≪原本老乞大≫라고 書名으로 解題와 譯註를 하였고, 본 논문도 鄭光 譯註解題의 ≪原本老乞大≫(2004년, 김영사)에서 原文과 譯註를 참고하였음으로 이에 ≪原本老乞大≫라는 書名을 쓰기로 하였다.

4) 俺高麗體例, 親弟兄也不隔話,[2] 姑舅兩姨更那裏問? (≪原老≫ 5a)
우리 고려의 예법은, 친형제간이라도 말을 가리지 않습니다, 하물며 사촌 간인데 따질게 있겠습니까?
→ 我一們不會體例的人, 親弟兄也不隔話, 姑舅兩姨更那裏問。(≪飜老≫ 16b)
⇒ 這是我們不忌的人家, 親弟兄說話尙不計較, 況是姑舅兩姨的弟兄, 又何必理 論啊? (≪老新≫ 5b)

≪原老≫에서 動詞로 쓰인 '問'字는 改修本인 ≪飜譯老乞大≫(이하 ≪飜老≫)[3]나 ≪老乞大新釋≫(이하≪老新≫)[4]에서도 그대로 쓰이고 있음을 볼 수 있는데, 다만 위의 예문 4번에서처럼 ≪原老≫에서 '상관하

---

2) 原文 '隔話'에 대해서 許少峯은 ≪近代漢語大詞典≫(中華書局, 2008年, 630쪽)에서「回避的話, 諱言(꺼릴 것이 있어 감히 말을 못하거나, 말하기 꺼려함)」이라고 설명하고 있음을 볼 수가 있다. 許少峯의 이러한 설명은 다른 문헌에서의 用例를 제시하지 않고, ≪老乞大≫의 原文「我們不會體例的人, 親弟兄也不隔話, 姑舅兩姨更那裏問」을 用例로 제시하고 있음을 볼 수 있다. 拙稿는 '隔話'에서의 '隔'은 '사이를 두다'의 '間隔'이라는 의미도 있지만, '抑制하다'의 의미도 가지기 때문에, 이에 '不隔話'의 의미를 '말을 억제하지 아니하다', 즉 '말을 함부로 하다'의 뜻으로 풀이를 하였다.

3) ≪飜譯老乞大諺解≫는 ≪老乞大≫를 中宗10년(1515년) 崔世珍이 諺解한 것으로上下 兩卷으로 名稱은 원래 그대로 ≪老乞大≫로 되어 있으나 그렇게 되면 漢語本의 名稱과 구별이 되지 않고, 그렇다고 ≪老乞大諺解≫로 하면 重刊本과의 혼란이 생기므로 이에 四聲通解에 붙어있는「飜譯老乞大朴通事凡例」란 기록에 의지하여 ≪飜譯老乞大≫로 通稱하게 된 것이다. ≪老乞大≫를 諺解한 또 다른 ≪老乞大諺解≫本(1670年)이 있으나, 漢語本文의 내용은 일부 字形을 제외하고는 내용이 거의 ≪飜譯老乞大≫와 일치한다고 한다. 이에 本稿는 ≪老乞大≫의 漢語原文이 그대로 보존되어 있으며 또한 最初의 諺解本이고 원문의 번역이나 이해에 참고를 위하여 ≪飜譯老乞大諺解≫本을 藍本으로 택하였다.

4) ≪老乞大新釋≫(1761年)은 ≪老乞大≫의 改修本이다. ≪老乞大≫이후 약 300년 만에 改修되어 편찬된 ≪老乞大新釋≫本은 상당한 語彙의 변화가 보인다.

다', '따지다'[5] 등의 의미로 쓰인 '問'字가 ≪老新≫(예문 4)번 '표')에서는 '理論'[6]으로 改修되어 있음을 볼 수 있다.

아래의 예문 5)번과 6)번은 '問'字가 ≪原老≫에서 동작의 대상을 나타내는 '向' 또는 '跟'의 의미를 가지는 介詞로 쓰인 용례인데, ≪原老≫에서 총 5번의 用例를 찾을 수가 있다.[7]

5) 且休摘了鞍子, 你去問主人家, 索幾箇席子藁薦來, 就待箇苕帚來拂綽。(≪原老≫ 19b)
아직은 안장을 벗기지 말고, 자네는 가서 집주인에게 돗자리와 멍석 몇 장을 달라고 하고, (가지고)오는 김에[8] 빗자루를 가져와 쓸도록 합시다.

---

5) 여기에서의 '問'字는 '管(상관하다)', '顧及(살피다)' 등의 의미를 갖는다. 元·無名氏 ≪延安府≫ 第三折:「張千, 你衙門首看着, 不問大小事務來告, 你不要攔當他。(張千 자네는 관아의 대문을 지키고 있다가 큰일이든 작은 일이든 상관하지 말고 고발하려는 자가 오거든 자네는 그를 막지 말게나.)」

6) '理論' 또한 '問'字와 같이 近現代漢語에서 '計較(시비를 따지다)' 등의 의미로 널리 쓰이고 있는 어휘다. ≪三遂平妖傳≫八回 :「我若掙挫性命回來, 却將你隱匿寶物事情, 敲皇城, 打怨鼓, 須要和你理論。(내가 만일 목숨을 부지하고 살아 돌아온다면, 보물을 은닉한 너의 일들을 임금에 상소하고 신문고를 쳐서라도 반드시 너와 시비를 따지고 끝장을 볼 것이다.)

7) 本文에서 이미 언급을 하였듯이 ≪原老≫에서 '問'字 출현 횟수는 총 18번이다. 그 중 動詞로 쓰인 用例가 12번, 介詞로 쓰인 用例가 5번이다. 그런데 문제는「咱每這裏當住馬絟者, 卸下行李, 這飯店裏去來。問客, 先將一椀溫水來, 俺洗面皮」一句에서의 '問客'에 대한 처리다. 原文의 '問客, 先將一椀溫水來'에 대해서 改修本인 ≪飜譯老乞大≫本에서는「過賣, 先將一椀溫水來, 我洗面。(주인장! 먼저 물 한 대야 가져다주시오, 세면을 해야겠소)」라고 改修되어 나타나고 있음을 볼 수 있다. 즉 '問客'가 '過賣'로 改修되어 나타나고 있는 것이다. 그러나 原文의 '問客'는 무엇을 말하는지 다른 문헌에서 그 用例를 찾을 수가 없으므로, 논의 대상에서 제외하였다.

8) 原文의 '就'는 '順便, 趁便'의 의미를 가진다. 즉 우리말로 '… 하는 김에'로 새길 수가 있다. 現代漢語에서 '就'字가 단독으로 '順便'의 의미로 쓰이고 있는 용례는 찾

→ 且休摘了鞍子, 你去問主人家, 要幾箇席子藁薦來。(≪飜老≫上 68b)

⇒ 且不要摘鞍子, 你去問主人家, 要幾領席子草薦來。(≪老新≫ 22a)

6) 你擡出這箇馬契來, 問他每元定價錢內中, 除了十兩鈔做罰鈔。(≪原老≫ 25b)

계약서를 내놓으시고, 저분들에게 원래 정한 값에서, 10냥을 벌금으로 제 하도록 합시다.

→ 你拿出這箇馬契來, 問他們, 元定價錢內中, 除了五兩銀子做番悔錢。(≪飜老≫下 19b)

⇒ 這麽說, 原定價錢內中, 除了五兩銀子做反悔錢。(≪老新≫ 29a)

7) 今日去問長老借一間僧房, 早晩溫習經史。(王實甫 ≪西廂記≫一本二折白)

오늘 長老에게 선방 한 칸을 빌어 하루 종일 공부를 해야겠다.

8) 老爺在日, 嘗問我托妻寄子。(明 王世貞 ≪鳴鳳記≫十 白)

어르신께서는 생전에 처와 자식을 나에게 부탁을 하셨다.

9) 同太太商量, 要問他借八只衣箱, 前去質當。(淸 李伯元 ≪文明小史≫第十二回)

부인과 상의하여 부인에게 여덟 짝의 의걸이장을 빌어서 저당을 잡혔다.

10) 我問他借兩本書。[9]

난 그에게 책 두 권을 빌렸다.

위의 예문(7번~10번)은 近現代漢語詞典에서 쉽게 찾아볼 수 있는 介詞 '問'字의 用例다. '問'字가 介詞로 쓰이기 시작한 것은 唐代이고 宋代 이후부터는 비교적 보편적으로 쓰였고, 現代漢語(특히 方言)에 이르러서

을 수가 없으나, 近代漢語에서는 흔히 볼 수가 있다. 예를 들면「我正要看洛陽城哩, 如今領百十騎人馬同段志賢打採, 就觀看他洛陽城去。(난 마침 洛陽城을 보고자 하였는데, 오늘 백 여기의 인마를 이끌고 段志賢과 함께 염탐을 하겠소, 염탐을 하는 김에 洛陽城을 구경이나 해야겠소) - 關漢卿 ≪單鞭奪槊≫二末 白」,「你孩兒去南昌做賣買, 就躲災難。(그대의 자식을 南昌에 장사를 보내고, 간 김에 재난도 피하도록 하시오) - 元·孟漢卿 ≪魔合羅≫ 楔子」등이 그것이다.

9) ≪現代漢語詞典≫修訂本(商務印書館, 2001年, 1321쪽)에서 발췌인용.

도 介詞 '問'은 여전히 사용되고 있다.[10] 위의 예문 10)번이 現代漢語詞典에서의 用例이다.

≪原老≫(元代)에서의 介詞 '問'字는 改修本인 ≪飜老≫(明代)와 ≪老新≫(淸代)에서도 改修되지 않고 여전히 쓰이고 있음은 近代漢語에서 보편적인 현상임을 알 수 있다.

10) 馮春田, ≪近代漢語語法硏究≫:「介詞"問"始見于唐代; 宋代以後, 用例比較普遍。到現代漢語(尤其是方言)裏, 介詞'問'仍然經常使用。」(山東敎育出版社, 2000年, 265쪽)

33. 吸(饑荒)

아래의 예문 1)번은 ≪華音啓蒙諺解≫(이하≪華諺≫)[1]에서 단 한 차례만 볼 수 있는 '吸' 一詞의 用例이다.

1) 要把銀子也化沒有了, 回家也罷沒有盤纏, 要住下罷人家的吸打不開。(≪華諺≫ 上 12a)
집의 도라가고ᄌᆞ ᄒᆞ여도 盤纏이 잇지 아니코 머물고ᄌᆞ ᄒᆞ여도 남의게 빗졸니ᄂᆞᆫ 거슬 견딜슈 업다.

위의 例文에서 볼 수 있는 '吸'一詞는 近代漢語詞典은 물론이고 現代漢語詞典 그 어디에도 그 用例를 찾을 수가 없다. 다만 위의 예문의 對譯의 諺解에서 '吸' 一詞는 꾸어 쓴 돈이나 외상값 따위를 뜻하는 '빚'의 의미로 풀이되고 있음을 알 수가 있다.

그리고 ≪華諺≫과 비슷한 시기에 편찬된 중국어 會話教科書인 ≪你呢貴姓≫[2] 一書에서도 '빚'의 의미로 풀이되는 '吸'과 '吸荒'이 각각 아래의 예문(2번과 3번)처럼 출현되어 쓰이고 있음을 볼 수 있다.

2) 萬一賒給你空手回去咧, 人家的吸荒打不開。(≪你呢貴姓≫ 14a)
만일 너을 외상주고 공수로 도라가셔는 남의 빗 갑지 못하면.
3) 赶到秋天收成粮食, 就現賣一半打咧人家的吸, 剩下一半剛勾一年吃。(≪你

1) ≪華音啓蒙諺解≫은 1883년(고종 20년)에 당시의 역관이었던 李應憲이 편찬한 ≪華音啓蒙≫을 諺解하여 간행한 중국어 會話教材이다.

2) ≪你呢貴姓≫은 조선후기 고종 연간(1864-1906)에 중국어 학습을 위해 간행된 저자 미상의 중국어 회화 교습서이다.

呢貴姓≫ 10a)
가을에 니르러 거두어 냥식만들면 직금 일반는 남의 빗갑고, 일반 나문 것슨 갸우 일년 먹기여 잘린다.

이와 같이 ≪華諺≫에서나 ≪你呢貴姓≫에서 '빚'의 의미로 풀이되는 '吸(吸荒)', 즉 '吸'字나 '嚝'字 또는 '荒'字는 그 글자가 가지는 本然의 의미로는 '빚을 지다'와 같은 의미를 가지거나, 그와 비슷한 의미로는 풀이되지 못한다는 생각이다.

다만 ≪華諺≫에서 '吸'의 中國語 發音(北京音)이 '지황(jihuang)'으로 표기되어 있음을 볼 수 있다. ≪漢語大詞典≫[3] '饑荒(jihuang)'條에 다음과 같은 풀이와 用例를 볼 수 있다.[4]

① 穀物, 果子等歉收或沒有收成。(곡물이나 과실 등이 수확이 부실하거나 수확이 전혀 없음)

* 某于晉末饑荒之歲, 家貧, 祗有一兩錢。(宋·張齊賢 ≪洛陽搢紳舊聞記·洛陽染工見寃鬼≫)
나는 晋나라 말기에 기근이 들어 가난하여 집안에 단 한 냥의 돈이 있었습니다.

* 今年夏天雨水少, 你們也幾乎鬧了一回饑荒。(洪深 ≪香稻米≫第一幕)
올해 여름은 강수량이 적어, 여러분들도 거의 기근을 겪었을 것입니다.

② 猶虧空。(빚을 지다)

* 他租不到好地種, 還不淸拉下的饑荒。(周立波 ≪暴風驟雨≫第一部)
그는 좋은 땅을 빌리지 못하여 끌어다 쓴 빚을 갚지 못했다.

---

3) (漢語大詞典出版社, 1995年)

4) ≪現代漢語詞典(修正本)≫ : 饑荒 ① 庄稼收成不好或沒有收成。② 經濟困難; 周轉不靈: 家裏鬧饑荒。③ 債: 拉饑荒。(中國社會科學院語言硏究編纂室編, 商務印書館, 2001年)

* 窮得趔趄, 讓大伙替你背饑荒。(≪人民文學≫, 1981年, 第8期)

쓰러질 정도로 너무나 가난해서 모두가 널 대신해 빚을 짊어졌다.

③ 猶麻煩, 糾紛。(성가시다, 분규가 일어나다)

* 傻狗說:「好可是好, 就是咱們馱着往回裏這一走, 碰着個不對眼的瞧出來呢, 那不是活饑荒嗎?」(≪兒女英雄傳≫ 四回)

傻狗가 말 했다: '좋긴 좋습니다, 그런데 다만 짐을 싣고서 돌아가다가 성 가신 자들이 보게 되면 성가시지 않겠습니까?

* 他爲香苓兒不能到手, 和姨媽打了多少饑荒。(≪紅樓夢≫ 十六回)

그는 香苓을 위하여 얻어낼 수 없어, 이모와 많은 싸움이 있었다.

* 在城亡國危之際, 家庭裏還鬧甚麽饑荒呢。(老舍 ≪四世同堂≫ 十三)

나라가 위태로운데, 집안에 또 무슨 싸움질입니까?

'饑荒'의 一詞가 위의 ②번에서처럼 '虧空(빚을 지다)'의 의미로 쓰이고, 또한 '吸'이 '饑荒'의 通假字라면, ≪華諺≫의 用例(위의 예문 1번)나 ≪你呢貴姓≫에서 볼 수 있는 '吸(荒)'의 用例(위의 예문 3번과 4번)는 자연스럽게 풀이가 될 수 있다고 본다.

'饑荒' 一詞의 대한 用例는 古代는 물론이고, 近現代의 문헌에서뿐만 아니라 지금의 일상생활에서도 흔히 접할 수 있는 詞語이다. 다만 '饑荒' 一詞가 '饑荒'[5]本然의 의미에서, '糾紛'과 '債務'의 의미로 引伸되어 쓰인 時點은 ≪華諺≫의 時代로 보여지고, 현재에 이르고 있다고 여겨진다.[6]

---

5) ≪爾雅·釋天≫ :「穀不熟爲饑, 蔬不熟爲饉, 果不熟爲荒。」

6) 예를 들면 譯學書인 ≪原本老乞大≫(1346年)와 ≪訓世平話≫(1473年)에서 각각 1번과 12번에 걸쳐 '饑荒' 一詞의 用例를 찾을 수가 있는데, 모두가 旱魃 등의 天災地變 등의 의미로 해석되고 있음을 볼 수 있다. 本文에서 제시되고 있는 ≪漢語大詞典≫의 '饑荒'에 대한 例文과 ≪華諺≫과 ≪你呢貴姓≫ 등에서 쓰이고 있는 '饑荒'의 用例만을 봤을 때, '饑荒'이 '糾紛'의 의미와 '虧空'의 의미로 쓰인 時期는 ≪紅樓夢≫(1754年)과 ≪華諺≫(1883年)의 時代에서다.

34. 一半候兒(一時半會兒)

1) 惱半天的口, 一半候兒不教回來, 所以在那裏耽誤的咧。(≪華諺≫下 13a)
한나절이나 이야기를 나누었는데, 잠깐 동안이라도 돌아가라고 하시지 않는 것입니다. 그래서 그곳에서 지체를 하였습니다.

위의 例文은 ≪華音啓蒙諺解≫(이하≪華諺≫)[1]에서 단 한 번 출현되어 쓰이고 있는 '一半候兒' 一詞의 用例이다. 앞뒤 문맥으로 '一半候兒'는 '잠시'라는 '매우 짧은 시간'을 나타내는 것으로 보인다. 現代漢語에서 짧은 시간을 나타내는 '一時半會兒'라는 語彙가 있다. 여기서 '半候兒'도 '半會兒'의 通假字로 보인다. '會(hui)'뒤에 '兒'이 붙어 '兒化韻'이 되는 경우 'huìr'로 발음된다. 즉 '候兒(houer)'과 발음이 유사하여 編著者가 '候兒'로 誤記를 했을 가능성이 있다. 아래(2, 3번)는 ≪漢語大詞典≫[2] '一時半會兒'條에 제시된 '一時半會兒'의 用例다.

2) 謠言已經有十來天了, 東西已都漲了價, 可是戰事似乎還在老遠, 一時半會兒 不會打到北平來。(老舍 ≪駱駝祥子≫
3) 你也不用急, 鬼子又不知道你住在哪, 一時半會兒是查不出來的。(高玉宝 ≪高玉皇≫ 十三章)
4) 咳有幾里地麽? 不一候兒就到來咧。(≪華諺≫上 5b)
아직 몇 리길이나 남았습니까? 곧 도착합니다.
5) 把茶葉擱得碗頭, 蓋上碗蓋多悶一候兒。(≪華諺≫上 7b)

---

1) ≪華音啓蒙諺解≫은 1883년(고종 20년)에 당시의 역관이었던 李應憲이 편찬한 ≪華音啓蒙≫을 諺解하여 간행한 중국어 會話教材이다.
2) ≪漢語大詞典≫(漢語大詞典出版社, 1991年)

찻잎을 찬에 넣고 뚜껑을 덮고 (찻잎이) 우러나게 좀 놔두시오.

6) 再拿去多做一候兒, 回頭給你盛來罷。(≪華諺≫上 10b)
다시 가져가 좀 더 끓이다가 잠시 후에 담아드리겠습니다.

위의 예문 3)번~6)번까지는 ≪華諺≫에서 '候'字가 '會'字 대신에 쓰인 '會'字 通假의 用例이다.[3]

'會'와 '會兒'는 '表示很短的時間'이라는 ≪漢語大詞典≫의 설명을 볼 수 있다. 아래의 例文(7~11번)은 近現代漢語에서 볼 수 있는 '會'와 '會兒' 그리고 '一會兒'의 用例이다.[4]

7) 只索打會官司, 吃會痛苦, 受會恥辱。(元 王仲文 ≪救孝子≫ 第三折)
소송과 고통 그리고 치욕이니 잠시 당할 것입니다.[31]
8) 這會大伙都沒說啥話, 但也沒休息或打盹。(周立波≪暴風驟雨≫第一部一)
이번엔 모두들 별 말을 하지 않았고, 그리고 휴식을 취하거나 졸지도 않았습니다.
9) 吃了幾杯悶酒, 又說了會兒閒話。(≪兒女英雄傳≫)
답답한 술을 몇 잔을 마시고, 잡담을 좀 했습니다.
10) 待會兒他們就來, 我沒工夫細說。(老舍 ≪茶館≫ 第三幕)
금방 그들이 옵니다, 난 더 자세히 말할 시간이 없습니다.
11) 您直恁般慌速, 便再停止一會兒也好。(元 吳昌齡 ≪張天師≫第一折)
이렇게 줄곧 서두시는데, 잠시 좀 멈춰도 좋겠습니다.

그런데 ≪華諺≫에서도 짧은 시간을 나타내는 '會'字의 用例를 총 3번 찾을 수가 있다.

---

3) ≪華諺≫에서 '候'字는 총 42번이 출현된다. 그 가운데 '時候'로 31번, '候補'와 '伺候' 그리고 '多候兒(多會兒)'가 각각 1번이고 나머지 8번이 짧은 시간을 나타내는 '會(會兒)'의 通假字로 쓰이고 있음을 볼 수 있다.

4) 同注 2)

12) 我那會來的時候兒, 打橋上過來的。(≪華諺≫上 20b)
내가 지난번에 왔을 때, 다리에서 건너 왔습니다.

13) 我們外方的人, 想去也去不了。若是到那裏瞧一會, 就一輩子不想迴家。(≪華諺≫下 6a)
우리와 같은 외지 사람은 가고 싶어도 갈 수가 없습니다. 만약 그곳에서 봤다 하면은 평생 집에 돌아가고 싶지 않을 것입니다.

14) 我昨兒箇到王府裏去, 把這箇珠子給他瞧一會咧。那王爺拿在手裏看咧半天, 叫人打開自己的錦匣子。(≪華諺≫下 37a)
내 어제 王府에 가서 이 구슬을 그분에게 잠시 보여드렸습니다. 그 王爺께서는 손에 들고 한참을 보시더니 사람을 시켜 금수로 수놓은 상자를 열라고 하셨습니다.

15) 此間官府往來, 怕有認得我的, 不當穩便, 不免在耳房內, 少避一回, 待他回報。(明·張鳳翼 ≪紅拂記≫十九 [山坡羊·前腔] 白)
지금은 관청에서 왕래를 하여 날 알아볼까 염려되어 적당하지가 못합니다. 문간방에 잠시 피해 있다가, 그의 회보를 기다립시다.

近代漢語에서 위의 예문 15)번에서처럼 '回'字 또한 짧은 시간을 나타내는 '會'字와 통용이 된다. 즉 위의 12)번과 13)번의 '會'字는 '回'字로 대체해도 통용이 되는 것이다.[5] 現代漢語에서는 대체적으로 '回'는 동작의 횟수 등을 나타내는 數量詞로, '會(兒)'는 시간을 나타내는 時量詞로 쓰이고 있다.

그런데 아래의 例文(16~18번)은 ≪華諺≫에서 '會'字가 動作의 횟수 등을 나타내는 數量詞 '回'字의 의미로 쓰인 用例다.

---

5) 王學奇 王靜竹 撰著, ≪宋金元明淸曲辭通釋≫(語文出版社, 2002年):「一會, 指短暫的時間。也作"一回""一忽""一會兒""一會價""一會子""一會裏""一會的""一回家""一回兒"。會, 回, 忽均爲量詞, 雙聲通用。兒 , 價, 家, 的, 裏, 均爲詞尾語助, 不爲義。

16) 這是從西洋買來的, 我也頭一會見過這樣的咧。(≪華諺≫下 34a)
이것은 서양에서 사온 것인데, 저도 처음으로 이러한 것을 보았습니다.
17) 把那箇魚先割肚子刮鱗, 多洗兩會。(≪華諺≫上 9a)
그 생선을 먼저 배를 가르고 비늘을 긁어내십시오.
18) 前年與大哥分散以後, 在京裏住些箇日子, 考過兩會, 也沒有得意。(≪華諺≫上 11b)
재작년 형님과 헤어진 후, 북경에서 머물면서 두 차례나 과거를 보았으나 마음대로 되지 않았습니다.

≪華諺≫에서 '一半候兒'의 '候'字는 '會'의 通假字로, '一半會兒(一時半會兒)'의 의미로 쓰였다. ≪華諺≫에서 '候'字가 짧은 시간을 나타내는 '會'字로 쓰인 通假의 用例, 즉 '會(會兒)'이 '候(候兒)'로 쓰인 用例가 모두 8번이다. 現代漢語에서 動作의 횟수 등을 나타내는 '回'字는, ≪華諺≫에서는 '會'字가 '回'字의 通假字로 쓰이고 있음을 볼 수 있다.

35. 怎麽

"怎"字 系列에 있어 ≪飜譯老乞大≫(이하 ≪飜老≫)[1]에서는 "怎", "怎麽", "文尾+怎麽(怎生)", "怎的", "怎生" 등은 다른 詞語와 어울려서 "爲甚麽", "務必, 無論如何", "怎樣, 如何, 怎麽" "幹甚麽" 등의 의미로 쓰이고 있었다.

가. "爲甚麽", "爲何"등의 의미를 가지고, 原因을 나타내는 경우:

1) 到今半箇月, 怎麽[2]纔到的這裏。(≪飜老≫上 1b)

2) 你是高麗人, 却怎麽漢兒言語說的好? (≪飜老≫上 2a)

3) 你旣是姑舅兩姨弟兄, 怎麽沿路穢語不廻避? (≪飜老≫上 16b)

4) 賊們怎[3]知你有錢沒錢? (≪飜老≫上 27a)

---

1) ≪飜譯老乞大諺解≫는 ≪老乞大≫를 中宗10년(1515년) 崔世珍이 諺解한 것으로 上下 兩卷으로 名稱은 원래 그대로 ≪老乞大≫로 되어 있으나 그렇게 되면 漢語本의 名稱과 구별이 되지 않고, 그렇다고 ≪老乞大諺解≫로 하면 重刊本과의 혼란이 생기므로 이에 四聲通解에 붙어있는「飜譯老乞大朴通事凡例」란 기록에 의지하여 ≪飜譯老乞大≫로 通稱하게 된 것이다. ≪老乞大≫를 諺解한 또 다른 ≪老乞大諺解≫本(1670年)이 있으나, 漢語本文의 내용은 일부 字形을 제외하고는 내용이 거의 ≪飜譯老乞大≫와 일치한다고 한다. 이에 本稿는 ≪老乞大≫의 漢語原文이 그대로 보존되어 있으며 또한 最初의 諺解本이고 원문의 번역이나 이해에 참고를 위하여 ≪飜譯老乞大諺解≫本을 藍本으로 택하였다.

2) 怎麽: 爲甚麽。元 秦簡夫 ≪東堂老≫第三折:「他就是楊洲奴? 怎麽做出這等的模樣?」(高文達 主編, ≪近代漢語詞典≫, 智識出版社 1992年, 979쪽)

3) 怎: 怎生, 意猶怎樣, 如何, 怎麽。生爲語助詞, 無義。過去硏究者謂唐人作品多用"爭", 宋元作品多用"怎"。但怎生一詞, 唐代已使用, 如敦煌變文≪維摩詰經菩薩品變文甲≫: "怎生得受菩提禮", 是也。(顧學頡 王學奇, ≪元曲釋詞≫卷四, 中

5) 這般與茶飯喫, 怎生[4]忘得你? (≪飜老≫ 上44a)

나. "怎樣, 如何, 怎麽"등의 의미를 가지고, 方式을 나타내는 경우:

6) 怎的[5]是撤簽背念書? 怎的是免帖? ≪飜老≫上 3b

7) 這般精土炕上, 怎的睡? ≪飜老≫上 25b

8) 將洒子來, 我試學打, 這洒子是不沉水< 怎生得倒? ≪飜老≫ 上 35a

9) 這火伴你切的草忒麤, 口頭們怎生喫的? ≪飜老≫ 上 19b

다. "務必", "無論如何"의 의미를 가지고, 哀乞의 말투를 나타내는 경우:

10) 我其實肚裏飢了, 又有幾箇馬, 一客不犯二主, 怎麽[6]可憐見, 糶與我一頓飯的米。(≪飜老≫ 上)

라. "不揀"과 호응하여 "여하를 막론하고", "어쨌든" 등의 의미를 나타내는 경우:

國社會科學出版社, 1990年, 354쪽)

4) 怎生: 怎樣, 如何, 怎麽。≪水滸全傳≫二三回: 你那打虎的壯士? 你却說怎生打了這個大蟲? (許少峯 主編, ≪近代漢語詞典≫, 團結出版社, 1997年, 1449쪽)

5) 怎的: 幹甚麽, 詢問原因或目的。≪緋衣夢≫二【梁州第七】白: 我奉萬歲爺的命… 到後花園采辦時新果品, 與南淸宮八大王上壽。寇承御, 你在此怎的! ≪忍字記≫一【金盞兒】白: 這個窮弟子孩兒, 要錢則要錢, 題名道姓怎的! (劉堅 江藍生 主編, ≪元語言詞典≫, 上海教育出版社, 1998年。)

6) 怎麽: 此作"務必"的意思, 語氣副詞。≪匯釋≫卷二"怎生"條云:「怎生, 無須說法之意, 與普通作怎樣解者異。」"怎麽"也有同樣的用法。≪魯齋郎≫劇楔子:「小人急心疼看看至死, 怎麽救小人一命!」意卽無必救我一命。≪看錢奴≫劇一:「上聖, 怎麽可憐見, 則借得小人二十年, 左右是個小字兒, 高處再添一畫, 借的我三十年, 可也好也!」此爲賈仁祈求增福神的話, 意云無必可憐他, 將周榮祖家財借與他掌管卅年。(王鍈, ≪詩詞曲語辭例釋≫(增訂本), 中華書局, 1991年, 310쪽)

11) 這早晚黑地裏, 出入不便當, 又你這狗子利害, 不揀[7]怎麽, 你與我做些箇粥如何? (≪飜老≫ 上 55a)

위의 "怎", "怎麽", "怎的", "怎生"의 용법은 대체적으로 現代漢語의 "怎麽"와 유사하게 쓰이고 있음을 볼 수 있으나, 예문 10번)은 "怎麽"가 애걸의 말투를 나타내는 의미로 쓰이고 있었다. 아래 용례는 "怎麽"가 文尾에 쓰이고 있는 用例인데, ≪飜老≫에서는 총 6번(12 17번)이 쓰이고 있다.

12) 你高麗地面裏沒井阿怎麽? (≪飜老≫上 36a)
13) 一箇家說了價錢, 通要一百四十兩銀子, 你說這般價錢怎麽? 你則說賣的價錢。(≪飜老≫下 10a)
14) 你是高麗人, 學他漢兒文書怎麽? (≪飜老≫上 5a)
15) 這店裏賣毛施布的高麗客人李舍有麽? 你尋他怎麽? 我是他親眷? (≪飜老≫下 1a)
16) 我有些餘剩的銀子, 閑放着怎麽? (≪飜老≫下 23b)
17) 你外頭還有火伴麽, 有一箇看行李, 就放馬裏, 他喫的飯却怎生? (≪飜老≫上 42a)
18) 你來, 我說與你, 無來由胡討價錢怎麽? (≪飜朴≫上 32b)
19) 那狗骨頭, 知他那裏去, 誆惑人東西, 不在家, 你尋他怎麽 (≪飜朴≫上 33b)

"怎麽"가 문장의 끝에 오는 이러한 용법은 ≪朴通事≫(위의 용례 18, 19번)에서도 쓰이고 있었고, 원대의 희곡작품은 물론이고 청대의 작품[8]에

---

7) 不揀 : 不管, 不論。明 高則誠 ≪琵琶記≫三四出:「今日俺寺中建一個無碍道場, 不揀甚麽人, 或是薦悼雙親, 保安身己的, 都是這裏聚會。(許少峯 主編, ≪近代漢語詞典≫, 團結出版社, 1997年, 84쪽)

8) 元· 秦簡夫 ≪東堂老≫楔子: 你喚我做甚麽? ≪二刻拍案驚奇≫卷十五: 銀匠說這是些假銀, 要他怎麽? ≪漢語大詞典≫ 漢語大詞典出版社, 1991年。元 關漢卿

서조차도 볼 수 있고, 거슬러 唐宋代 의 작품에서 그 根源을 찾을 수가 있다.[9] 12)에서 16번)까지의 "怎麽"는 文尾에서 "幹甚麽"의 의미를 가지고, 17번)은 "奈何, 如何處置"의 의미를 나타내고 있다.

≪竇娥寃≫二折: 我不與你, 你就怎地我。≪三遂平妖傳≫十一回 : 太尉口中不道, 心下思量, 且看他怎地? (許少峯 主編, ≪近代漢語詞典≫, 團結出版社, 1997年, 1449쪽)

9) 馮春田, ≪近代漢語語法問題硏究≫ :「張相云: "作麽", 卽作甚麽之省文, 有怎麽也。…"作麽(摩)"處在句子謂語位置上, 可分爲兩種情況。一是相當于現在的"幹麽"或"作(幹)甚麽", …"師云: 又是亂走作摩?(卷十三, 招慶和尙)"…"作摩"的第二類可與"如何"相替換。"何曾失却那作摩?"(卷四, 石頭和尙)」(山東敎育出版社, 1991年, 267~271쪽)

36. 知他

≪老朴集覽≫[1]에는 "知他 모·ᄅᆞ·리로·다(누자해: 2a-7)"라고 해석되어 있다. 그런데 다른 문헌에서는 대부분 "知他"를 하나로 묶어서 풀이하기보다는 "他"의 쓰임에 대한 풀이를 하면서 예문을 들고 있는데, 그 예문 속에 "知他"의 어휘를 볼 수 있다. 예를 들면:

1) "他", 不定指示詞。

* 我則是倚門兒專等報登科記, 知他俺那壯元郎在那雲裏也那霧裏? (元·關漢卿 ≪陳母敎子≫三折【醉高歌】)[2]

2) "他" 同"的"。

* 活得正美滿, 被功名使人離缺知他是我命薄, 你緣業? (≪董西廂≫劵六) [3]

3) "它" 亦作"他"。襯字, 無義。

* 父母俱亡許多時, 知它受幾多災危! (宋 無名氏, ≪張協壯元≫戲文 第六出)
* 知它你是及第? 知它你是不第? 知它在上國? 知它歸來未? 鎮使奴終日淚暗

---

1) 본고에서는 奎章閣叢書第八(제446號)에 수록된 老乞大集覽(上下)와 單子解(影印本)를 참고로 하였고, 鄭監 監修, 國語史資料硏究會譯註≪譯註飜譯老乞大≫(太學社, 1995年)에 정리된 老乞大集覽을 主原典으로 삼았다. 同書凡例에는 다음과 같이 설명되어 있다:「1. 原典(text)으로는 李丙疇 編校의 ≪老朴集覽考≫를 사용했고 보조 자료로 台北 聯經出版公司에서 펴낸 ≪老乞大諺解 朴通事諺解≫에 들어있는 ≪老乞大集覽(上下)≫와 單子解를 참조하였다. 2. ≪老朴集覽≫ 중 單子解, 累字解, 그리고 老乞大集覽의 중국어 어휘들을 모아 가나다 順으로 정리하였다. …」이에 본고에서 인용한 ≪老朴集覽≫은 "태학사(1995年)"本이다.

2) (許少峯 主編, ≪近代漢語詞典≫, 團結出版社, 1997年, 1086쪽)

3) (龍潛庵 編著, ≪宋元語言詞典≫, 上海辭書出版社, 1985年, 247쪽)

垂。(宋 無名氏 ≪張協壯元≫戲文 第三十出)[4]

4) “他”爲句中襯字, 只起音節作用, 不爲義。
* 看別人青霄有路終須到, 知他我何日朝聞道? (≪裵度還帶≫三【正宮端正好】)[5]

5) “知他”〔動詞〕…을 알겠는가?
* 知他貴不貴 비싼지 눅은지 누가 알겠는가?[6]

6) “知他” (……を) 知るものか
* 〔誰知道他…〕の略であり, 俗ないい方〔～貴不貴〕高いか安いか知るもん か.[7]

위의 예문(1~4번)까지는 “他”의 항목에서의 풀이이고, 예문 4), 5)은 두 종류의 사전에서 찾아본 것이다. 그러나 위의 설명만 가지고는 1)에서 4)까지의 例文을 속 시원히 풀이를 할 수가 없었는데, ≪老朴集覽≫의 “知他”의 풀이 “모ᄅᆞ리로 다(모르다, 모르겠다)”를 “不知…”[8]로 바꿔서 위의 例文을 풀이를 한다면 대체적으로 해석이 가능하다.

7) 我則是倚門兒專等報登科記, 知他俺那壯元郎在那雲裏也那霧裏?
→ 我只是倚門兒專等報登科記, 不知我那壯元郎在那裏逍遙?
8) 活得正美滿, 被功名使人離缺。知他是我命薄? 你緣業?

---

4) (高文達 主編, ≪近代漢語詞典≫, 智識出版社, 1992年, 759쪽)

5) (顧學頡 王學奇, ≪元曲釋詞≫卷三, 中國社會科學出版社, 435쪽)

6) (≪中朝詞典≫, 中國民族出版社, 1986年)

7) (愛知大學, 中日大詞典編纂處編, ≪中日大詞典≫, 增訂第二版, 大修館書店)

8) 아래 例文에서 보는바 같이 ≪老乞大新釋≫에서는 “知他”를 “不知” “不料”의 어휘로 改修되어 있음을 볼 수 있다. 1) 知他 那話怎敢說。(≪飜老≫上 2a) → 這和我不能料。(≪老乞大新釋≫ 1a) 2) 知他是甚麽人? (≪飜老≫上 50a) → 不知是甚麽人。(≪老乞大新釋≫ 16b)

→ (夫妻)生活正美滿, 只爲功名遭分離。不知是我命薄? 是你的因緣?

9) 父母俱亡許多時, 知它受幾多灾危!

→ 父母俱亡多年, 不知受了多少災危!

10) 知它你是及第? 知它你是不第? 知它在上國? 知它歸來未? 鎭使奴終日淚暗垂。

→ 不知道你及第了沒有? 不知你落榜了? 不知在上國? 不知回來了沒有? 眞使我終日流暗淚。

이와 같이 "知他"는 "不知"로 바꿔 놓는다면, 아니 더 정확하게 말하면 "不知…嗎?" "不知…了沒有?" "不是…嗎"형태의 反語文의 형식으로 바꿔놓는다면 대체적으로 풀이가 가능해진다. "知他"는 바로 宋·元代 당시에 유행했던 반어문의 한 형식인 것이다.

11) 酒入愁腸悶轉多, 百計千方沒奈何, 都爲那人呵! 知他你姐姐, 知我此情麽? (≪董西廂≫【賞花時】卷三)

12) 不頭沉, 不腦熱, 脈兒又沉細。知他爲箇甚, 吃藥後難醫? (≪董西廂≫【刮地風】卷五)

13) 非是我貪, 不是我敢, 知他怎生喚做打參。(≪王西廂≫ 2/楔子【滾繡毬】)

14) 你那裏休聒, 不當一个信口開合。知他命福是如何? (≪王西廂≫ 2/3【么篇】)

15) 動無喘息行無汗, 坐也昏沉睡不安, 兩行淚道漬成斑。每日家做伴的胡友胡兒, 胡舞胡歌, 胡吹胡彈, 知他是甚風範? (元·王伯成, ≪天寶遺事≫, 祿山謀反【三煞】)

16) 每日知他過幾重深山谷, 不曾行十里平田地。(≪西蜀夢≫【油葫蘆】)[9]

"知他"의 用例를 宋 無名氏의 ≪張協壯元≫에서 뿐만 아니라(앞 예문 3번), 金朝의 董解元 ≪西廂記諸宮調≫작품에는 총 5번(위 예문 11, 12

9) (劉堅 江藍生 主編, ≪元語言詞典≫, 上海教育出版社, 1998年, 316쪽)

번)에 걸쳐 "知他"의 用例를 볼 수 있었으며, 王實甫 ≪西廂記≫에서는 총 8번(위 예문 13, 14번)에 걸쳐서 볼 수가 있는 등, 기타 元代의 많은 다른 작품 속에서도 "知他"의 응용 用例(위 예문 15, 16번)를 찾아 볼 수 있는 것이 그러한 물증이라고 본다.

17) 你這月盡頭到的北京麽。到不得。知他。那話怎敢[10]說。(≪飜老≫ 上 2a)
北京의 갈·가。가·디:몯홀·가。모·로·리로·다。그 :마·롤 :엇·디 니ᄅ·리·오。
→ 你這個月底到。能北京麽。到不得。這話我不能料。(≪重老≫上 1b)[11]
⇒ 你在這個月底能到北京嗎? 到不得, 不知道那句話怎麽可以那麽說?

18) 又不是漢兒。又不是達達。知他是甚麽人。我怎麽敢留你宿。(≪飜老≫上 50a)
·또 漢人도 아·니·오。또 다대 아·니·니。모·로·리로·다 어·뒷 :사·ᄅᆞᆷ·고。내 :엇·디 너·를 머·믈·워 :재·리:오
→ 又不是漢人。又不是㺚子。不知是甚麽人。我怎麽敢留你宿。(≪重老≫上 45b)
⇒ 又不是漢人, 又不是蒙古人, 不知是甚麽人, 我怎麽敢留你宿?

19) 你要買甚麽貨物。我知他甚麽好拿去。(≪飜老≫ 下 66a)
:네 므·슴·황·호 :사·려·ᄒᆞᄂᆞ·다。·내 :몰·래·라 므·ᄉᆞ거·시 가·져·가·디 :됴·홀·고。
→ 你們要買些甚麽貨物。好拿回去。≪重老≫下 61b
⇒ 你要買甚麽貨物? 我不知道買甚麽好拿回去。

20) 我不是不教你宿。官司排門[12]粉壁[13]。不得安下面生歹人。你是那裏來的客人。

---

10) 敢 : 可以, 能。≪傷梅香≫三【小桃紅】卷五: (白敏中云)小生敢去也不敢去? (正旦云)先生, 你去不妨? (劉堅 江藍生 主編, ≪元語言詞典≫上海敎育出版社, 1998年, 102쪽)

11) 본고에서 인용한 ≪重刊老乞大≫는 서울대 규장각 소장본으로, 四種의 諺解本 중에서 가장 후대(1795년)에 속한다. ≪重老≫上 1b는, ≪重刊老乞大≫상권, 1쪽 뒷면을 말함이다.

12) 排門 : 同排家。挨家挨戶。明 李開先≪寶劍記≫三四出:「即使喚都頭保田, 將死尸用土暫埋, 排門捕捉凶犯。」(許少峯 主編, ≪近代漢語詞典≫, 團結出版社, 1997年, 842쪽)

13) 粉壁 : 卽白色牆壁。宋 劉攽 ≪漢官儀≫: "省中皆胡粉塗壁, 故曰粉壁。" …唐宋

(≪飜老≫上 47b)

우·리 너희·를 자·디 몯·게·ᄒᆞ논·주·리 아:니·라。구의로 ᄆᆞ술 집 문:마다 ᄇᆞᄅᆞ·매·분·칠ᄒᆞ·고·써·쇼·ᄃᆡ 가:ᄂᆡ·예。·잡:사·룸 :업·다·ᄒᆞ·야 잇·ᄂᆞ 거·긔。ᄂᆞᆺ:선·잡사·ᄅᆞ·ᄆᆞᆯ 브·리·워 두·디 :몯·ᄒᆞᆯ 거·시·니。:네 어·듸 나·그·낸 들 :알·리오。

※ 我不是不教你宿。官司排門粉壁。不得安下面生歹人。知他你是那裏來的人。(≪老諺≫上 42b)

내 너희를 자디 아니려 ᄒᆞᄂᆞᆫ줄 아니라。구의예셔 집문마다 ᄇᆞᄅᆞᆷ애 분칠ᄒᆞ고 써 쇼ᄃᆡ。ᄂᆞᆺ선 잡사ᄅᆞᆷ을 브리오디 못ᄒᆞ게 ᄒᆞ엿ᄂᆞ니。네어듸 나그낸 줄 알리오。

→ 我不是不要教你宿, 近來官司排門稽查。都不敢留面生人住宿。知他你是那裏來的客人。(≪重老≫上 43b)

⇒ 我不是不教你住宿, 官司家家戶戶公布法令, 不得安下面生歹人, 怎麼知道你是那裏來的客人?

위의 예문(17 19번)은 ≪飜譯老乞大≫(이하 ≪飜老≫)[14]에서 볼 수 있는 총 3번의 "知他"의 用例이다. 漢語本≪老乞大≫에서는 총 4번에 걸쳐 "知他"가 쓰이고 있었으나 "≪飜老≫上 47b(위 예문 20번)"에서는 "不知"가 보이지 않고, "≪老諺≫上 42b(위 예문 20번 ※표)"의 같은 내용에서는 "知他"를 볼 수가 있었다. 이에 같은 내용의 문장을 ≪老乞大諺解≫

以來, 衙門前的粉壁, 更多用來謄寫告示, 公布法令。(顧學頡 王學奇, ≪元曲釋詞≫卷一, 中國社會科學出版社, 1983年, 574쪽)

14) ≪飜譯老乞大諺解≫는 ≪老乞大≫를 中宗10년(1515년) 崔世珍이 諺解한 것으로上下 兩卷으로 名稱은 원래 그대로 ≪老乞大≫로 되어 있으나 그렇게 되면 漢語本의 名稱과 구별이 되지 않고, 그렇다고 ≪老乞大諺解≫로 하면 重刊本과의 혼란이 생기므로 이에 四聲通解에 붙어있는「飜譯老乞大朴通事凡例」란 기록에 의지하여 ≪飜譯老乞大≫로 通稱하게 된 것이다. ≪老乞大≫를 諺解한 또 다른 ≪老乞大諺解≫本(1670年)이 있으나, 漢語本文의 내용은 일부 字形을 제외하고는 내용이 거의 ≪飜譯老乞大≫와 일치한다고 한다. 이에 本稿는 ≪老乞大≫의 漢語原文이 그대로 보존되어 있으며 또한 最初의 諺解本이고 원문의 번역이나 이해에 참고를 위하여 ≪飜譯老乞大諺解≫本을 藍本으로 택하였다.

(이하 ≪老諺≫)[15]에서 찾아 諺解와 함께 참고용으로 옮겨 놓았다. 또한 위의 예문(17 20번) 아래 첫 번째 화살표(→)의 用例는 "知他"가 어떻게 時宜에 맞게 改修되었는가를 보고자 함이고, 마지막 화살표(⇒)부분의 例文은 본고에서 現代漢語의 관점에서 대역을 해본 것이다.

"知他"에 대한 ≪飜老≫의 언해는 "모르다"로 풀이를 하였고, ≪老諺≫에서는 "내 어찌 알리오?"라고 풀이를 하고 있다. 한 가지 특이한 것은 四種의 諺解本 중에서 가장 후대(1795년)에 改修된 ≪重刊老乞大≫(이하 ≪重老≫)의 "上 43b"에서는 여전히 "知他"가 改修되지 않고 그대로 사용하고, 또한 "모로리로다"로 언해되어 있다는 점이다.

"知他"에 대한 해석은 실로 다양하다. 梁伍鎭은[16] "부정의 의미를 나타내는 반문 형태 '誰知道呢(누가 알겠는가)'와 같은 뜻으로 사용되어다"라고 하였고, 志村良治는[17] "他는 특수한 기능을 가지는데, 동사 뒤에 붙어 어떤 사물에 대하여 별로 관심이 없는(漠不關心) 뜻한 말투를 나타낸다." 라고 하면서 "近代의 '知他'의 '他'는 接尾詞化되면서 '상관없다' '개의치 않다'의 말투를 나타낸다."라고 하여 "≪老乞大≫의 '知他那話怎敢說'를

15) ≪老乞大≫를 諺解한 ≪老乞大諺解≫本(1670年)。

16) (≪老乞大朴通事硏究≫, 太學社, 1998年, 161쪽)。

17) "他"還有個特殊的功能, 可以添加在動詞上, 表示漠不關心的語氣, 如"今朝幷復隨他弄(오늘도 또 제 멋대로 희롱하는 것인가)"(≪游仙窟≫) "白眼看他世上人(도끼눈으로 세상을 보다; 세상을 백안시하다)"(王維≪與盧員外象過崔處士興宗林亭≫)等, "他"分別跟在動詞後成爲助動詞, 表示對動作的漠不關心。"和尙緣有何事, 開他地獄門(스님께서는 무슨 연유로 지옥문을 열려고 하시오)"(≪木連變文≫S2614)的"他"也應看作是附加在"開"上, 表示詰問的語氣。近世的"知他"的"他", 是更加詞尾化的用法, 表示特有的無所謂的語氣, 如"知他那話怎敢說"(≪老乞大≫第一話), 表示"誰知道呢"的反詰語氣, 一定要用于否定。(志村良治 著 江藍生 白維國譯, ≪中國中世語法史硏究≫, 中華書局, 94쪽)

'誰知道呢(알게 뭐야, 누가 알겠어)'와 같이 반문의 말투를 나타내고, 반드시 부정문에 써야한다"라고 하였다. 太田辰夫는[18] 다음 세 종류 "他"의 예문을 들어 "他"의 특수한 용법을 설명하고 있다:

21) 一輩子改他三百六十行。(正在想)
22) 反正這不是個長事, 給他個混吧。(老舍 牛天賜傳)
23) 管他是誰的房呢? (老舍 猫城記)

위 예문 21)은 첫 번째 종류의 "他"가 數量詞를 대동한 賓語을 가지고, 22)의 "給他個"는 고정된 표현법이고, 오직 세 번째 종류의 23)의 "管他" 만이 反語로서 否定을 나타내고 있는 것이다. 그러나 통괄적으로 본다면 이 모두는 "관심을 가지지 않거나" "책임을 지지 않거나" "아무렇게나 대하는" 그러한 말투를 내포하고 있는 것이다. "他"의 이러한 용법은 세 번째가 가장 오랜 된 형식으로 "전혀 관심이 없는 어투"에서 생성된 것이다. 어떤 일에 관심을 가지지 않는 뜻을 내포한 이러한 "他"의 용법은 唐代에 이미 있었다고 봐야 할 것이다. 이러한 용법은 아마도 "他"가 제3인칭으로 쓰이기 이전에 먼저"他稱"으로 쓰였기 때문일 것이다. "白眼看他世

18) 太田辰夫 著, 蔣紹愚, 徐昌華 譯, ≪中國語歷史文法≫:「(1)項所擧之例, "他"後面有賓語, 而且賓語幾乎全都是帶有數量修飾的。(2)中"給他個"是固定的表達法。(3)只有"管他"一例, 是反語, 卽否定的表示。通觀三種情況, 全都包括不關心, 不負責任, 輕視的語氣…"他"的這種用法中, 第(3)種最早, 是從不關心的語氣産生的。"他"表示不關心的語氣唐代就有。這種用法恐怕由于"他"在成爲第三人稱以前是他稱, 由此意義變化而成的。 *白眼看他世上人。(王維詩) *戀他朝市求何事? (白居易詩) 對這個動作的不關心, 後來就變成對這個動作本身的否定。"他"的這種功能是宋代産生的。在宋代, 這種否定的"他"都在"知他"這一形式中出現, 但後來都不用了, 在現在漢語中只保留着"管他"。(北京大學出版社, 1987年, 114~115쪽)

上人(도끼눈으로 세상을 보다; 세상을 백안시하다.)"(王維詩), "戀他朝市求何事(조정을 그리워한들 무엇을 얻으리?)" (白居易詩). 行動에 대해서 關心이 없는 이것이, 나중에는 이러한 행동자체의 부정으로 변한 것이다. "他"의 이러한 기능은 宋代에 비롯됐고, 宋代에서 "他"의 이러한 부정은 모두 "知他"의 형식으로 나타났고, 그러나 후에는 이러한 용법이 소실되고 현대중국어에서는 "管他"만 남아 있다. "知他"의 예를 보면:

24) 知他故宮何處。(徽宗詞)
옛 대궐이 어디에 있는지 모르겠소.
25) 某只他吃了多少言語。(紹興甲寅通和錄)
내가 얼마나 말을 들었는지 모르겠소.
26) 這婆子知他是我姑姑也不是。(簡帖和尙)
이 마누라가 내 마누라인지 할머니인자 모르겠소?

이상의 자료를 종합해보면 ≪老朴集覽≫의 "知他 : 모·ᄅᆞ·리로·다"의 해석이 가장 적절한 풀이라고 생각되며, ≪飜老≫의 用例나 다른 많은 문헌에서 나타나고 있는 "知他"의 用例를 종합해보면 대체적으로 反語의 성격을 가진다고 봐야 할 것이다. 즉 不知…嗎?" "不知…了沒有?" "不是…嗎?" "怎麽能…呢?" 등의 의미를 가진다고 봐야 할 것이다. 아래의 例文은 王實甫≪西廂記≫작품에서 보이는 "知他"의 用例를 찾아 원문과 함께 우리말로 번역을 하여 참고로 삼았다.

27) (紅云)小姐使將我將去。他着我將來。我不識字, 知他寫着甚麽? (≪王西廂≫ 3/2【普天樂】白)
(紅娘이 말한다) 아씨가 가라고 하셨고 또 그분(張生)이 가져가라고 하셨습니다. 난 글을 몰라서 뭐라 쓰여 있는지 모르겠습니다.

28) (末云)小生曾到那花園裏, 已經兩遭, 不見那好處, 這一遭知他又怎麽? (紅云)如今不比往常。(≪王西廂≫3/2【二煞】白)
(張生이 말한다)내가 그 정원으로 두 차례나 갔었는데 좋은 꼴을 보지 못했습니다. 이번엔 또 무슨 일이 벌어질지 모르겠소? (紅娘이 말한다) 이번에는 다른 때와는 다를 것입니다.

29) (紅推旦入云)姐姐, 你入去, 我在門兒外等你。(末見旦跪云) 張珙有何德能, 敢勞神仙下降, 知他是睡裏夢裏? (≪王西廂≫4/1【寄生草】白)
(紅娘이 장생을 鶯鶯안으로 밀어 넣고 말한다) 아씨 들어가세요, 제가 밖에서 기다릴게요. (張生은 鶯鶯을 보자 무릎을 꿇고 말한다) 내가 무슨 공덕을 선녀를 하늘에서 내려오게 했다는 말인가? 이것은 꿈이 아니겠지요?

이러한 "知他"의 기능과 성격을 간과하여 현대한어의 시각으로만 해석하려고 하거나[19] 당시의 어떤 한 지역에서나 쓰이고 있었던 특수한 어휘로 간주하고 있는 것은 당시의 보편적이고도 생생한 口語를 기록하고 있는 ≪老乞大≫ ≪朴通事≫에 대하여, 보편적이지 못하고 특정지역의 漢語敎習書였다고 간주를 하려는 생각이 있었기 때문일 것이다.

---

19) 鄭光 監修, ≪譯註飜譯老乞大≫:「이 부분(你這月盡頭到的北京麽/到不得/知他/那話怎敢說)에 해당하는 중국어 原文과 諺解는 '到不得/가디 몯 홀가, 知他/모로리로다'로 되어 있다. 그러나 문장을 '到, 不得知他'로 이해하는 것이 타당할 것 같다. 그렇게 되면 '도착하는 것을 알 수 없다'로 번역된다.」(太學社, 1995年, 40쪽, 註4)

부록

【부록】(1) 中國語文論譯叢刊(22輯, 2008年)

近代漢語語氣詞用例考

—以董·王≪西廂記≫作品爲中心—

【부록】(2) 中國語文論叢(36輯, 2008年)

董西廂與王西廂裏的語氣助詞用例考

—以者, 咱, 則箇爲中心—

【부록】(1) 中國語文論譯叢刊(22輯, 2008年)

近代漢語語氣詞用例考

—以董·王≪西廂記≫作品爲中心—

▷ 目 次 ◁

Ⅰ. 緖論

有人把漢語史的硏究大略分成三個階段: 第一階段從漢初(公元前三世紀)至到東晋末(五世紀), 是漢語硏究的階段; 第二階段從南北朝初(五世紀)至到明末(十七世紀), 是語音硏究的階段; 第三階段從淸初(十七世紀)到現在, 是全面發展的階段。[1] 或區別爲上古, 中古, 近代和現代。上古指先秦兩漢時期, 中古爲魏晉南北朝時期, 近代是唐至淸初, 現代爲

1) 王力, ≪漢語史稿≫(中華書局, 1980年 修訂本, 頁3)

清中葉以後直到現在。[2] 一般來說唐五代是早期白話的形成期,[3] 宋元時期可以說是早期白話的成熟期。這一時期已有許多白話作品見諸文獻,如宋儒語錄,禪家語錄等語錄體散文作品在這一時期出現,話本小說和宋詞,南戲,諸宮調,元人雜劇等韻散文作品在這一時期大量出現,就是顯明的例証。

在金元時期產生的一批語氣詞,不但運用于當時,而且大部分在此後的散文,韻文中沿用下來,有些現代漢語中的語氣詞也是從宋元時期起源的,如"啊","嘛","吵","罷"等。這一時期所表達的語氣十分豊富,十分細緻,不僅表現出陳述,疑問,祈使,感歎的分別,而且能細膩地表現出文言文所不能表現出的各種情態。可以說宋元時期以來產生的一些語氣詞,大大地增强了語言的表現力和感染力,在以後的文學作品中成爲轉情達意的重要手段,能生動地表現出口語的情調與複雜的內心情感。[4]

董解元的≪西廂記諸宮調≫[5]是金代章宗朝(1190-1208)之際的作品,[6] 而王實甫的≪西廂記≫[7]是≪董西廂≫問世大約一百五十年後誕生的。[8]

---

2) 孫錫信 著, ≪近代漢語語氣詞≫(語文出版社, 1999年, 頁4)

3) 曹廣順, ≪近代漢語助詞≫:『唐五代是近代漢語助詞體系的形成,是近代漢語形成的一個重要標志,唐五代是近代漢語助詞系統形成的時期,它也是近代漢語形成的時期。』(語文出版社, 1995年, 頁2)

4) 孫錫信 著, ≪近代漢語語氣詞≫(語文出版社, 1999年, 頁94～95)

5) 本論文所引用的≪董解元西廂記諸宮調≫用例,其藍本爲凌景埏校注本(≪董解元西廂記≫, 人民出版社, 1980年)。以下簡稱爲≪董≫。

6) 董解元生平事跡無可考,鍾嗣成≪錄鬼簿≫把他列於"前輩已死名公,有樂府行於世者"之首,並注明"金章宗(公元1190-1208)時人,以其創始,故列諸首"。

7) 本論文所引用的≪王實甫西廂記≫用例,藍本爲隋樹森編 ≪元曲選外編≫ (中華書局, 1958年)。以下簡稱爲≪王≫。

8) 王實甫,名德信。大都人。生卒年與生平事迹不詳。根據其作品和有關材料推斷,由于二者採用的故事題材相同, 並且文體上也有相通之處, 可以比較出一些語氣助詞的産生與變化的過程。≪董西廂≫是講唱文學, 而≪王西廂≫是戲劇文學, 這種文體上的差異, 必然會帶來語言表現上的某些不同。本論文意在從細小的變化中找出一些語言演化與發展的痕迹來。

Ⅱ. 語氣詞用例

1. 那

"那"作爲語氣助詞的情況, 從五代時就有非疑問語氣詞和疑問語氣詞兩類用法, 這兩類用法宋元時均繼承下來。非疑問語氣詞是用于表示感歎或呼喚, 疑問語氣主要是用于特指文和選擇文。[9] 在≪董≫裏語氣助詞"那"的用例, 一共有14個。例如:

1) 道: 這妮子慌忙則甚那? (≪董≫卷一)
2) 裙兒窣之, 一搦腰肢裹。百媚我龐兒, 好那不好? (≪董≫卷一)
3) 驀見紅娘詢問着, 道: 若洩漏天機, 是那不是? (≪董≫卷五)
4) 問紅娘道: 韻那不韻? 俏那不俏? (≪董≫卷五)
5) 今日以鶯鶯, 酬賢救命恩, 問足下願那不願? (≪董≫卷六)
6) 是前生負償他, 還着後瞧。你試尋思怪那不怪? (≪董≫卷七)
7) 張郎在客可煞苦辛? 想見彼中把名姓等? 幾日試來那幾日唱名? 得意那不得意? (≪董≫卷七)
8) 夫人一向信浮詞, 不問是那不是。(≪董≫卷八)
9) 一件件對他分付, 教他受取, 看是阻那不阻? (≪董≫卷七)

他的創作活動大致在元成宗的元貞, 大德年間(1295～1307年)。

9) 孫錫信 著, ≪近代漢語語氣詞≫(語文出版社, 1999年, 頁125)

以上爲特指和選擇疑問的用例。在≪董≫裏語氣助詞“那”主要用于表示疑問的選擇疑問句的用法上(例2～9), 用于特指問句句末的少見(例1)。而(例7)“幾日試來那幾日唱名”裏的“那”是表示停頓, 强調的語氣助詞。

10) 子母正是愁, 大衆情無那。(≪董≫卷二)
11) 君瑞回頭再狙些, 半晌癡呆, 回嗔作喜唱一聲喏, 却是姐姐那姐姐! (≪董≫卷六)
12) 才郎自別, 剗地愁無那。裊裊爐煙縈綠瑣, 濃睡覺來心緒惡。(≪董≫卷六)

以上(例10～12)的“那”的用法爲表示感歎, 誇張的非疑問語氣。語氣詞“那”的用例在≪王西廂≫裏, 只能找到以下4例。而且也沒有選擇疑問句的用例。

13) 費了甚一股那, 便待要結絲蘿。(≪王≫ 第二本 第三折)[10]
14) (紅云)這想思又索害也。荊棘刺怎動那! 死沒騰無回豁! (≪王≫2/3)
15) 天那! 卻怎生借得一陣順風。(≪王≫2/4)
16) 夫人那, 靡不有初, 鮮克有終。(≪王≫2/4)

“那”在≪董≫裏找不出表示呼喚語氣的用例, 而在≪王≫裏可以看到兩例(例15, 16)。在≪董≫裏的各種疑問句中, “那”基本上只用于選擇疑問句, 用于反問句和特指問句的很少。在≪董≫中使用“那”的疑問句共有9例(例1～9), 用于特指疑問句的用例有(例9)一例。但在≪王≫裏却找不到用于疑問句的用例。

從上述用例, 我們可以得出, 在≪董≫時代裏, “那”可用于疑問及非疑

10) ≪王西廂≫ 第二本 第三折, 下稱≪王≫2/3

問兩類語氣, 而在≪王≫時代裏, 表疑問的“那”的用例越來越少, 語氣助詞“那”主要用于表示感歎語氣。也許新出的語氣助詞“哩”, “呢”等, 代替了她的機能。

2. 裏、哩、里、[11] 在

“裏”在唐代開始用作語氣詞, 表示略帶誇張的申辯語氣, 宋元以後繼承“裏”的這種占主流地位的用法。“裏”在宋代以後字形又作“里”, “俚”, “裡”, “哩”, “哩”在元明時, 局部與“那”合流, 產生表示疑問語氣的用法。[12] 語氣助詞“在”的出現與“里”相似。“在”和“裏”都是表達肯定語氣的“申言之詞”。[13]

語氣助詞“在”較早的用例見于唐代, 表示强調某種事物存在的語氣, 唐代筆記小說, 唐詩中不乏其例。到宋代“在”使用仍較多, 主要見于禪宗語錄。儒家語錄, 宋詞等, 用例多且出現的文獻也較廣, 說明“在”在宋代仍是一個口語中廣泛使用的助詞。宋代以後, 語氣助詞“在”用例減少, 元明文獻中都只有零散的例句。[14] 助詞“在”的用例在≪董≫裏只能找到一

11) 太田辰夫 著, 蔣紹愚 譯, ≪中國語歷史文法≫(北京大學出版社, 1987年) 頁351。『“哩”在元曲中用得很多, 但在元刊本裏用“里”, “哩”是不是元代原有的寫法, 還須要硏究。但是, 先不說寫法, 反正經常使用“li”這個助詞則是無疑的。

12) 孫錫信 著, ≪近代漢語語氣詞≫(語文出版社, 1999年, 頁107)

13) 呂叔湘 ≪釋景德傳燈綠中在, 著二助詞≫:『皆申言之詞, 以祛疑樹信爲用…此一語助詞, 當以“在裏”爲最完具之形式, 唐人多單言“在”, 以“在”概“裏”; 宋人多單言“裏”, 以“裏”概“在”。“裏”字俗書多簡作“里”。本義旣湮, 遂更著“口”。傳世宋代話本, 率以作“哩”… 宋以後之俗文學中, “哩”字之例甚多。』(呂叔湘 著, ≪漢語語法論文集≫, 商務印書館, 1984年, 頁59~62)

14) 曹廣順 著, ≪近代漢語助詞≫(語文出版社, 1995年, 頁171~174)

個。并且“在”所表達的語氣, 大體相當于現代漢語中表示肯定語氣的助詞“呢”。如 :

1) 休怪! 我曾見風魔九伯, 不曾見這般箇神狗乾郎在。(≪董≫卷五)

但是, 就上例的語氣助詞“在”的解釋而言, 在顧學頡等編的≪元曲釋詞≫裏, 將“在”解釋爲現代漢語中的“着”字或“了”字。說: 董詞“不曾見這般箇神狗乾郎在”, 按語法次序應作“不曾見在(着)這般箇神狗乾郎”。顚倒語序, 是爲叶韻。[15] “在”看做“着”的見解, 處處可以看到。[16]

按, 用于助詞的“在”, 應可以分爲“語氣助詞”和“動態助詞”兩類。這兩類的用例與解釋, 在顧學頡等編的≪元曲釋詞≫裏同時出現, 只是將兩類混在一起未加區分罷了。如:

2) 大人, 所知的新官下馬, 你慢在。張千, 跟着我接新官去來。(≪四春 園≫二)
3) 便有那俊慶兒憔悴死, 想當日曾陪在。(≪盛世新聲≫亥集小令)
4) 呂大怒曰: 此何等時, 汝乃要存事體? 待朝廷歸東京了, 還汝事體未 遲在。(陸游, ≪老學庵筆記≫)

對以上的“在”而言, ≪元曲釋詞≫將“慢在”解爲“慢着”, “陪在”謂“陪着”。而(例4)的“在”字解爲相當于今天漢語的“呢”字。[17] 也就是(例2, 3)裏的“在”字爲“動態助詞”, (例4)裏的“在”爲“語氣助詞”。

15) 顧學頡 等編, ≪元曲釋詞≫卷四(中國社會科學出版社, 頁320)
16) 凌景埏 校注, ≪董解元西廂記≫ (人民文學出版社, 1980年, 頁117) 注64:『張相≪詩詞曲語辭匯釋≫: 神狗乾郎不知其確解, 大約爲瘋狂過度之義。在字爲語助詞, 猶云着, 言不曾見着過也。』
17) 顧學頡 等編, ≪元曲釋詞≫卷四(中國社會科學出版社, 頁320～321)

5) 若要商量, 堂頭自有一千五百人老師在。(景德傳燈錄)

6) 李花結子可憐在, 不似楊花沒了期。(釣磯立談)

7) 先生須更被大任用在。(朱語)

8) 端明要作好人在, 直如何不作好人? (貴耳集)

以上(例5～8)[18]的"在"字, 其所表語氣大致與今天漢語的"呢"字相當, 不復可徑以"存在"之義解之。在(例5～8)裏的"在"字用于語尾, 因此可以說"語氣助詞", 而(例2～4)裏的"在"字用在句中, 也就是用在動詞的後面, 應是"動態助詞"更爲合理。現在漢語裏仍有把"在"用作助詞的, 如, 孫犁≪風雲初記≫: "起響了, 你倒閑在?" 劉紹棠 ≪青枝綠葉≫: "閑在時, 坐上農莊的汽車, 到北京參觀參觀。"就是。[19]

"裏"在宋代以後字形又作"里", "俚", "裡", "哩", "哩"在元明時局部與"那"合流, 產生表示疑問語氣的用法。呂叔湘先生認爲: "在"與"裏"此一語助詞, 唐人多單言"在", 以"在"概"裏" ; 宋人多單言"裏", 以"裏"概"在"。"裏"字俗書多簡作"里"。本義既湮, 遂更著"口"。傳世宋代話本, 率已作"哩", 或宋世已然, 或後人改寫, 殆未易定。[20] "裏"在≪董≫裏, 作語氣助詞的用例只能找到一例。如:

9) 心頭懷着待不思憶, 口中强道不憔悴, 怎瞞得青銅鏡兒裏! (≪董≫ 卷一)

而在≪王≫裏, 用"裏"字的用例只能找到一個(見下例10), 用"哩"字的

18) (例4～7)的用例, 皆得自呂叔湘 ≪釋景德傳燈綠中在, 著二助詞≫(商務印書館, 1984年, 頁58～60)

19) 顧學頡 等編, ≪元曲釋詞≫卷四(中國社會科學出版社, 頁321)

20) 呂叔湘, ≪釋景德傳燈錄中在著二助詞≫(見≪漢語語法論文集≫, 商務印書館, 1984年 增訂本)

例子可以找到十九個之多。[21] 不論“哩”, “呢”不同來源,[22] 但“哩”取代了“在”與“裏”, 後來“呢”又取代了“哩”的位子。因此, “哩”在≪王≫裏作用乃是現代漢語中的“呢”的作用。如:

10) 拆鴛鴦在兩下裏。一個這壁, 一個那壁, 一遞一聲長吁氣。(≪王≫ 4/3)
11) 奶奶知道你和姐姐去花園裏去, 如今要打你哩。(≪王≫ 4/2)
12) 姐姐正煩惱哩, 你自來和哥哥來? (≪王≫ 5/1)
13) (紅云)你哄着誰哩, 你把這个餓鬼弄得他七死八活, 卻要怎麽? (≪王≫ 3/2)
14) 姐姐, 我不知他想甚麽哩, 世上有這等傻角! (≪王≫1/3)

由以上的用例觀之, 其所表語氣大致與現代漢語的“呢”字相當。(例11, 12)的“要”, “正”相連繫, 表示某事已經存在或必然存在的語氣, 類似今語的“要…呢”, “正…呢”的用法; (例13, 14)可以說“夫人尋着小姐呢”, “你哄着誰呢”。現代漢語“呢”作爲敍實的功能, 是表示現在動作的存在, 不變化, 相當于時間副詞“還”, “正”等。它的來源是“里”, “裏”等表示處所的詞而發展到表示行爲的存在與行爲的必然存在。以下(例15～18)的“哩”爲語氣助詞, 與現代漢語之語助詞“呢”字相當, 或有類似“呢”之作用。例19

21) 太田辰夫 著, 蔣紹愚 譯, ≪中國語歷史文法≫ :「“哩”是否在宋元代時使用還是個疑問。在宋代, 用“裏”的例子很多, 而"哩"只在不可靠的資料中能見到。…就是同樣的話本裏, 也有用“裏”或“里”的, 這就暗示了上述那樣“哩”是後代改寫的。…“哩”在元曲中用得很多, 但在元刊本裏用“里”, “哩”是不是元代原有的寫法, 還須要研究。但是, 先不要說寫法, 反正經常使用li這個助詞則是無疑的。」(北京大學出版社, 1987年, 頁351)

22) 孫錫信, ≪近代漢語語氣詞≫ :「按照呂叔湘先生的意見, "呢"的來源大體: 在裏→裏→里→哩→呢。…按照太田辰夫先生的意見, “呢”的來源: 尒→ 聻(尼) →呢, “哩”的來源: (用于句末的處所助名詞)裏→ 句末助詞“哩”。」(語文出版社, 1999年, 頁62)

~22在≪王≫中是表示疑問與帶誇張地敍述某種事實的語氣。

15) (紅云)夫人尋小姐哩, 喒家去來。(≪王≫2/4)
16) (紅朝鬼門道喚云)老夫人後堂待客, 請小姐出來哩! (≪王≫2/3)
17) 我待便將簡帖兒與他, 恐俺小姐有許多假處哩。(≪王≫ 3/2)
18) (紅云)你的事發了也, 如今夫人喚你來, 將小姐配與你哩。(≪王≫ 4/2)
19) (紅云)你道請誰哩? (旦云)請誰? (紅云)請張生哩? (≪王≫ 2/3)
20) (紅云)在湖山下, 我問你咱, 眞个着你來哩? (≪王≫ 3/3)
21) 姐姐, 事發了也, 老夫人喚我哩, 卻怎了? (≪王≫ 4/2)
22) (潔云)先生是何言語! 早是那娘子不聽得哩。(≪王≫ 1/2)

我們大略討論過≪董≫與≪王≫裏所出現的"裏, 哩, 里, 在"的一些現象。但比較特殊的是, 在≪董≫作品裏, 幾乎看不到用"裏(哩)"的例子, "那"代替了"哩(呢)"的一些作用。這與呂叔湘所說的, 唐人多單言"在", 宋人多單言"裏"的見解有所違背。[23] 這是否說明呂叔湘所說的, 跟用字的地域性有關係。[24] 也就是金元系白話多用"那"或"呢", 平話系白話多用"哩"字? 或者≪董≫裏的"耳", "而已"等的一些傳統的文言語氣助詞, 仍然保存且代替着"哩"等一類的語氣助詞的功能與作用呢?

3. 耳, 尒(爾), 而已

我們在前面已經討論過, 關于"呢(哩)"的來源, 呂叔湘先生說"呢"是

---

23) 參看 注13)

24) 呂叔湘, ≪釋景德傳燈錄中在著二助詞≫:「話本系白話大致可信其依據汴京與臨安之口語, 金元系白話則其初殆限于燕京一帶而漸次南伸。」(見≪漢語語法論文集≫, 商務印書館, 1984年 增訂本, 頁70)

“哩”的變形, 而太田辰夫先生則說“呢”的前身是“尒(爾)”, “聻(尼)”。我們先不管現代漢語裏廣範使用的語氣詞“呢”字的來源, 只是在≪董≫和≪王≫裏却找不到“呢(尼)”字的用例。在這兩部≪西≫作品裏, “哩(裏)”, “在”, “那”等一些語氣詞仍然發揮“呢”字的功能, 傳統文言裏所用的“爾(尒)”, “耳”等一些語氣詞, 也仍然不失其勢力, 不讓“呢”字的出現。他們不容“呢”字出頭鈷進來。

語氣助詞“耳”在文言裏, 大體有兩種用法。一是表示“不過如此”的語氣, 也就是“而已”的合音, 當“罷了”講(例1)。另一是不帶“止此而已”的意思, 只表示解釋或肯定的語氣(例2)。[25]

1) 田橫, 齊之壯士耳, 猶守義不辱。(≪資治通鑑·赤壁之戰≫)
2) 此子賢者, 世莫能知, 故隱屠間耳! (≪史記·信陵君竊符救趙≫)
3) 鶯亦善賦者, 恐因此而得成。先生裁之。但恐先生不能耳! (≪董≫ 卷三)
4) 生曰:「情已動矣, 易爲政耳!」因筆硯作詩一首。(≪董≫卷四)
5) 紅娘亦爲之沾灑, 曰:「妾必爲郎仲意, 但恐鶯鶯情分薄耳!」(≪董≫卷五)

在≪董≫裏“耳”字的用例有三條(例3～5), 這三個用例皆表示肯定, 强調的意思。在≪王≫裏“耳”字的用例能看到1例(下例6), “爾”字的用例在≪董≫裏找不到, 在≪王≫裏却能找到2例(下例7, 8), 皆表示肯定, 强調的語氣。[26]

---

25) 錢大群 編著, ≪文言常用八百字通釋≫(南京大學出版社, 1987年)

26) “爾”的用法及所表示的語氣與“耳”有同有異。相同的是有“而已”, 有肯定, 强調的語氣, 不同的是“爾”可用于疑問句。見楊樹達 ≪詞詮≫ :『爾, 語末助詞, 與“而已”同。… ≪說文≫八部云: 爾, 詞之必然也。按表決定之意。卽今語“呢”字。… 爾, 又表疑問。』(中華書局)

6) (末云)物鮮不足辭, 但充講下一茶耳。(≪王≫1/2)
7) (紅云)姻緣非人力所爲, 天意爾。(≪王≫2/2)
8) 俺小姐想着風淸月朗夜深時, 使紅娘來探爾。(≪王≫3/1)

在以上的用例(例3～8)中, 不管是"耳"也好, 或"爾"也好, 都不帶"止此而已"的意思。也就是說, 在≪董≫和≪王≫裏出現的"耳"與"爾"字, 只表示肯定, 强調的語氣罷了。而表示"止此而已", "罷了"等意義的語氣詞乃是"而已(而已矣)"。就是"而已(而已矣)"代替了"耳"與"爾"的另一功能"罷了"。下(例9～11)爲他文獻裏所用的"爾"與"耳"的用例: [27]

9) 但手熟爾。(≪歐陽脩·賣油翁≫)
-只是手熟罷了。
10) 非死則徙爾。(≪柳宗元·捕蛇者說≫)
-不是死掉也就是逃難去罷了。
11) 曩者霸上, 棘門軍, 若兒戲耳。(≪史記·周亞夫軍細柳≫)
-先前在霸上和棘門兩個軍營, 像兒戲罷了。

"爾"就語氣詞"耳", 當"罷了"講。"耳"爲"而已"的合音, 當"罷了"講。用"而已(而已矣)"的例子在≪董≫裏可以看到7例, 而在≪王≫裏却找不到其用例。

12) 待來歲通, 方詣都營葬。今于此守服看靈而已。(≪董≫卷一)
13) 婦人女子, 別無遠見, 臨危惟是悲泣而已。(≪董≫卷二)
14) 念自家, 雖是箇淺陋書生, 於夫人反有深恩。是他家先許了, 先許了免難後成親。師乃勞問安慰, 夫人陳謝而已。(≪董≫卷三)
15) 生徐以辭道鶯, 宛不蒙對。生彷徨愛慕而已。(≪董≫卷三)

27) 同注 25)

16) 紅娘曰:「無他言, 惟悀怨泣涕而已。(≪董≫卷四)
17) 紅娘曰:「夫人, 姐姐至矣。」生亦不顧, 但張目而已矣。(≪董≫卷 五)
18) 所可明者: 粧在臂, 香在衣, 淚光熒熒然猶瑩於袵席而已。(≪董≫ 卷五)

“而已”就是“罷了”的意思。因此可以說。“爾”和“耳”在≪董≫裏, 只當肯定, 强調語氣的角色, “罷了”的角色就由“而已”代替着。也就是傳統文言裏所用的語氣詞這樣慢慢地消失, 淘汰, 新的詞語代替了他們的位子。

4. 休, 破(波), 罷

“休, 破, 罷”都是表示祈使語氣的語氣詞。“休”原是動詞, 有“止息”之義。由于“休”常用于句末, 又帶有“完了”的詞義, 宋代以後漸虛化, 用來表示語氣, 大體相當于今處句末的“就是了”, “算了”, 帶有無奈, 忍讓, 不滿的語氣。

1) 喜萬物之得時, 感吾生之行休。(陶淵明 ≪歸去來辭≫)
2) 要來小酌便來休, 未必明朝風不起。(李淸照·詞 ≪玉樓春≫)[28]
3) 教人半晌如呆, 回來却入書舍。後來更不相逢, 十分捨了休也! (≪董≫卷八)

在≪董≫作品裏, 用“休”作語氣詞的用例, 只能找到一個句子(例3), 正好是上述的“就是了”, “算了”的語氣。(例1)爲“休”作動詞的例子, (例2)爲宋代用作語氣詞的用例。

語氣詞“罷”與“休”同義,[29] 也有“止息”, “完了”等的意思(例4, 5)。而且“罷休”同義連文, 仍有“完了”, “結束”之意(例4)。因此可以說語氣詞“罷”是句

28) 以上二例轉引自孫錫信≪近代漢語語氣詞≫(語文出版社, 1999年)
29) “罷”原是動詞, 也可作否定副詞。此兩類不包括本文所討論的範圍內, 故不論之。

末實詞“罷”虛化而來的。

4) 欲罷不能。(≪論語≫)
5) 乃罷會。(≪赤壁之戰≫)
6) 懸知明歲君思我, 今夕歡娛可罷休。(倪偁·詞 ≪鷓鴣天≫)

在宋代的資料中, 如宋儒語錄, 禪家語錄及宋詞中未見“罷”作語氣詞用。但孫錫信認爲金元時代“罷”字已經開用。[30] 語氣詞“罷”字的使用, 在金代的作品≪董≫裏找不到其用例, 而在≪王≫裏出現兩例。

7) 小生便不往京師去應擧也罷。(≪王≫1/1)
8) (淨云)不必拿, 小人自退親事與張生罷。(夫人云)相公息怒, 趕出去 便罷。(≪王≫5/4)
9) 天, 你有萬物於人, 何故爭此一日。疾下去波! (≪王≫3/2)

以上(例7, 8)的“罷”, 皆表酌定。可以這么說: “不去應擧就行了”, “自退親事就完了”, “趕出去就是了”。而(例9)的“波”, 表示命令, 表示要求。太田辰夫認爲: 「“罷”的命令和酌定的用法, 實際是一個東西。只由第一人稱和第二人稱來決定。“罷”的實質是表示“決定做甚么”, 不過這種決定不是助詞“了”那樣基于時間的理由, 而是以一種對動作的結果作出的判斷爲動機, 即認爲如果這樣做就完了, 就行了。恐怕助詞“罷”是用于句

30) 孫錫信, ≪近代漢語語氣詞≫ : 「“罷”在早期的話本小說中已有所運用, … 如“看老人家面上, 胡亂拿去罷”(≪史弘肇龍虎君臣會≫), “叫他上床睡罷”(≪快嘴李翠蓮記≫), “與劉官人做了周年, 轉了身去罷”(≪錯斬崔寧≫)。但小說的年代畢竟難以斷定爲宋代, 可以肯定的是金元時代“罷”已開用。」(語文出版社, 1999年, 頁135)

末的“便罷”, 或者“也罷”的省略。[31]」這樣判斷是正確的。我們從上面的例子(例7, 8), 可以看得出助詞“罷”的變化過程。“罷”原來是述語性的, 經過“便”, “也”的省略與縮小, 喪失了陳述的功能, 成爲只能表示單純語氣的句末語氣助詞。

就上面的(例9)而言, 在≪王≫作品裏唯一出現的“波”作“罷”的用例。“ ”是“罷”的音變, “波”仍是“罷”的變音。作爲“ ”的前身應該認爲是“波”這個助詞, 在元代“罷”和“波”是一起用的。[32] 我們看上述的(例7~9)句子, 用“波”字的句子, 語氣有點强烈, 而用“罷”字的句子, 語氣比較消極? 因此太田辰夫就說:「元代的“波”似乎也比“罷”用途廣, 這還有必要進行研究。但是, 它仍是“罷”的變音, 大概是由于變音而擴大了意義的吧。[33]」

就“罷”與“波”的差異而言, 孫錫信在≪近代漢語語氣詞≫裏也發揮了太田辰夫的見解, 引用了一些元曲的資料, 具體的證實了“罷”與“波”的同異。說:「“波”與“罷”相比有如下差異。(1)使用範圍不同, 在元代, “波”只見于元曲, “罷”不只用于元曲, 還見于話本小說。(2)用法不完全相同, “波”比“罷”的運用更複雜多樣。(3)“波”表示的語氣比“罷”强烈。如:

> 請娘娘行罷, 臣等來多時了也。(≪元曲選·漢宮秋≫ 第三折)
> 分付他本人三兩句言語呵, 喒便行波。(≪外編·拜月亭≫ 第二折)

上二例均表祈使, 使令, 前一例是番使敦促王昭君上路的話, 雖表敦促, 使役, 但仍語氣婉轉, 用“罷”, 而且加上“請”字以示客氣, 此句“罷”不

31) 太田辰夫著, 蔣紹愚 譯, ≪中國語歷史文法≫(北京大學出版社, 1987年, 頁338)

32) 見前書, 頁340

33) 同前書, 頁340

能換作“波”; 後一例“咯便行波”語氣肯定, 堅決。[34] 在≪董≫作品裏沒出現"罷"或"波"字的句子, 也沒有“ ”字的用例。只能看到用“破”字所構成的十來個用例。是否用“破”字, 只是在≪董≫裏獨有的現象? 如:

10) 我團着這妮子, 做破大手脚。(≪董≫卷六)
11) 張生當時聽說破, 道:「譬如閑走, 與你看去則个。」(≪董≫卷一)
12) 聽說破, 聽說破, 把黃髯撚定, 徹放眉間鎖。(≪董≫卷二)
13) 聽說破, 聽說破, 張生低告道: 姐姐言語錯。(≪董≫卷五)
14) 你把筆尙猶力弱, 伊言欲退干戈。有的計對俺先道破。(≪董≫卷二)
15) 管腹脹滿, 心閉塞, 快請箇人調理。便道破, 莫隱諱!(≪董≫卷五)
16) 把寶鑑兒拈來强梳裹, 腮兒被淚痕兒浥破, 甚全不似舊時節風韻 我? (≪董≫卷六)
17) 佯把眉黛顰, 金釵彈墜烏雲。恨他恨他, 索甚言破? 是他須自隱。(≪董≫卷七)
18) 栲栳大隊精兵, 轉過拽脚慢破。六百來少, 半千來多, 一心待把群賊 立破。(≪董≫卷三)
19) 怎吃受夫人看冷破, 雲雨怎成合? 也囉! (≪董≫卷五)

在上面的9個用例當中, (例10)的“破”爲動態助詞, 而不是語氣助詞。就是可以解釋爲“我看這妮子, 竟做了天大的事”的“了”的意思; (例11)爲表示“了”, “完了”, “完畢”的語氣詞; (例12)爲表示命令要求的“吧”的意思; (例12, 13, 16)爲表示進行的“着”助詞, 或爲句中襯字。[35] (例19)爲假設, 反問的語氣詞“呢”意義。[36] (例18, 19)就有自己本身的意義“打破”, “破敗”或

34) 孫錫信, ≪近代漢語語氣詞≫(語文出版社, 1999年, 頁138)

35) “破”義同“着”。朱平楚注 譯, ≪西廂記諸宮調≫(甘肅人民出版社, 1982年, 頁109, 注8)

36) “波”, 用爲語尾助詞或句中襯字, 無義; 用作估量詞, 猶“般”。“波”又相當于現代漢語中的“吧”, “呢”。在宋, 元, 明時“罷”字的俗寫, 也作“ ”。(高學頡 等編, ≪元曲釋詞≫卷一, 中國社會科學出版社, 1982年, 頁140~141)

“揭穿, 剖析, 點明”的意思。“立破”就“立卽打破”的動詞用法, 而“言破”就是“說穿, 點明, 交待淸楚”之意, 類似現在的補語的作用。[37]

5. 哉, 乎, 歟, 耶, 焉, 矣

孫錫信在其≪近代漢語語氣詞≫裏:『古漢語的語氣詞在幾種語料中仍不同程度地可以應用, “也”使用最廣, 最久, 直到明初還在沿用; “矣”用至元代, 多半用在“轉文”的場合, 明初白話作品的敍述文字中已很少運用了; “哉, 乎, 歟”雖不多見, 但“文語”中仍間或見到, 而“耶”在元以後已幾乎絶迹; 上古用于敍述句的“焉, 耳”, 除在≪西廂記諸宮調≫中見到幾例“耳”以外, 別的語料中全然不見。』[38]

古漢語裏所常用的語氣詞“哉, 乎, 歟, 耶, 焉, 矣”, 在≪董≫與≪王≫裏所見到的用例不多。用語氣詞“焉”的用例在≪董≫裏只能看到1例(下例1), 而在≪王≫裏却找不到用例。[39] 用“歟”的用例與用“耶”用例在≪董≫裏各看到2例(例2, 3)與3例(例4～5)。而在≪王≫裏却找不到“歟”與“耶”用例。

37) (同前書, 卷三, 頁67:『“破”字意爲“揭穿, 剖析, 點明”。“破”與“隱”對應, 是明證』)

38) 孫錫信, ≪近代漢語語氣詞≫ (語文出版社, 1999年, 頁94)

39) 同前注 :『“焉”和“邪”在五種語料(≪全宋詞≫, ≪西廂記諸宮調≫, ≪元刊雜劇三十種≫, ≪朝野新聲太平樂府≫, ≪元朝秘史≫中均未見運用。“歟”僅見于≪全宋詞≫1例, ≪太平樂府≫1例。“耳”僅見于 ≪董西廂≫2例。“乎”僅見于≪董西廂≫3例, ≪元刊雜劇≫1例。“耶”僅見于≪全宋詞≫3例, ≪董西廂≫1例。“哉”在≪元刊雜劇≫中有11例, 而在≪董西廂≫中僅見1例, 在≪太平樂府≫中僅見1例。“矣”在≪董西廂≫中有23例, ≪元刊雜劇≫中僅16例, ≪太平樂府≫中僅見1例』(頁95～96)

1) 從父宦游于長安, 因而家焉。(≪董≫卷一)
2) 幼聞孀母, 皆欲就死, 子坐而笑之, 豈仁者愛人之意歟?(≪董≫卷二)
3) 且亂軍餘黨, 恣爲暴虐, 子視而不誅, 豈義者循理之意歟? (≪董≫ 卷二)
4) 然夫人怒色, 鶯不敢正視, 況姨妳敢亂出入耶”。(≪董≫卷一)
5) 況佛書分明自說因果, 如師等生前行惡于賊, 今生固當寃報, 何能固 免耶? (≪董≫卷二)
6) 張生辨色而興, 自疑於心曰: 豈其夢耶? 豈其夢耶? (≪董≫卷五)

用語助詞“乎”的例子在≪董西廂≫裏可見10例, 在≪王西廂≫裏可看到6例。現各選3例參考之(下例7～12)。

7) 夫人怒曰: 張生保爾之命, 不然, 爾虜矣! 不能報恩以禮, 能復嫌疑 乎? (≪董≫卷三)
8) 紅娘曰: 更夜至此, 得無嫌疑乎? (≪董≫卷四)
9) 猶懼兄之見難, 因鄙靡之詞, 以求必至。非禮之動, 能不愧乎? (≪董≫卷四)
10) 是他親女, 尙然如此。何況以下侍妾乎? (≪王≫1/2)
11) 那壁小娘子莫非鶯鶯小姐的侍妾乎? 小姐常出來麽? (≪王≫1/3)
12) 悲愴不勝。孰科夫人以恩成怨, 變易前姻, 豈得不爲失信乎? (≪王≫3/1)

用語氣詞“哉”的例子在≪王≫裏只見3例(下例13～15)。而在≪董≫裏却找不到“哉”的用例。

13) 人而無信, 不知其可也。大車無輗, 小車無軏, 其何以行之哉? (≪王≫4/2)
14) 二來張生日後名重天下, 施恩於人, 忍令反受其辱哉?(≪王≫4/2)
15) 官司若推其詳, 亦知老夫人背義而忘恩, 豈得爲賢哉? (≪王≫4/2)

相比較而言, “矣”的用例比上述幾個語氣詞運用較多, 在≪董≫裏竟能看到40例, 而在≪王≫裏也能看到5例。現各選3例參考之(下例16～

21)。

16) 不能止此亂軍, 坐定滅亡。儻用吾言, 滅賊必矣! (≪董≫卷二)
17) 生曰: "適於法聰出戰之時, 已持此書報杜將軍矣。(≪董≫卷三)
18) 請婦人大師待望於鐘樓之上, 兵必至矣"。(≪董≫卷三)
19) 今能一見, 是小生三生有幸矣。(≪王≫1/2)
20) 治兵不知九變之術, 雖知五利, 不能得人用矣。(≪王≫2/楔子)
21) (紅云)張先生是讀書人, 豈不知此意, 其事可知矣。(≪王≫3/2)

在≪董≫與≪王≫所出現的以上的幾個文言語氣詞的用例中, 可以了解一些文言語氣詞所用的例子漸漸縮小而接近消滅的狀態。這與孫錫信所統計出來的五種語料相比較, 可以判斷出文言語氣詞的用途固定而沒有變化, 沒有發展出新的用途來。

Ⅲ。結語

從≪董西廂≫到≪王西廂≫的一百多年的短暫的歲月裏, 可以觀察出一些語氣詞的變化的過程, 也可以看得出一些語氣詞的消滅的痕迹。

例如: "那"在≪董西廂≫時代裏, 用于疑問及非疑問兩類語氣, 而在≪王西廂≫時代裏, 表疑問的"那"的用例越來越少, "那"主要用于表示感歎的句子裏。

又如: "裏, 哩, 里, 在"的一些現象而言, 在≪董西廂≫裏幾乎看不到用"裏(哩)"的例子, "那"代替了"哩(呢)"的一些功用。這與呂叔湘所說的, 唐人多單言"在", 宋人多單言"裏"的見解有所違背。這是否說明呂叔湘所說的, 跟用字的地域性有關係。是否金元系白話多用"那"或"呢", 平話系白話多用“哩”字? 這種現象是否有着普遍性? 或只是在≪董西廂≫和≪王西廂≫裏所出現的局部性的現象而已? 我們需要進一步的研究與觀察。

又如: 在≪董西廂≫和≪王西廂≫裏出現的“耳”與“爾”字, 只表示肯定, 强調的語氣罷了。而表示“止此而已”, “罷了”等意義的語氣詞乃是“而已(而已矣)”。就是“而已(而已矣)”代替了“耳”與“爾”的另一功能“罷了”。也就是說, “爾”和“耳”在≪董西廂≫裏, 只當肯定, 强調語氣的角色, “罷了”的角色就由“而已”代替着。也就是傳統文言裏所用的語氣詞這樣慢慢地消失, 淘汰, 新的詞語代替了他們的位子。

又如: “休, 破(波), 罷”都是表示祈使語氣的語氣詞。在≪董西廂≫作品裏, 用“休”作語氣詞的用例, 只能找到一個句子。代替“休”的語氣詞“罷”與“波”就在≪董西廂≫和≪王西廂≫的作品裏開始啓用。並且從≪王西廂≫裏的用例當中, 可以看得出助詞“罷”的變化過程。就是“罷”原來是述語性的, 經過“便”, “也”的省略與縮小, 喪失了陳述的功能, 成爲只表示單純語氣的句末語氣助詞。

又如; 古漢語裏所常用的語氣詞“哉, 乎, 歟, 耶, 焉, 矣”, 在≪董西廂≫與≪王西廂≫裏仍然出現, 但是被選用的機會不多。因此在≪董西廂≫與≪王西廂≫所用到的幾個文言語氣詞的用例中, 可以了解一些文言語氣詞的功能漸漸縮小而接近消滅的狀態。

【부록】(2) 中國語文論叢(36輯, 2008年)

董西廂與王西廂裏的語氣助詞用例考

—以者, 咱, 則箇爲中心—

▷目 次◁

1. 緖 論

一般來說唐五代是早期白話的形成期,[1] 宋元時期可以說是早期白話的成熟期。宋元時期已有許多白話作品見諸文獻, 宋儒語錄, 禪家語錄等語錄體散文作品在這一時期出現, 話本小說和宋詞, 南戲, 諸宮調, 元人雜劇等韻散文作品在這一時期大量出現不無關係。

在金元時期產生的一批語氣詞, 不但大多數在同時期及後時期的散

1) 曹廣順, ≪近代漢語助詞≫: 唐五代是近代漢語助詞體系的形成, 是近代漢語形成的一個重要標志, 唐五代是近代漢語助詞系統形成的時期, 它也是近代漢語形成的時期。(語文出版社, 1995年, 頁2)

文, 韻文中沿用下來, 有些現代漢語中的語氣詞也是從宋元時期起源的, 如“啊”, “嘛”, “吵”, “罷”。這一時期的語氣詞所表達的語氣十分豊富, 十分細緻, 不僅表現出陳述, 疑問, 祈使, 感歎的分別, 而且能細膩地表現出文言文裏所不能表現出的各種情態。可以說宋元時期以來産生的一些語氣詞, 大大增强了語言的表現力和感染力, 使以後的文學作品成爲轉情達意的重要手段, 能生動的表現出口語的情調與複雜的心裏感情了。[2]

董解元的≪西廂記諸宮調≫是金代章宗朝(1190-1208)之際的作品,[3] 而王實甫的≪西廂記≫是≪董西廂≫問世大約一百五十年後誕生的。[4] 由于二者採用的故事題材相同, 並且在文體上也有相通之處, 可以比較出一些語氣助詞的産生與變化的過程。≪董西廂≫[5]是講唱文學, 而≪王西廂≫[6]是戲劇文學, 這種文體上的差異, 必然會帶來語言表現上的某些不同。本文章立意在于從細小的變化中想找出一些語言演化與發展的痕迹來。

2) 孫錫信 著, ≪近代漢語語氣詞≫(語文出版社, 1999年, 頁9-95)

3) 董解元生平事跡無可考, 鍾嗣成 ≪錄鬼簿≫把他列於『前輩已死名公, 有樂府行於者』之首, 並注明『金章宗(公元1190-1208)時人, 以其創始, 故列諸首』。

4) 王實甫, 名德信。大都人。生卒年與生平事迹不詳。根據其作品和有關材料推斷, 他的創作活動大致在元成宗的元貞, 大德年間(1295-1307年)。

5) 本論文所引用的≪董解元西廂記諸宮調≫用例, 藍本爲凌景埏校注本(≪董解元西廂記≫, 人民出版社, 1980年)。爲了方便, 以下簡稱爲≪董≫。

6) 本論文所引用的≪王實甫西廂記≫用例, 藍本爲王季思校注≪西廂記≫(新文藝出版社, 1954年)爲了方便, 以下簡稱爲≪王≫。

II. 語氣助詞用例

1. 者(着, 著)

呂叔湘≪釋景德傳燈錄中“在”, “著”二助詞≫一文裏所列擧的句末助詞“著”的用法, 並“著, 者, 咱”三字用例的相互比較, 得出“著, 者, 咱”三字之爲用盡同。也就是“著, 者, 咱”三字之爲同一語助詞之異式。並推測了從“著”到“則個”, 從“著(者)”到“咱”的變化。還引用≪董≫裏叶韻的例子, 說明“著, 者, 咱”讀音之相互關係。[7]

“者”作語氣詞, 自古而然。“者”可表示多種語氣, 如表停頓(下例1), 表疑問(例2), 表祈使(例3-4), 表比擬强調(例5)等。如:

1) 臣所以去親戚而事君者, 徒慕君之高義也。(≪廉頗藺相如列傳≫)
2) 無差, 誰爲多與者? (≪獄中雜記≫_
3) 叔叔去取行李, 路上小心在意者。(陸贄 ≪收河中後請罷兵狀≫)
4) 君曰: 告夫三子者! (≪論語·憲問≫)
5) 子之哭也, 一似有重憂者。(≪禮記≫)

因此唐五代以及宋元時期所用的語氣詞“者”的一些用法, 在古漢語裏均有迹可循。[8] 但是孫錫信却說: 「‘者’表示假設, 表示昭告或提示, 表示句中停頓等三種用法繼承上古漢語‘者’字有迹可循, 但表示加强肯定語氣, 表示命令或請求等的兩種用法在唐以前未見用例, 是‘者’作爲語氣詞

7) 呂叔湘 著, ≪漢語語法論文集≫ 增訂本(商務印書館, 1984年)

8) 高學頡, ≪元曲釋詞≫卷四: 語尾“者”字, 用爲語助, 猶則, 猶咱, 表示祈使語句。(≪論語·憲問≫: 君曰“告夫三子者!” ……據此, 亦可知此用法亦甚古。(中國社會科學出版社, 1990年, 頁145)

的新發展。尤其'者'字用于祈使, 命令語氣在宋元時期廣泛運用……」。[9] 當然"者"字的祈使用法在宋元時期廣泛運用, 但并不是"者"字用法突然有了新的變化, 而是"者"字到了唐五代時期有了擴大應用而已。也就是表示停頓, 提示, 假設, 疑問的用法逐漸縮小並消失, 而到了宋元時期, "者"字的主要功能逐漸轉移到表示命令請求的祈使方面罷了。因此我們從≪董西廂≫與≪王西廂≫裏所出現的一些"者"字的用例裏, 也許可以看出語氣助詞"者"字一系列變化與發展的痕迹來。

6) 衆孩兒曹聽我教着,[10] 只助我一聲喊, 只一合活把凳徒捉。(≪董≫ 卷二)[11]

7) 夫人聰明者, 更夜幼女潛見鰥男, 何必研問, 是非禮也。(≪董≫卷六)

8) 我平日待師不薄, 師何薄我如此? 師曰: 不知我所以薄公者? (≪董≫卷三)

在≪董≫和≪王≫兩本裏不見語氣助詞"著"字的出現。語氣助詞"者"與"着"字在≪董≫裏只能看到上面的三個句子(例6-8)而已。(例6)"着"表示命令, 吩咐, (例7)"者"用于句中, 表示敍述, 停頓的語氣, (例8)"者"字表示疑問的語氣。

因此我們在上面所看到的的三個例句裏, 却找不到"者"字的發展與推廣的痕迹來。也就是在≪董≫裏只能看到"者"字的一般傳統用法, 而看不到"者"字專用于表示祈使語氣的語氣助詞用途。就≪董≫裏表示祈使語氣的語氣助詞的功能而言, "咱"字代替了所謂"者"字的祈使功能作用。

9) 孫錫信, ≪近代漢語語氣詞≫(語文出版社, 1999年, 頁85)

10) 呂叔湘在≪釋景德傳燈錄中在著二助詞≫一文中, "衆孩兒曹聽我教着"的"着"寫成"著"。而"黃嘉惠刻本二卷(明萬曆間)"與閔寓五刻六幻西廂本二卷(明崇禎間)刻本皆寫成"着"。

11) 本是來自≪董西廂≫券二。爲了方便而縮寫成(≪董≫ 卷二), 以下皆是。

在≪王≫裏用語氣助詞“者”字的用例甚多, 可以找到五十多個句子。這意味着在≪王≫裏擔任祈使句的則是“者”字, 用在句末的“者”字就成爲表示祈使語氣的語氣助詞了。在≪王≫裏“者”表示多種語氣, 如表强調, 表實現, 表加强肯定語氣, 表說話人的要求與意志, 表敦促或命令等一些語氣。

(1) 表示强調, 類似現代漢語的“啊”或“呢”字。 如:

9) (紅云)姐姐, 有人, 咱家去來, 怕夫人嗔着。[12](≪王≫1/3)[13]

10) 你跳過這牆去, 今夜這一弄兒助你兩个成親。我說與你, 依着我者。(≪王≫3/3)

11) 俺今日將鶯鶯與你, 到京師休辱末了俺孩兒, 掙揣一个狀元回來者。(≪王≫4/3)

(2) 表示某種變化或某種行爲的實現, 類似現代漢語的“了”字。 如:

11) (末背云)這五千錢使得有些下落者。(≪王≫1/2)

12) (末云)紅娘去了, 小生拽上書房門者。(≪王≫2/2)

13) 一壁道與紅娘, 看哥哥行問湯藥去者, 問太醫下甚麽藥? (≪王≫3/4)

(3) 表加强肯定語氣, 猶如今之“的”字。 如:

11) 小字鶯鶯, 年一十九歲, 針指女工, 詩詞書算, 無不能者。(≪王≫1/1)

(4) 表假定的語氣。 如:

12) 今日好个日子, 過門者, 准備河筵席, 鄭恒敢待來也。(≪王≫5/4)

(5) 表說話人的意志, 要求, 命令或請求。 如:

12) 在≪王西廂≫裏唯一用"着"字作於語氣助詞的句子。

13) 本是來自≪王西廂≫第一本 第三折。爲了方便縮寫成(≪王≫1/3), 以下皆是。

13) 這裏一座店兒, 琴童接下馬者! ≪王≫1/1
14) 就着他辦下東西的當了, 來回我話者。≪王≫1/2
15) (潔云)法聰與這先生帶一分者。≪王≫1/2
16) 旦引紅娘上云)開了角門兒, 將香卓出來者。≪王≫1/3
17) (旦云)紅娘, 移香卓兒近太湖石畔放者! ≪王≫1/3
18) (夫人云)小姐和紅娘回去者! ≪王≫2/1
19) 你對夫人說去, 恁的這般好性兒的女婿, 教他招了者。≪王≫2/楔子
20) 今日升帳, 看有甚軍情來, 報我知道者! ≪王≫2/楔子
21) 我已收拾了, 便搬來者。≪王≫2/楔子
22) (夫人云)紅娘, 去喚小姐來, 與先生行禮者! ≪王≫2/3
23) (夫人云)小姐近前拜了哥哥者! ≪王≫2/3

在≪王≫所出現的語氣詞"者"字的用例當中, 表示祈使, 命令語氣的占了大多數。這表示語氣詞"者"字在≪王≫裏。代替了"著(着)"字的作用而廣泛運用在祈使句裏。

在≪董≫裏或是在≪王≫裏用"著(着)"字作語氣詞的例句寥寥無幾, 目前只能看到兩例(上例6, 9), 而且用"者"字作語氣詞的在≪董≫裏也只能看到兩個例子(上例7, 8)。"著(着)"字在祈使, 命令語氣的句子裏不再運用, 而是轉變時態助詞等的用法上。這是否意味着從唐五代開始用作命令等語氣助詞"着"字, 經過宋代到了金代的≪董≫時期, 其功能逐漸轉移到限于用在持續動詞後面的時態助詞的用法上去了。[14] 如:

14) 太田辰夫 著, 蔣紹愚 譯, ≪中國語歷史文法≫: 着是北方話中表命令的場合用的助詞。多用在以持續動詞作谜語的句子中。… 把"着"用作表命令的助詞見于唐五代。… "着"的來源只能說不清楚。在較早的例子中, 不一定限于用在持續動詞後面。但到明代, 用于持續動詞後面的趨勢加强了。(北京大學出版社, 1987年, 頁337-338)

24) 官拜征西大元帥, 統領十萬大軍, 鎭守着蒲關。(≪王≫1/1)
25) 若不是張解元識人多, 別一个怎退干戈。排着酒果, 列着笙歌。(≪王 2/3)
26) 恨天, 天不與人行方便, 好着我難消遣, 端的是怎留連。(≪王≫1/1)
27) 這的是兜率宮, 休猜做了離恨天。呀, 着寺裏遇神仙! (≪王≫1/1)
28) (紅云)不干紅娘事, 老夫人着我跟着姐姐來。(≪王≫2/1)
29) 也不要香積廚, 枯木堂。遠着南軒, 離着東牆, 靠着西廂。近主廊, 過耳房, 都皆停當。(≪王≫1/2)
30) 若怪卽曳向下着。(因話錄5, 又見廣記250引)[15]
31) 洩出這個死尸着。(祖堂集 16)
32) 添淨瓶水着。(祖堂集 5)

上面(例24-30)例句中的"着"字是, 位於動詞後面或表示動作之進行或者狀態繼續保持(例24, 25), 或表示動作之方式(例28), 或用作補語(例27), 或用作祈使動詞(例26, 28)等的一些用法上。也正是呂叔湘說: 至于一般告語, 則宋人參用"者, 著"二字, 而以"著"爲多; 金元"者"字轉勝, 又別增"咱"字。[16]

2. 咱

一般認爲, "著, 者, 着"三字音近通用。有人說:『"者"字用于祈使, 命令在宋元時期廣泛運用, 並在元代音變而產生"咱", "則個", 更爲習見。』[17] 如:

15) (例30-32)再引用。太田辰夫 著 蔣紹愚 譯, ≪中國語歷史文法≫(北京大學出版社, 1987年, 頁338)
16) 呂叔湘 著, ≪漢語語法論文集≫(≪釋景德傳燈錄中在著二助詞≫) 增訂本 (商務印書館, 1984, 頁67)
17) 同注 9)

1) 教惺惺浪兒每都伏咱,[18] 不曾胡來俏倬是生涯。(≪董≫卷一)

2) 禮數不周休怪呵! 教我女兒見哥哥咱。(≪董≫卷三)

3) 繡旗底飛虎道: "驅來詢問咱"! (≪董≫卷二)

4) 相國夫人敎邀足下, 是必休敎推避咱, 多謝解元呵! (≪董≫卷三)

5) 不知他姓甚名誰, 怎得个人來問咱! (≪董≫卷一)

6) 君瑞問: "是誰家?" "是紅娘囉! 待與先生相見咱!" (≪董≫卷四)

7) 思量都爲我咱呵! (≪董≫卷五)

8) 薄情的媽媽, 被你刁鐙得人來, 實志地咱! (≪董≫卷五)

(例1)的"咱"爲第一人稱單數或複數, 就是表示"我"或"我們"的代詞。"咱"作代詞功能在≪董≫裏可找到數十用例, 代詞並不是本文所討論之範圍, 故不論, 只是提供參考而已。

在≪董≫裏"咱"作語氣助詞的用例只能看到上面的七個句子(例2-8)。其中(例2-4)的"咱"表示命令, 要求。(例5, 6)表示商酌。(例7, 8)表示聲明與申訴。誠如呂叔湘所說: "至于一般告語, 則宋人參用'者, 著'二字, 而以'著'爲多; 金元'者'字轉勝, 又別增'咱'字。今就出語之小異, 分祈告之辭爲三類: (A)主詞爲第二身(多從略)者; (B)主詞爲第二身, 繼以告, 請等字者; (C)主詞兼包一二兩身, 要爲共同之行動者; 以自白之詞, 表本人之意旨與願望者別爲(D)類。"[19] 這就是"著"和"者"到了宋元時期均有所發展, 變化。總的情況是"者"的傳統用法逐漸喪失, 而唐以後的新興用法卽表示敦促, 命令, 請求的用法得到普遍的推廣。[20] 我們從上面所例出的語氣

---

18) 在≪董西廂≫裏"咱(z n)"作代詞之用例甚多。例如: 1) 大師曰: 先生錯, 咱儒釋何分別?(≪董≫卷一) 2) 俺咱請願, 苦戰沙場"。(≪董≫卷一) 3) 如今待欲去又關了門戶, 不如咱兩箇權做妻夫。(≪董≫卷四)

19) 呂叔湘 著, ≪漢語語法論文集≫(≪釋景德傳燈錄中在著二助詞≫) 增訂本 (商務印書館, 1984年, 頁67)

20) 孫錫信, ≪近代漢語語氣詞≫(語文出版社, 1999年, 頁116)

助詞"咱"的用例來看, 不管是表示命令, 要求, 或者表示聲明, 申訴, 語氣助詞"咱"在≪董≫裏的作用, 脫不了呂叔湘所說的"祈告之辭"之範圍。那就是說話人對對方的某種祈使與說話人主觀意志的表達。在≪董≫裏表示敦促, 命令, 請求的語氣助詞, 也卽專門用于祈使句裏的語氣助詞而言, "咱"字就代替了表示祈使語氣的助詞"者"的功能。

在≪王≫裏"咱"字的用例也可以看到二十多個句子。但是在≪王≫裏"咱"字的用法可概括爲二: 一是祈使, 卽呂叔湘所說的"祈告之辭"。如:

9) (夫人云)長老的親便是我的親, 請來廝見咱。(≪王≫1/4)
10) (旦云)請箇好太醫看他證候咱。(≪王≫3/2)
11) 姐姐, 事發了也, 老夫人喚我哩, 却怎了? (旦云)好姐姐, 遮蓋咱! (≪王≫4/2)
12) (旦云)我有一件事央及你咱。(≪王≫3/楔子)
13) (末云)小姐旣有見憐之心, 小生有一簡, 敢煩小娘子達知肺腑咱。(≪王≫3/1)
14) (旦云)好姐姐, 你說與我聽咱! (≪王≫3/2)
15) (紅云)寫得好呵, 讀與我聽咱。(≪王≫3/1)

以上的(例9-15)用例雖語氣有輕重之別, 也就是對對方提出某種勸誘(例9, 10)或提出要求(例11-14), 或提出命令(例15), 可一概視爲祈使句。一是表白, 也卽呂叔湘所說的"自白之詞"。如:

16) 望和尙慈悲爲本, 小生亦備錢五千, 怎生帶得一分兒齋, 追薦俺父母咱! (≪王≫1/2)
17) (末出科云)那小娘子已定出來也, 我只在這裏等待問他咱。(≪王≫1/2)
18) 願俺姐姐 早尋一箇姐夫, 拖帶紅娘咱! (≪王≫1/3)
19) 這早晚初更盡也, 不見來呵, 小姐休說謊咱! (≪王≫4/1)
20) (紅云)在湖山下, 我問你咱, 眞箇着你來哩? (≪王≫3/3)
21) (末云)有甚言語囑付小生咱? (≪王≫4/3)
22) (紅云)姐姐心兒悶呵, 那裏散心耍咱! (≪王≫5/1)

毋論是表示申說(例16-19)或表示反問(例21, 22)或表示呼語(例20), 他們應屬表白, 也就是表示說話人的主觀意志與感情。

我們從≪董≫裏的"咱"字用例與≪王≫裏"咱"字的一些用例, 可以觀察到一個小小的變化, 也就是句末語氣助詞"咱"字的功能擴大了。在≪董≫裏"咱"主要表現在祈使句裏, 而在≪王≫裏"咱"不但用在祈使句中, 更廣泛地運用在表明主觀意志與表明感情的表白句裏。應該是"咱"使用以後的新的發展。

3. 則箇

我們通過前人的研究"着, 者, 咱"三字之爲同一語助詞之異式。並在宋元時期又有一個語尾助詞"則箇"的出現, 其之用法略同"着, 者, 咱", 和現代漢語"呢, 罷, 了"相類似, 用以表示商量, 叮囑, 希望或加重語氣。"則箇", 或作"只個, 子箇, 之箇"等。[21] 按"箇, 個, 个", 同字異體。在≪董≫裏"則箇, 子箇"等的用例, 可以看到9例。如:

1) 可憐自家, 母子孤孀, 投托解元子個。(≪董≫卷二)
2) 奴哥, 託付你方便子箇[22]。(≪董≫卷三)
3) 如與解元相見呵, 一星星都待說與子箇。(≪董≫卷四)
4) 那孩兒怕子箇, 怯子箇, 閃子箇。(≪董≫卷五)
5) 幾冊書, 有誰採? 粉箋暗, 被塵汚, 悄沒人照觑子箇。(≪董≫卷六)
6) 我還待送斷你子箇, 却又子母情腸意不過。(≪董≫卷六)
7) 太守邀生入偏廳。生曰: 門外拙妻, 參拜兄嫂子箇。(≪董≫卷八)
8) 賤人每怎敢瞞我! 喚取紅娘來問則箇。(≪董≫卷六)

21) 高學頡, ≪元曲釋詞≫(中國社會科學出版社, 1990年, 卷四, 頁349)

22) 朱平楚 注譯, ≪西廂記諸宮調≫一書作"之箇"。

9) 張生當時聽說破, 道: 譬如閑走, 與你去看則個。(≪董≫卷一)

我們分析≪董≫裏所出現的“則箇”一系列語氣助詞的用法, “則箇”除了有表示祈使語氣的“者”字的功能外, 還有表示類似“啊”或“呢”的加重語氣或强調語氣的作用。(例1, 2)表示要求, 吩咐。(例6)表示本人的意志與希望。(例8)表示命令。(例9)表示希望, 申訴。從上面的用例(例1, 2, 8, 9)來看, 正符合呂叔湘所說的祈告之辭"者"字的用法。(例3-5)裏的"則箇"就表示在前面所說的類似“啊”或“呢”的加重語氣的作用。(例3)一句可以解釋爲: “去跟張生見面, 一五一十地都告訴他啊”。(例4)可以解爲: “她又是害怕, 又想閃躲呢”。也可以解釋爲“鶯鶯正在害怕呢! 正在想躲避呢!”。(例5)的意思是: “書籍誰整理, 粉箋塵污誰照管, 不知書閣主人去哪裏啊”。從以上所看到的(例3-5)裏的“則箇”用例而言, 它表示加重語氣, 表示動作進行的語氣, 但沒有表示祈使語氣的作用。因此可以說, 在≪董≫裏的“則箇”有兩種功能, 一是表示祈使語氣的作用, 另一是表示加重語氣的作用。

就“則箇”的另一作用, 卽表示加重語氣的作用而言, 呂叔湘也說過: “‘則箇’又有語意略等于今之‘啊’或‘呢’者, 則與告語之辭頗相違異矣。其例: 晴則箇, 陰則箇, 餖飣得天氣有許多般。(冠柳集4)”。[23] 申明事實存在, 略帶誇張加重語氣, 相當于現代漢語"呢"的這種用法, 其後的通俗小說和元曲裏更爲多見。如:[24]

---

23) 呂叔湘 著, ≪漢語語法論文集≫(≪釋景德傳燈錄中在著二助詞≫) 增訂本(商務印書館, 1984年, 頁69)

24) (例10-12)的例子錄自兪光中的≪近代漢語語法研究≫一書(學林出版社, 1999年, 頁434)

10) 兒子欲去看燈則箇。(≪京本通俗小說≫ 卷十三)
11) 先生雇下一隻好船, 專等老爺到時, 一同開船只箇。(≪元曲·馮玉蘭≫)
12) 武兒有句話, 特來要和哥哥嫂嫂說知則箇。(≪水滸全傳≫ 二十四回)

我們在張相著的≪詩詞曲語辭匯釋≫一書裏, 可以看到"則箇"一詞之用法與例句。我們在其所列的一些用例裏, 可以推測"則箇"在宋代已普遍使用, 而且它表示動作進行時之語助詞, 近於"着"或"者"。或用於句中僅起聲調襯托作用的襯字。[25] 例如:

13) 更那堪得, 冰姿玉貌, 痛與惜則箇。(趙長卿, ≪探春令·賞梅≫詞)
14) 衷腸底事君知那! 要繁絃管, 又且沈酣則箇。(葛長卿, ≪賀新郎≫詞)
15) 堪憐堪愛, 倚定門兒手托則箇腮; 好傷則箇懷, 一似那行了他不見則箇來, 盼多 則箇才。(≪詞林摘艷≫卷一, 無名氏小令【兩頭蠻·四季閨怨】)

因此我們在這裏可以假定"則箇"並不是從"咱"或"者"字的音變而產生, 也許是"則"字的擴展用法。因爲古代已有"則"字作於句末語氣詞猶"只", "哉", "者"的用例。[26] 而且在元曲裏也能看得到只用"則"一個字的例句。如:

16) 是知天咫! 安知民則?[27] (≪國語·楚語上≫)
17) 此其故何則? 圜法明也。(≪墨子·天志≫)
18) 早來到也, 咱見相公去則。(元·佚名≪雲窓夢≫)

---

25) 則箇, 表示動作進行時之語助詞, 近於"着"或"者"。也作"之箇"。… 復次"則箇"也有時變爲話搭頭。(張相 著, ≪詩詞曲語辭匯釋≫, 中華書局, 1953年, 頁373)
26) 羅竹風 主編, ≪漢語大詞典≫(漢語大詞典出版社, 1988年)
27) ≪古書虛字集釋≫ : 「'則'猶'哉'也。古音'則'與'哉'同。」(謝紀鋒 編纂, ≪虛詞詁林≫, 黑龍江人民出版社, 1992年)

19) 左右, 喚御史臺來, 朕問取則。(元·賈唐臣≪貶黃州≫第一折)[28]

20) 今在蘭臺設宴, 請俺三人, 不知有何事? 須索去咱。等趙魏二子同行則箇。(元·楊梓, ≪豫讓呑炭≫第一折)

我們分析上面的例句, (例16, 17)的"則"略同"哉", 類似現代漢語的"呢"字用法。(例18-20)裏的"則"字, 皆與我們在前面所討論的"則箇"的用法一樣, 表示動作進行的語氣, 也表示祈使的語氣。其用法略同"着, 者, 咱", 和現代漢語"呢, 罷, 了相類似。其他一些文獻對語氣助詞"則"字的作用的觀點是一致的。或者認爲"以加强和肯定說話的語氣",[29] 或者認爲與語助詞"者"的用法同。[30] 也認爲"語助詞, 無義, 但能加重語氣"。[31]

我們在前面已經討論過宋代詞裏普遍使用"則箇"的例句(例13-15), 宋詞裏的"則箇"主要表示動作進行與存在。[32] 而"則箇"一詞在≪董≫裏的用例, 不但表示動作進行的語氣, 也表示祈使的語氣 也就是類似"着, 者, 咱"的作用。而且在以後的元曲裏也能看到"則箇"一詞的用例, 有時還能看到只用"則"一字的例句(例18-20)。但是在≪王≫裏却看不到"則箇"一詞的用例。

---

28) 引≪漢語大字典≫縮印本(湖北辭書出版社, 1992年)

29) 許少峰 主編, ≪近代漢語詞典≫(團結出版社, 1997年)

30) ≪中文大辭典≫(中華學術院印行 臺灣)

31) 陸澹安 編著, ≪戲曲詞語匯釋≫(上海古籍出版社, 1984年)

32) 因此張相在其著作≪詩詞曲語辭匯釋≫一書裏說: 則箇, 表示動作進行時之語助詞, 近於"着"或"者"。也作"之箇"。(中華書局, 1953年, 頁373)

Ⅲ. 結 語

我們從≪董西廂≫與≪王西廂≫裏所出現的一些“者”字的用例裏, 可以看出語氣助詞“者”字一系列變化與發展的痕迹。在≪董西廂≫裏只能看到“者”字的一般傳統用法, 而看不到“者”字專用于表示祈使語氣的語氣助詞用途。而在≪王西廂≫所出現的語氣詞“者”字的用例當中, 表示祈使, 命令語氣的占了大多數。這表示語氣詞“者”字在≪王西廂≫裏。代替了“著(着)”字的作用而廣泛運用在祈使句裏。在≪董西廂≫裏或是在≪王西廂≫裏用“著(着)”字作語氣詞的例句寥寥無幾, 目前只能看到一兩例。“著(着)”字在祈使, 命令語氣的句子裏不再運用, 而是轉變時態助詞等的用法上。這是否意味着從唐五代開始用作命令等語氣助詞“着”字, 經過宋代到了金代的≪董西廂≫時期, 其功能逐漸轉移到限于用在持續動詞後面的時態助詞的用法上去的緣故?

我們從≪董西廂≫裏所例出的語氣助詞“咱”的用例來看, 就脫不了呂叔湘所說的“祈告之辭”之範圍。“咱”字就代替了表示祈使語氣的助詞“者”的功能。在≪王西廂≫裏“咱”字的用法可概括爲二: 一是祈使, 卽呂叔湘所說的“祈告之辭”。一是表白, 也卽呂叔湘所說的“自白之詞”。但是我們從≪董西廂≫裏的“咱”字用例與≪王西廂≫裏“咱”字的一些用例, 可以觀察到一個小小的變化, 也就是句末語氣助詞“咱”字的功能擴大了。在≪董西廂≫裏“咱”主要表現在祈使句裏, 而在≪王西廂≫裏“咱”不但用在祈使句中, 更廣泛地運用在表明主觀意志與表明感情的表白句裏。應該是“咱”使用以後的新的發展。

我們分析≪董西廂≫裏所出現的“則箇”一系列語氣助詞的用法, “則箇”除了有表示祈使語氣的“者”字的功能外, 還有表示類似“啊”或“呢”的加重語氣或强調語氣的作用。而且根據張相著的≪詩詞曲語辭匯釋≫一書裏的"則箇"一詞之用法與例句。並分析≪董西廂≫裏所出現的"則箇"用例, 在這裏可以假定"則箇"並不是從"咱"或"者"字的音變而產生, 也許是"則"字的擴展用法。[33]

33) 呂叔湘 著, ≪漢語語法論文集≫(≪釋景德傳燈錄中在著二助詞≫) 增訂本:『試繹前人諸例, 宋人文獻中"著"與"則箇"爲多, "者", "咱"少見, 且皆晚出; 金元作品適得其反, 大體以"者", "咱"爲主, 雖亦有"著(着)", 實已變讀, "則箇"惟見于董西廂, 元人曲詞幾于絶無。話本系白話大致可信其依據汴京與臨安之口語, 金元系白話則其初殆限于燕京一帶而漸次南伸。由此可知此一語助詞之脫去-k尾, 實肇始于北地, 南方保持入聲較久, 故舍"者", "咱"而取"則箇"也。』(商務印書館, 1984年)

【參考書目】

原典類

≪朴通事新釋 朴通事新釋諺解≫, 서울대학교규장각.

≪老乞大, 朴通事諺解≫, 亞細亞文化史(影印本), 1973年.

鄭光 監修, 國語史資料硏究會 譯註, ≪譯註飜譯老乞大≫, 太學社, 1995年.

____, 역주·해제 原本≪老乞大≫, 김영사, 2004年

____, 역주 ≪原本老乞大≫, 박문사, 2010年.

____, ≪역주번역노걸대와노걸대언해≫, 신구문화사, 2006年.

정광·양오진 역주 ≪老朴集覽譯註≫, 태학사, 2011年.

汪維輝, ≪朝鮮時代漢語教科書叢刊≫ (全四冊), 中華書局, 2005年.

王季思 主編 ≪全元戲曲≫ (人民文學出版社, 1990年)

凌景埏 校注 ≪董解元西廂記≫ (人民文學出版社, 1980年)

朱平楚注譯 ≪西廂記諸宮調≫ (甘肅人民出版社, 1982年)

中國戲曲硏究院編 ≪中國古典戲曲論著集成≫ (中國戲曲出版社, 1959年)

文康, ≪兒女英雄傳≫, (電子版)

周立波, ≪暴風驟雨≫, (電子版)

劉鶚, ≪老殘遊記≫, (電子版)

曹雪芹, ≪紅樓夢≫, (電子版)

詞典類

劉堅 江藍生 主編, ≪元語言詞典≫, 上海教育出版社, 1998年.

張相, ≪詩詞曲語辭匯釋≫, 中華書局, 1991年.

顧學頡 王學奇, ≪元曲釋詞≫卷一, 中國社會科學出版社, 1983年.

____________, ≪元曲釋詞≫卷二, 中國社會科學出版社, 1984年.

____________, ≪元曲釋詞≫卷三, 中國社會科學出版社, 1988年.

____________, ≪元曲釋詞≫卷四, 中國社會科學出版社, 1990年.

劉堅 江藍生 主編, ≪元語言詞典≫, 上海教育出版社, 1998年.

________________, ≪宋語言詞典≫, 上海教育出版社, 1999年.

許少峯 主編, ≪近代漢語詞典≫, 團結出版社, 1997年.

龍潛庵 編著, ≪宋元語言詞典≫, 上海辭書出版社, 1985年.

高文達 主編, ≪近代漢語詞典≫, 智識出版社, 1992年.
吳士勛 王東明 主編, ≪宋元明淸百部小說詞語大辭典≫, 陝西敎育出版社, 1992年.
呂叔湘 主編, ≪現代漢語八百詞≫增訂本, 商務印書館, 1999年.
______, ≪中國文法要略≫, 商務印書館, 1982年.
張惠英, ≪金甁梅俚俗難詞解≫, 社會科學文獻出版社, 1993年.
≪漢語大詞典≫, 漢語大詞典出版社, 1991年.
王鍈 曾明德, ≪詩詞曲語辭集釋≫ 語文出版社, 1991年.
王鍈, ≪詩詞曲語辭例釋≫, 中和書局(增訂本), 1991年.
蔣禮鴻 主編, ≪敦煌文獻語言詞典≫, 杭州大學出版社, 1994年.
______ 著, ≪敦煌變文字義通釋≫, 上海古籍出版社, 1997年.
劉昌惇, ≪李朝語辭典≫, 延世大學校出版部, 2005年.
藍立蓂 編著, ≪關漢卿戲曲詞典≫, 四川人民出版社, 1993年.
李法白 劉鏡芙 編著, ≪水滸語詞詞典≫, 上海辭書出版社, 1989年.
中國社會科學院語言研究所詞典編輯室編, ≪現代漢語詞典≫, 商務印書館, 2001年.
고려대학교 민족문화연구소, ≪中韓辭典≫, 1993年.
錢大群 秦至沛, ≪文言常用八百字通釋≫, 南京大學出版社, 1987年.
박성훈 ≪飜譯朴通事辭典≫, 태학사, 2010年

著書類

呂叔湘著 江藍生補, ≪近代漢語指代詞≫, 學林出版社, 1985年.
胡安竹等編, ≪近代漢語研究≫, 商務印書館, 1992年.
馮春田, ≪近代漢語語法研究≫, 山東敎育出版社, 2000年.
梁伍鎭, ≪老乞大朴通事研究≫, 太學社, 1998年.
太田辰夫 著 蔣紹愚, 徐昌華譯, ≪中國語歷史文法≫, 北京大學出版社, 1987年.
香坂順一著 江藍生 白維國譯, ≪白話語匯研究≫, 中華書局, 1997年.
江藍生, ≪近代漢語探源≫, 商務印書館, 2000年.
兪光中 植田均, ≪近代漢語語法研究≫, 學林出版社, 2000年.
孫錫信, ≪近代漢語語氣詞≫, 語文出版社, 1999年.
董志翹 蔡鏡浩, ≪中古虛詞語法例釋≫, 吉林敎育出版社, 1994年.
曹廣順, ≪近代漢語助詞≫, 語文出版社, 1995年.

王雲路 方一新, ≪中古漢語語詞例釋≫, 吉林教育出版社, 1992年.
胡竹安 等編, ≪近代漢語研究≫, 商務印書館, 1992年.
北京大學中文系1955, 1957級語言班編, ≪現代漢語虛詞例釋≫, 商務印書館, 1982年.
房玉清 著, ≪實用漢語語法≫, 北京語言學院出版社, 1996年.
呂叔湘 主編, ≪現代漢語八百詞≫(增訂本), 商務印書館, 1999年.
呂叔湘(1984), ≪漢語語法論文集≫(增訂本), 商務印書館.
蔣紹愚 曹廣順 主編, ≪近代漢語語法史研究綜述≫, 商務印書館, 2005年.
______, ≪近代漢語研究概要≫, 北京大學出版社, 2005年.
李泰洙, ≪老乞大四種板本語言研究≫, 語文出版社, 2003年.
傅雨賢 等著, ≪現代漢語介詞研究≫, 中山大學出版社, 1997年.
呂叔湘, ≪漢語語法論文集≫(增訂本), 商務印書館, 1984年.
張美蘭, ≪近代漢語論稿≫ 江西教育出版社, 2004年.
李崇興 等著, ≪元代漢語 語法研究≫, 上海教育出版社, 2009年
程湘淸 主編, ≪宋元明漢語研究≫, 山東教育出版社, 1992年.
史存直, ≪漢語語法史綱要≫, 華東師範大學出版社.
楊樹達, ≪高等國文法≫, 商務印書館, 1984年.
陳高華 史衛民 著, ≪元代大都上都研究≫, 中國人民大學出版社, 1984年.
齊如山, ≪北京土話≫, 遼寧教育出版社, 2008年.
정승혜 김양진 장향실 서형국, ≪박통사 원나라 대도를 거닐다≫, 박문사, 2011年.

論文類

楊聯陞, <老乞大朴通事裏的語法語彙>, 東方學志, 1955年.
맥주억, <老乞大諺解 諸板本에 반영된 통사규칙 난점의 유형>, 중국학연구42집.
李陸禾, <董西廂與王西廂裏的語氣助詞用例考>, 中國語文論叢, 第36輯(2008年).
______, <近代漢語語氣詞用例考(上)>, 中國語文論譯叢刊, 第22輯(2008年).
______, <老乞大語彙考>, 中國語文論叢, 第39輯(2008年).
王淸棟, ≪華音啓蒙諺解의 語彙的 특징≫, 中國語言研究, 第13輯.
김미진, ≪화음계몽언해 허사연구≫, 한국외국어대학교, 석사학위논문. (2009)
이순미, <老乞大 朴通事 및 元雜劇 漢語에서 보이는 몽골어>, 中國語文論叢, 2012年.
文盛哉, <近代漢語의 家 / 價 研究>, 中國語文論叢, 25輯.

이육화(李陸禾)

대만 국립정치대학 중문과(문학사)
국민대학교 대학원(문학석사)
중국 산동대학 중문연구소(문학박사)
(현) 광주대학교 중국학과 교수
(현) 중국어문연구회 회장

近代漢語語彙詁釋

초판 1쇄 발행 _ 2015년 2월 20일

저　자 · 이 육 화
발행인 · 정 현 걸
발　행 · 신 아 사
인　쇄 · 예지인쇄
주　소 · 서울특별시 은평구 통일로 59길 4 (2층)
전　화 · (02) 382-6411 팩스 · (02) 382-6401
홈페이지 · www.shinasa.co.kr
E-mail · shinasa@daum.net
출판등록 · 1956년 1월 5일(제9-52호)

ISBN: 978-89-8396-887-6 (93720)

정가 *15,000* 원